高等职业教育通识教育教材

心理素质教育

主　编◎刘吉梅　李卫平
副主编◎夏　谦　陈晓娟

中国轻工业出版社

图书在版编目（CIP）数据

心理素质教育/刘吉梅，李卫平主编．—北京：中国轻工业出版社，2022.2

高等职业教育通识教育选修课教材

ISBN 978-7-5184-3125-0

Ⅰ．①心…　Ⅱ．①刘…②李…　Ⅲ．①大学生-心理素质-素质教育-高等职业教育-教材　Ⅳ．①G444

中国版本图书馆 CIP 数据核字（2020）第 143403 号

责任编辑：江　娟　王　韧　秦　功

策划编辑：江　娟　　责任终审：杜文勇　　封面设计：锋尚设计

版式设计：砚祥志远　　责任校对：朱燕春　　责任监印：张　可

出版发行：中国轻工业出版社（北京东长安街 6 号，邮编：100740）

印　　刷：北京君升印刷有限公司

经　　销：各地新华书店

版　　次：2022 年 2 月第 1 版第 2 次印刷

开　　本：720×1000　1/16　印张：14.25

字　　数：260 千字

书　　号：ISBN 978-7-5184-3125-0　定价：36.00 元

邮购电话：010-65241695

发行电话：010-85119835　传真：85113293

网　　址：http：//www.chlip.com.cn

Email：club@chlip.com.cn

如发现图书残缺请与我社邮购联系调换

220154J2C102ZBW

本书编写人员

主　编：刘吉梅　李卫平

副主编：夏　谦　陈晓娟

参　编：钟雯昕　李德琴　张红霞　陈　硕　连晓荷

前 言

为进一步贯彻落实《教育部关于印发普通高等学校学生心理健康教育指导纲要》（教党〔2018〕41号文件）的文件精神，完善心理健康教育教材体系，编写心理健康教育示范教材，科学规范教学内容，我们组织编写了《心理素质教育》一书。

在编写过程中，本书主要选取了与高职学生成长密切相关的主题，通过案例导入的形式，对相关知识展开分析和讲解，并融入编者们在实践教学中积累的教育成果。全书共设十个情境，其中情境一、情境二旨在让学生了解心理健康的基础知识，提升其心理健康意识，并具备识别和应对常见心理问题的能力；情境三重在促进学生对自我的认识和了解，提升其自我认识的能力、促进其人格健康发展；情境四到情境八主要围绕当前高职学生群体常见的一般性心理问题展开，旨在使学生掌握人际适应、情绪情感、恋爱调适，以及应对挫折和压力的常识和技巧，并能进行有效地自我调节；情境九和情境十重在促进学生对朋辈心理咨询和校园危机干预等相关知识的了解，以便在日常学习、生活中能有效识别危机，给身边有需要的同学提供及时、有效的帮助。

为了增强书本的可读性、趣味性和实用性，本书还增加了拓展阅读、案例分享、课外拓展等内容。书本贴近学生实际，既可作为教师用书，也可作为学生心理自助书籍。

参与本书编写的作者，都有多年从事高职学生心理健康教育教学工作的经验。刘吉梅、李卫平担任主编，负责全书的策划和统稿工作。按照章节顺序，编写分工如下：陈晓娟、钟雯昕（情境一至情境三）；夏谦、陈晓娟（情境四）；夏谦、陈硕（情境五和情境七）；钟雯昕、张红霞、连晓荷（情境六）；张红霞、李德琴（情境八和情境九）；夏谦、李德琴（情境十）。陈晓娟对本书进行整理、汇总。

由于编者水平有限，对于本书的不足之处，我们诚恳地希望使用本书的师生提出宝贵意见，以便我们今后修订完善。

编者

2020年8月

目 录

CONTENTS

情境一　心灵之窗
——高职学生的心理健康与心理素质

本情境要点：

1. 走进心理健康。
2. 心理素质及其影响因素。
3. 提高心理素质的方法和途径。

典型案例

贝贝（化名），女，大二学生。贝贝的父母认为除了学习其他都是不重要的，只有好好学习才有出路，因此贝贝一心都在学习上。读高中时，贝贝想通过自己的努力考上一所好的大学。贝贝有一个已经读大三的姐姐，时常会和贝贝聊聊自己在大学里的生活，贝贝对自己即将到来的大学生活有很多的期待，也暗下决心一定要把大学生活过得充实又丰富多彩，绝不浪费大好时光。因此，在还没有入学之前，贝贝就已经开始规划自己的大学生活了：好好学习，拿奖学金；多参加社团活动，提升能力……

进入大学之后，贝贝决定做的第一件事情，是去竞选班长，尽管从来没有当过班干部，贝贝还是决定要试一试。在竞选当天，越临近自己上台，贝贝越紧张，手心一直在冒汗，感觉心都快要跳出来了。等到站在讲台上，贝贝突然感到脑子一片空白，已经准备好要说的话一句也想不起来……贝贝觉得很丢人，也被自己的状态吓到了。

这件事情过后，贝贝就彻底放弃了再次竞选班委的想法。本来还打算要参加新生演讲比赛，但害怕自己再丢人，贝贝也放弃了。在大二上学期时，贝贝很想参加一个与她所学专业相关的技能比赛，犹豫再三，最终也还是放弃了，她担心自己站在台上还是会一句话也说不出来……贝贝现在对自己的大学生活感到很失望，眼看着就快要毕业了，她当初对大学的那些憧憬都变成了泡沫。很快又要面临就业的问题，贝贝感到更加手足无措，最近，贝贝开始变得越来越焦虑，上课也无法集中注意力……

单元一　走进心理健康

高职生涯对每一位高职学生来说，都是一个无法割舍的人生体验。在这里，不管愿意与否，都要开始独立地面对真实的生活，自主地解决人生的难题。但是，当你们以极大的热情直面生活、实现自己的理想时，会发现生活之舟是那么复杂，那么难以驾驭。正如贝贝，她对即将到来的大学生活满怀期待，却不曾想会处处碰壁。在痛苦的反思之后，有的人开始调整目标、重塑生活，以积极的心态去迎接新的生活；有的人则选择了逃避与自暴自弃，以消极的心理与行为去对抗生活。积极的接纳与奋进是美好人生的起点，而消极的对抗则有可能一事无成。因此，在大学阶段，树立良好的心理健康观念，是每一位高职学生开启大学生活的重要一步。

一、健康与心理健康

（一）科学的健康观

长期以来，人们对健康都有着较为片面的理解，普遍认为一个人只要身体上没有疾病就是健康的状态。随着科学技术的发展和社会的进步，人们对健康的认识和理解发生了变化，越来越多的人开始将心理健康视为自身健康的重要组成部分。联合国世界卫生组织就对健康做了新的定义，即“健康不仅是身体没有缺陷和疾病，还要具备心理健康、社会适应良好和道德健康。”如表1-1所示。

表1-1　　科学的健康观

健康	躯体健康	人体的结构完整，生理功能正常
	心理健康	在身体、智能及情感上与他人的心理健康不矛盾的范围内，个人心境发展最佳的状态
	道德健康	在稳定的道德观念支配下表现出来的一贯地符合社会道德规范的行为
	社会适应良好	能胜任个人在社会生活中的各种角色，能立足角色创造性地工作并取得成就，贡献社会，实现自我
四个方面的关系		躯体健康是其他健康的生理基础；心理健康与躯体健康相互作用；以心理健康为基础而发展起来的道德健康高于单纯的心理健康；社会适应良好是心理健康的充分体现，是健康的最高境界

拓展阅读

十大健康准则

1. 充沛的精力，能从容不迫地担负日常生活和繁重工作，而且不感到过分紧张与疲劳。

2. 处事乐观，态度积极，乐于承担责任，不挑剔。

3. 善于休息，睡眠良好。

4. 应变能力强，能适应外界环境的各种变化。

5. 能够抵抗一般性感冒和传染病。

6. 体重适当，身体匀称，站立时，头、肩、臂位置协调。

7. 眼睛明亮，反应敏捷。

8. 牙齿清洁，无龋齿，不疼痛；牙龈颜色正常，无出血现象。

9. 头发有光泽，无头屑。

10. 肌肉丰满，皮肤有弹性。

（二）科学的心理健康

心理健康，是健康不可分割的重要方面。根据其范围的不同有广义和狭义之分。从广义上讲，心理健康是指一种高效而满意的、持续的心理状态。从狭义上讲，心理健康是指人的基本心理活动的过程，内容完整、协调一致，即认识、情感、意志、行为、人格完整和协调，社会适应良好。个体在这种状态下，能够与环境有良好的适应，其生命具有活力，能充分发挥其身心潜能，就可视为心理健康。

拓展阅读

成长中的七种不健康心理

1. 忧郁

由于种种原因，青少年会出现闷闷不乐，愁眉苦脸，沉默寡言的现象。如果长时期处于这种状态，就应当予以充分重视。

2. 狭隘

表现为斤斤计较，心胸太狭窄，不能容人也不理解别人，对小事也耿耿于怀，爱钻牛角尖。

3. 嫉妒

当别人比自己好时，表现出不自然、不舒服甚至怀有敌意，更有甚者竟用打击、中伤手段来发泄内心的嫉妒。

4. 惊恐

对环境和事物有恐惧感，如怕针、怕暗、怕鬼怪。轻者心跳厉害、手发抖，重者睡不着觉、失眠、梦中惊叫等。

5. 残暴

有点小事自己不快，便向别人发泄，摔摔打打、骂骂咧咧，有的则以戏弄别人为自己开心，对别人冷嘲热讽，没有温暖之心。

6. 敏感

即神经过敏，多疑，常常把别人无意的话、不相干的动作当作对自己的轻视或嘲笑，为此而喜怒无常，情绪变化很大。

7. 自卑

对自己缺乏信心，以为在各方面都不如人家，无论在学习上，还是在生活中，总把自己看得比别人低一等，抬不起头来。这种自卑严重影响了自己的情绪，使自己缺乏情趣，压抑感太强。

心理健康常被视为一种心理没有疾病的状态。需要注意的是，心理健康与否并无明显界限，它是一个动态的发展过程，人的心理健康水平大体可分为三个等级：一是一般常态心理，表现为心情愉快，适应能力强，善于与别人相处，能较好地完成与同龄人发展水平相适应的活动，具有调节情绪的能力；二是轻度失调心理，表现出不具有同龄人所应有的快乐，与他人相处略显困难，生活自理能力较差，经主动调节或通过专业人员的帮助后可恢复常态；三是严重病态心理，表现为严重的适应失调，不能维持正常的生活和工作。

拓展阅读

心理健康中的灰色区

如图 1-1 所示，如果将心理健康比作白色，心理不健康比作黑色，中间存在一个灰色地带，世界上大多数人都处于该区域内。其中浅灰色区域表现为各种由于学习、人际关系压力等引起的心理冲突；深灰色区域则是各种人格异常与心理障碍之人。其实，深浅灰色之间往往并无明确界限。

浅灰色区域的人属于心理咨询的服务对象。通过咨询，个体往往能全面、深刻地认识影响其正常生活的内外矛盾，积极地适应生活。深灰色区域的人，应积极地进行心理治疗，改变影响正常生活的行为与思维方式，以消除减轻心理上的痛苦与压抑，控制或摆脱异常行为，恢复正常生活。

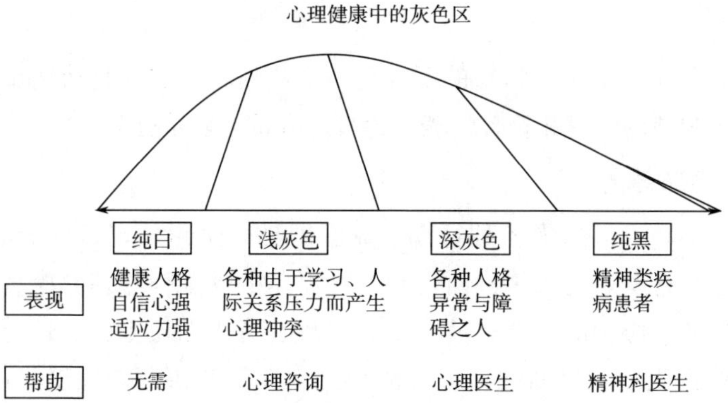

图 1-1　心理健康中的灰色区示意图

二、高职学生心理健康的标准

（一）智力正常

智力是人的各种能力的总和，包括观察能力、记忆能力、思维能力、想象能力和实际操作等能力。智力正常是保证高职学生进行学习、生活和工作的最基本的心理条件，是高职学生胜任学习任务、适应环境变化的心理保证，所以说智力正常是衡量高职学生心理健康的首要标准。智力正常与否可通过智力测验来判定。高职学生一般都是经过高考录取入学的，智商一般来讲是正常的，极少有落后的情况。考察高职学生的智力正常与否，关键是看他们的智力能否充分发挥效能，能否适应大学的学习、生活，顺利完成学业。高职学生智力正常且充分发挥的标准是：有强烈的求知欲和浓厚的探索兴趣；智力活动中各要素在其认识活动和实践活动中能积极地参与，并能正常地发挥作用，乐于学习。

（二）情绪健康

人的任何心理活动，都伴随着一定的情绪反应，情绪在心理异常时起着核心作用，情绪异常往往是心理疾病的先兆，所以人的情绪是否健康能比较明显地反映出心理是否健康。情绪健康的主要标志是：情绪稳定和心情愉快。

高职学生的情绪健康主要包括以下内容。

（1）积极的情绪多于消极的情绪　主导心境是愉悦的、乐观的、满意的、富有朝气的、充满希望的。

（2）情绪较稳定　表现为善于控制和调节自己的情绪，既能克制和约束，又能适度宣泄，不过分压抑，使自己情绪的表达符合社会的要求，又能满足自身的需要。

（3）情绪反应恰当　情绪的反应是由适当情境引起，且情绪反应的强度与引起这种情绪的情境相符合，表现为喜怒有常、哀乐有节。

（三）意志健全

意志是推动人们采取各种行动、克服困难以达到预定目标的心理过程。人的意志通过行动表现出来，而行动又受意志的支配，心理健康者的意志与行为是统一的、协调的。意志健全主要表现在意志品质上，心理健康的高职学生意志的自觉性、果断性、坚持性和自制性都有协调的发展。他们学习、生活的目的明确，能根据现实的需要调整行动的目标；能尊重、听取别人的意见，但又独立思考，不盲目服从；能果断地做出决定并执行决定，能专注于学习或其他活动，并在活动中勇于克服各种困难，坚持不懈地为实现目标而奋斗；能为实现目标而自觉地约束自己，抑制自己不合理的欲望，抵制各种外部诱惑。行为协调主要表现在行动的计划性、一贯性与统一性，以及言谈的逻辑性等方面。心理健康的高职学生能按照行动计划来开展活动，做事有条有理、善始善终；行动有规律，言行一致；语言逻辑性强，在言谈中表现出思维清晰，有条理并具有批判性。

（四）人格完整

人格在心理学上是指个体稳定的心理特征的总和。所谓人格完整是指具有健全统一的人格，也就是说个体的所想、所说、所做都是协调一致的。高职学生完整人格的主要标志是以下几点。

（1）人格要素完整统一，无明显的缺陷和偏差。

（2）具有正确的自我意识，不产生自我同一性混乱。

（3）以积极进取的人生观作为人格的核心，并以此为中心把动机、需要、态度、理想、目标和行为方式统一起来。

（五）自我评价恰当

心理健康的人能对自己做出恰当的自我评价，他们能体验到自我存在的价值；同时能接受自己，对自己抱有正确的态度，不骄傲也不自卑。因而，心理健康的人总能面对客观现实正确评价自我。而心理不健康的人常缺乏自知之明，他们对自己的优、缺点缺乏正确的评价，要么看得十全十美而自高自大、自我欣赏，要么把自己看得一无是处而处处与自己过不去，结果心理总是不平衡。比较接近现实的、正确的自我评价是高职学生心理健康的重要条件。

（六）人际关系和谐

社会中的人总是处在一定的社会关系中的，高职学生同样无法避免与人打交道。和谐的人际关系既是高职学生心理健康不可缺少的条件，也是高职学生获得心理健康的重要途径。心理健康的高职学生有积极的交往态度，掌握了一定的交往方法和技巧，在交往中做到诚实守信、和善友爱、宽容尊重、关心合作，其表现为以下几点。

（1）乐于与人交往，有稳定而广泛的一般朋友，也有亲密无间的知心朋友，与大多数人都能建立良好的人际关系。

（2）在人际交往中能保持独立而完整的人格，有自知之明，不卑不亢。

（3）能客观评价别人和自己，善于取人之长、补己之短。

（4）宽以待人，乐于助人，也能接受别人的帮助。

（5）积极的交往态度多于消极态度。

（6）交往动机端正和以集体利益为重。

相反，如果人际关系恶劣，或者与集体格格不入，厌倦与人交往，不能容忍别人的过失和短处甚至于无端地猜疑、憎恨和欺侮别人，都属于心理不健康的表现。

（七）良好的社会适应能力

社会适应是指对社会环境中的一切刺激能做出恰当的正确反应。较强的社会适应能力是高职学生心理健康的重要特征，不能有效处理与周围现实环境的关系，是导致心理障碍的重要原因。心理健康的高职学生应能和社会保持良好的接触，对社会现状有较清晰正确的认识，思想和行为都能跟得上时代的发展步伐，与社会的要求相符合。心理健康的高职学生，能正确客观地认识、评价自己所生活的环境，能坦然面对并接受现实，他们明确自己所处的位置，怀有高于现实的理想和愿望，又不沉湎于不实际的幻想和奢望。当环境不利时，既不逃避，也不怨天尤人，更不自暴自弃，而是千方百计通过各种方式，自己努力主动去适应环境、积极改造环境。

（八）心理行为符合高职学生的年龄特征

心理健康的人的一般心理特点应该与其所属年龄阶段的人的共同心理特

征大致相符，与其性别以及在不同环境中所扮演的角色相符合。心理健康的高职学生应该充满青春活力、朝气蓬勃，具有积极向上、敢想敢干、勤学好问、探索创新等精神；能够根据自己所处的场合，正确把握自己所扮演的角色、所处的地位以及所属的身份，避免角色越位或错位。如果一个高职学生经常偏离这些心理行为特征有可能是心理异常的表现。

需要注意的是，心理健康的标准是一个人努力追求的理想目标，切勿盲目对号入座。要更加准确、全面地判断一个人的心理健康状况，还必须要综合考虑其年龄、性别、社会身份、所处情境等多种因素。同时，心理健康是一个持续的心理状态，一个人偶尔出现心理不健康的行为表现，并不意味着他是心理不健康的。例如案例中的贝贝，在临上台竞选班长时，感到紧张、手心冒汗，是人们在面临具有挑战性的任务时，普遍会出现的正常心理反应，并不能就这一单一的行为便认为贝贝是心理不健康的。如果贝贝的这种紧张状态普遍存在于她的学习、生活之中，持续一定时间，且使其在面对日常学习、生活时出现适应困难，才考虑心理不健康的可能。

拓展阅读

心理健康“最经典的标准”

——美国心理学家马斯洛和米特尔曼提出的十条标准

1. 充分的安全感。
2. 充分了解自己，并对自己的能力做适当的估计。
3. 生活的目标切合实际。
4. 与现实的环境保持接触。
5. 能保持人格的完整与和谐。
6. 具有从经验中学习的能力。
7. 能保持良好的人际关系。
8. 适度的情绪表达与控制。
9. 在不违背社会规范的条件下，对个人的基本需要做恰当的满足。
10. 在集体要求的前提下，较好地发挥自己的个性。

单元二 心理素质及其影响因素

中国正处在社会转型时期，社会变革必然冲击家庭、学校和社会的方方面面，而种种社会矛盾、人际关系的矛盾、成人社会的诸多心理冲突等，必然突出地从青少年的心理状态中反映出来。稚嫩的心灵承受着几代人给予的压力，社会变革中的断层和种种羁绊，束缚着青少年的心灵和手脚。正处青年中期的高职学生，面临人生、理想、专业学习、求职就业等一系列重大现实问题。社会责任感与竞争的压力、“三点一线”的枯燥、失恋后的痛苦、失眠时的烦恼、成绩下降后的担忧、价值观与人际关系的困惑、理想与现实的矛盾、丰富情感与充沛精力无所寄托所造成的寂寞与压抑等因素，都可能引起高职学生的心理失衡甚至心理疾病。

一、认识心理素质

（一）心理素质的定义

一个人的心理素质是在先天素质的基础上，经过后天的环境与教育的影响而逐步形成的。心理素质包括人的认识能力、情绪和情感品质、意志品质、气质和性格等诸多方面。心理素质作为中国本土化的一个重要学术概念，目前已经拥有了其专业的英文名“psychological quality”。从心理学角度讲：心理素质包括情感、信心、意志力和韧性等。

（二）心理素质的特征

心理素质具有人类素质的一般特点，但也有自己的特殊性，心理素质具有以下四个特征。

1. 相对稳定性与可发展性

心理素质是个人的心理特质，不是人的个别心理或行为表现，更不是一个人一时一地的心理与行为表现。但是，心理素质又始终处于发展之中，具有自我延伸的功能。

2. 综合性

对心理素质，不应从简单的心理过程或心理特性的角度来加以研究，不能将心理素质简单地看成感觉、知觉、记忆、思维、情感、意志及其特性，对心理素质的研究应从个性层面上着手。心理素质是人的个性心理品质在学习、工作和生活实践中的综合表现。

3. 可评价性

心理素质对人的活动成效有影响，因而具有社会评价意义；其品质具有优劣高低之分。人的某些个性心理品质，如内向与外向，一般不对人的行为成效产生影响，因此不应将它纳入心理素质之列。

4. 基础性

心理素质不是高职学生在特定领域中获得的某一专门知识和技能，应是那些对高职学生学习、生活、社会适应性和创造性等活动效果产生重要影响的心理品质的综合。

（三）心理素质与心理健康的关系

1. 心理素质是个体心理健康的内源性因素

个人的心理素质高低会影响其心理健康水平。一般而言，与心理素质不健全且水平低的人相比，心理素质健全且水平高的人，其心理健康水平一般也较高。同时，心理素质健全且水平高的人能更好地抵御、调节和缓冲学业压力、考试失败、父母离异等负性生活事件对心理健康水平的影响，能较好地主动汲取社会支持等环境中的保护性因素，构建积极的外在保护系统，维护个体良好的心理健康状态。例如本情境案例中的贝贝，在经历了班委竞选失败这件负性事件后，在接下来面对其他活动时也表现得不自信、不敢参与，呈现出一种行为退缩的状态，且不知道该通过何种途径改善现状，是一种心理素质不高的表现。当就业越来越临近，这种状态又进而影响着贝贝的心理健康水平，她开始变得焦虑起来。

2. 心理健康是心理素质的重要外在表现

个体的心理健康状况能反映其心理素质水平。在一定程度上，个体在较长时间拥有良好的心理健康状态反映了其健全且较高水平的心理素质。不过，这也并非是完全一致的，正如贝贝，在读大学之前，都具有较好的心理健康状态，可是在进入大学经历了竞选班委受挫后，开始逐渐进入一种心理亚健康的状态。因此，虽然某个个体能在一段时间持续拥有较好的心理健康状态，但其心理素质不一定健全且水平高，其心理健康状态持续良好可能仅仅只与其持续的外部保护系统有关，对于贝贝来说，这个外部保护系统就是对学生除了学习并无更多要求的某些高中学习环境。

需要注意的是，心理素质是个体心理健康的内源性因素，心理健康是心理素质的重要外在表现，但二者并非必然的对应关系。个体的心理健康状态除了内源性因素心理素质外，还会受到其所处的外在环境，以及个体心理素质与环境交互作用后而采取的具体应对方式等因素的影响。贝贝在经历班委竞选失败后，面对类似的活动一直采取回避的态度，处在一种行为退缩的状态，进而影响了她的心理健康水平。因此，个体心理素质健全且水平高也不能完全确保其心理健康。不过，心理素质健全且水平高的个体即使暂时会出现心理健康状态不良，但更可能主动调整和控制自己的行动。譬如和贝贝有过类似经历的同学，他（她）可能会更倾向于去总结失败的原因，采用一些心理调节的方法缓解上台时的焦虑和紧张，或是多通过一些其他的活动积极锻炼提升自己。心理素质确是维持个体心理健康水平的关键因素。

二、高职学生心理素质的衡量标准

衡量个体的心理素质水平不像测量身体素质（如测量血压、体重、身高等）那样有具体的、客观的指标。高职学生心理素质水平的衡量标准需要进行综合分析，从总体上去把握。具体地说，主要有如下几个方面。

1. 个体的心理发展是否符合其相应的心理年龄特征

高职学生心理年龄特征是指在一定教育条件下，青年中、晚期这一年龄阶段中所形成的一般的、典型的、本质的心理特征。高职学生的年龄一般属于青年中期（17~22 岁），是生理上的成人，心理上的准成人。总的心理特征是正在走向成熟而未完全成熟，在思想、观念、行动上有较强的可塑性。当然，也有较为稳定的方面。在思维、自我意识、社会化等方面，其认识、情感、言行应该符合其年龄特征，才是心理素质稳定的表现。

2. 个体能否坚持正常的学习和生活

高职学生的心理素质是在各种活动中形成和发展的，也只有通过具体的活动才能表现出来，而心理问题则是个体心理素质水平不健全且不高的外在表现。北京交通大学的调查研究发现，2004—2008 年学生因病休学 202 人次，其中因精神、心理类疾患而休学人数为 67 人次，占因病休学人数的 33. 17%。2009—2011 年北京某高校学生因精神或心理疾患休学占全部因病休学总人数的 35%~45%。山东某高校调查 2008 年 1 月至 2014 年 12 月学生休学状况后发现，心理健康因素是导致学生休学的最主要的原因，占因病休学人数的 73. 63%，占休学总人数的 38. 73%。大量资料表明，因心理问题不能坚持正常学习和生活而休学或退学的学生人数也呈逐年上升的趋势。

3. 个体有无和谐的人际关系，能否与社会协调一致

一个高职学生，如果长期不与人交往，以自我为中心，被排斥在友谊之

外，那么，就应该考虑他的心理素质是否过于低下，心理是否不健康；心理素质高的学生，应能和社会保持良好的接触，认识和了解社会，主动适应社会。新生都有一个适应的问题，但如果一年过去了，还不能适应高职生活，生活自理能力差，这与心理素质低就有较大的关系。

4. 个体有没有完整的人格

健康的人格特征是有机统一的、稳定的。一个人的所想、所说、所做是一致的。一个高职学生具有某些人格特征，就可以预见他在某种情况下将怎样行动。如果他的行为表现有反常性，则说明他的人格不完整，甚至可能造成精神疾病。心理素质高的学生都有相对稳定的人生观和信念，并能把自己的需要、愿望、理想、目标和行动统一起来。

三、高职学生心理素质的影响因素

要培养高职学生具备良好的心理素质，就必须弄清楚影响高职学生心理素质的因素。大量研究表明，影响高职学生心理素质的因素是多层面、多维度的，既有自身的原因，也有社会、学校、家庭的原因，它是多种因素综合互动的结果。

（一）主观自身因素

高职学生的年龄普遍处在 17~22 岁，这个阶段因为心智发展尚未足够成熟，容易产生心理冲突。例如一些学生不能很好地对自己定位，不能客观地进行自我评价，具体表现为只看到自己的长处，自以为是，自视清高，看不起别人，遇事只相信自己的判断，听不进别人的意见，有时甚至显得十分傲慢；或是只看到自己的不足，妄自菲薄，遇事悲观。有的对自己的期望值过高，拼命追求超出本身能力所及的东西；有的对自己不负责任，当一天和尚撞一天钟，整天无所事事，懒懒散散。这些不客观不实际的自我评价都会影响高职学生的心理素质水平。

（二）外界客观因素

1. 社会环境的影响

高职学生是崇尚科学，善于思考，知识层次较高的青年群体。然而，随着市场经济体制的变化和改革开放的不断深入，人们的思想观念和价值观念发生了很大的变化，个人至上、享乐至上的价值取向在一定程度上影响着一些高职学生，使他们的价值取向趋于功利化、实用化。社会上的一些腐败现象也摧残和侵蚀着他们的心灵，使他们出现了道德的滑坡，有的开始感到茫然、疑虑、紧张、压抑、空虚，从而造成信仰危机，严重影响了高职学生心理素质的健康和全面发展。

2. 家庭环境的影响

家庭对一个人的成长有着巨大的影响，一个人对世界的认知往往是从家庭环境包括家长的言谈举止开始的。不同的家庭教育产生的结果也是截然不同的。有的父母对子女管教特别严格，望子成龙心切，会像贝贝的父母一样只关注孩子的学习，对其他的兴趣和爱好不给予支持，缺乏沟通，经常用命令、指责的方式强迫孩子做事情，使得子女性格上很不自立，不能适应社会，没有个性；有的父母对子女过分溺爱，使得孩子依赖性极强，缺乏同情心，缺乏自制力和自信心，遇到挫折便不知所措；有的父母对子女放任不管，缺乏约束，孩子常以自我为中心，缺少家庭教养，不懂得尊重他人，任性自负，很难适应集体生活。还有父母离异、单亲环境等原因，造成孩子脾气暴躁，心理压抑，逆反心理和自卑心理极强。

3. 校园环境的影响

从高中步入大学生活后，高职学生会面临诸多的变化，包括生活环境的变化、学习方式的变化、人际交往方面的变化等，在适应这种变化的过程中，高职学生易产生心理的不适应。其中一部分人在学习过程、为人处世、就业工作等方面遇到些许障碍就感到难以应对，选择自暴自弃，从此堕落，进而出现相应的心理问题，本情境案例中的贝贝正是如此；更有甚者会采取轻生等方式逃避。此外，不健康的校园文化也影响着高职学生的思想。社会上一些低级庸俗潮流通过多重渠道向校园辐射，使原本清净的校园滋生了不健康现象。一些学生热衷于追求新潮时髦，热心于牌桌酒楼，流连于花前月下，考试作弊、弄虚作假现象屡见不鲜，也有学生深陷校园贷不可自拔，这些现象严重影响了高职学生的身心健康。

单元三　提高心理素质的方法和途径

良好的心理素质，是高职学生成长成才的基础。一个缺乏良好心理素质的人，在未来的成长路上必将困难重重，正如贝贝被一次失利就打败了，面对接下来的其他成长机会，自觉地选择了退缩的姿态，限制了自身的成长和发展，使自我发挥的舞台越来越狭窄，在难以适应各种变化和挑战的同时，甚至引发了心理问题产生。对贝贝而言，其实她可以通过很多的方法和途径来主动积极地增强自身的心理素质，于你也是如此。下面介绍的方法和途径可能并不是每一个都适合你，找到你愿意或者想要去尝试的那些，当开始去做，改变就会在不经意间产生。

一、提高心理素质的基本方法

（一）确立科学的世界观、人生观和价值观

大学阶段是人的一生中世界观、人生观、价值观形成的关键时期。心理问题则是世界观、人生观、价值观问题在心理方面的反映。对于在校高职学生来说，科学的人生观、世界观是良好心理素质的体现，心理问题的解决从根本上讲要以树立正确的世界观、人生观、价值观为前提，它能促使人对社会、对人生保持正确的认识，使人能够更合理地分析客观事物，进而增强人适应社会环境的能力；确立是非观、荣辱观，充分发挥主观能动性调节自己的心理状态。

（二）重视自己的心理健康

高职学生心理问题的发生具有普遍性，大量的研究结果显示：学生出现心理问题的人数在逐年增加，且心理问题呈严重化趋势。心理健康状态直接关系到高职学生的生存和学业。这就要求高职学生必须意识到自己保持心理健康的重要性，主动关注自身的心理健康，按照社会和时代的要求塑造自己，有意识加强心理上的自我调适、自我锻炼和自我完善，使自己在人生道路上具有不断拓展的能力。

拓展阅读

全国大学生心理健康日

2000 年，由北京师范大学心理系团总支、学生会倡议，随后十多所高校响应，并经有关部门批准，确定 5 月 25 日为“北京大学生心理健康日”。“5. 25”是“我爱我”的谐音，对此，发起人的解释是：爱自己才能更好地爱他人。2004 年团中央学校部、全国学联共同决定将每年的 5 月 25 日定为全国大中学生心理健康日。该节日意在提醒大学生们要“珍惜生命，关爱自己”，其核心内容是：关爱自我，了解自我，接纳自己，关注自己的心理健康和心灵成长，提高自身心理素质，进而爱别人，爱社会。

宜宾职业技术学院一直以来都高度重视学生的心理健康教育工作，积极营造良好的心理教育氛围，普及心理健康知识，并努力打造宣传教育平台，激发学生对生活的热情与激情。现已经形成心理健康宣传月（即5.25我爱我活动）、心理素质提升（即3.25善爱我活动）和精神卫生（即10.10疾病防控宣传）三大平台；不断拓展宣传途径和形式，开展了心理知识竞赛、主题班会、班报比赛、心理健康形象大使选拔赛、主题辩论赛、心理电影赏析、漫画展、图片展、趣味心理运动会、心理沙盘体验、与智者对话座谈会、读书分享会、悦跑等活动，内容丰富、形式多样，为学生营造健康、积极向上的校园环境，激发学生对自身心理健康的关注。

（三）掌握一定的心理健康知识

人的心理发展具有阶段性和连续性，高职学生正处在身心发育的关键期，生理、心理都会发生剧烈的变化，要能够自主且有效地维护心理健康，就需要对自身现阶段的心理特点和心理发展的规律有所了解。因此，高职学生要用知识来武装自己，积极选修心理素质教育的相关课程或者参加专题讲座、学术报告等活动，有了一定的心理健康知识，增强了对自身的心理状况和特点的了解，学会了自我心理调整的方法，就掌握了心理健康的主动权，有了自助自救的能力，就能保持良好的心理健康水平。

（四）不断加强自我心理调节的能力

高职学生处于青年期阶段，从心理发展的意义上说，经验的缺乏和认识的幼稚决定了这个时期他们在心理发展过程中难免会发生许多尴尬、困惑、烦恼和苦闷。另一方面，社会竞争日趋激烈，生活节奏日益加快，科学技术急剧发展，也会在即将进入社会的青年学生中引发心理矛盾或冲突。例如父母下岗、生活变故、学习成绩不佳、交友失败、失恋等。这些心理问题如果总是挥之不去，日积月累，就有可能发展成为心理问题甚至心理障碍。因此，高职学生可以主动培养自身进行压力情绪管理和调节的能力，掌握挫折应对的技巧，充分发挥主观能动性进行自我调节，保持同现实的良好接触，努力实现自己的理想目标。

（五）发展健全的自我意识

一是必须对个人有正确的评价。高职学生通过与自己、与他人的比较中，形成对自己的一个正确的、全面的认识和评价，就能够取长补短，调控自我，发展自我和完善自我。

二是要欣然接受自我，恰当展示自我。欣然接受自我有助于维护和增进心理健康。将一个真实的我、本来的我展示于人们面前，可以让别人了解自己，展示自我有助于密切人际关系，有助于正确认识自我和评价自我。

三是要努力塑造自我，积极超越自我。超越自我就是超越现实自我而成为理想自我的过程。高职学生不应满足于现在的“我”，而应充分认识到自己所处的时代，全力发挥自己的才华，发掘自己的潜能，使自我得以发展。

（六）培养和完善人格

心理健康的人的人格结构包括气质、能力、性格和理想、信念、动机、兴趣、人生观等各方面能平衡发展，人格在人的整体的精神面貌中能够完整、协调、和谐地表现出来。思考问题的方式是适中和合理的，待人接物能采取恰当灵活的态度，对外界刺激不会有偏颇的情绪和行为反应，能够与社会的步调合拍，能与集体融为一体。因此，高职学生应当正确评价客观事物，正确对待自己和他人；善于管理情绪，反应适度，主动有效地适应社会环境和学校生活。

二、提高心理素质的主要途径

（一）参加文体活动，增进身心健康

高职学生要积极参加形式多样、健康有益的校园文化活动，满足这个年龄阶段青年人的精神需要和心理需要，从而达到相对稳定的心理健康状况。一个人如果身体健康，精力充沛，自然有利于承受各种现实困难和学习、生活中种种矛盾形成的心理压力。所以，坚持体能锻炼，培养对体育运动和竞赛的广泛爱好，是强健体魄、提升修养，产生乐观精神，保证心理平衡与健康的首要条件。各种各样的体育活动对高职学生的身心健康有着极其明显的效应，因为体育活动不仅有益于身体健康，还能促进智力发展，改善人际关系，促进和完善人的个性。

拓展阅读

宜宾职业技术学院“悦跑越阳光”活动

宜宾职业技术学院连续在第十五、十六届心理健康宣传月活动中，开展了以“感受生命的律动”为主题的悦跑活动，如图 1-2 所示，整个活动长达 30 天。每一届活动都有超过 300 名同学积极主动报名参与。他们走出宿舍，与志同道合的同学一起在跑步中放飞自我，用心去享受“悦跑”带给自己的

快乐和成长。通过悦跑，他们释放了压抑在内心的不良情绪，使得自己可以用更好的心态去积极面对今后的学习和生活；通过悦跑，他们也与一起参加活动的同学建立起新的友谊，拓展了自己的人际关系。

图 1-2　宜宾职业技术学院第 15 届“5.25”心理健康宣传月“悦跑”活动

（二）投身社会实践，提高适应能力

人的心理素质是在社会实践中逐渐发育和成熟起来的，某些心理素质方面的欠缺，可以通过参加社会活动和学习而获得补偿。高校高职学生普遍具有社会阅历浅、社会经验少、社会适应能力差等问题，在一定程度上造成了部分学生不健康的心理问题和心理疾病。因此，高职学生应该积极参加各种社会实践，在实践中认识社会，增长社会经验，提高认识问题、分析问题和解决问题的能力；培养自主、自强的创新精神，磨练不怕困难、不怕挫折的意志品质；锻炼和提高社会适应能力，促进心理素质的提高。

（三）丰富业余活动，发展人际交往

各类实践活动不仅可以丰富高职学生的生活，也为高职学生心理健康的发展提供了更多的机会。高职学生应培养多种兴趣，发展业余爱好，通过参加各类课外实践活动，发挥潜能，振奋精神，缓解紧张，维护身心健康。例如，可以参加心理社团的活动，如朋辈咨询小组、心理沙龙、心理协会、心理剧团等。此外，通过参加各类活动，还有助于学习人际交往的技巧，能够更深刻地理解人与人之间的关系；扩大人际交往，获得更广泛的社会支持系统，可以帮助其在面临挫折和压力、心中有困惑难以排解时，更好地走出困境；还可以不断地丰富和激活其的内心世界，促进积极的自我认知，有利于心理素质的提高。

案例分享

真正友谊的重要性

俗话说，“友谊是你可以给自己最好的礼物。”有一两个真正知心的朋友可以提高个人幸福感。在这个世界上，很多人为了拥有友谊，而结交了许多“熟人”。但是，有很多熟人并不代表拥有真正的朋友。与许多人保持友好和拥有真正的朋友这两者之间是有很大区别的。熟人多没有错，他们与你打球、看电影、逛街、出去吃东西等。但因此就有人说，“我有几十个好朋友”。这只能说明你没有真正理解友谊！真正的友谊不仅要求数量，更要求质量。我们建立真正亲密关系的能力是有限的，所以一个人不可能有一大批真正的朋友，也没有足够的情绪营养来维持关系。

1. 获得友谊必须投入一定的时间，因为友谊的一个关键要素就是能一起做几件让彼此愉悦的事情。

友谊需要我们用时间和真诚去努力培养它。它也需要冒险，你可能希望某人成为你的朋友，但他或她可能对你并没有同样的感觉。

2. 深厚的友谊是建立在相近的价值观的基础上。

女性通常在培养亲密友谊时，比男性容易得多。女性分享心事并讨论自己的感受——这是友谊形成的两个必要成分。男性之间谈论的通常是事情，而不是感受。真正的友谊，如同所有的亲密关系，是建立在相似价值观的基础上，分享、关爱、信任、尊重。相互间并不斤斤计较，“给”与“取”彼此平衡。

3. 拥有两三个至交好友是精神上的财富。

（四）养成科学、健康的生活方式

生活方式对心理健康的影响已被科学研究证明。健康的生活方式指生活有规律、劳逸结合、科学用脑、坚持体育锻炼、少饮酒、不吸烟、讲究卫生等。对高职学生而言，健康的生活方式包括：一是合理作息，起居有常，早睡早起，充足睡眠；二是平衡膳食，按时就餐，体重保持正常水平；三是科学用脑，实行时间管理，提高学习效率，劳逸结合，有张有弛，避免用脑过度；四是积极休闲，选择文明高雅的休闲娱乐方式，愉悦身心；五是适量运动，最好能保证每天至少半小时规律的体育活动时间。

课外拓展

一、书籍推荐之《可爱的诅咒》

生活中总会有一些这样人，他（她）们把自己大部分的时间和精力都花在家人、朋友、同事身上，甚至对陌生人也是有求必应。你或许可以在他（她）们身上看到这样一些影子：总是把别人的需求放在自己的需求之前；把友善待人作为唯一的行为准则，并因此受尽委屈；以为要让别人喜欢自己、爱自己并接受自己，就必须按照别人认可的方式为人处事；面对强势的人，不敢表达自己真实的想法和意图；从不敢在大庭广众之下与人起争执；不敢做任何引起他人注意的事；总是同情朋友，并单方面补偿；过度夸大拒绝别人的后果……他（她）们仿佛受了一场“可爱的诅咒”，认为很多事情的优先级都高于自己的身心健康，结果取悦了所有人，却让自己崩溃。

心理学家把这类人称为“圣母型人格”。本书作者是一名心理治疗师，也是一名深受“可爱诅咒”折磨的“圣母”，她曾经在手臂骨折的情况下还坚持为家人开车，甚至一同去划船，直到医生开出诊断证明，打上石膏，她才觉得自己可以歇一歇了。这件事让她意识到，如果不想办法解除这个“诅咒”，人生终将被摧毁。于是，她联系了一位曾经一起工作十年的心理治疗师，尝试性地迈出了解除“诅咒”的第一步。

在这本书里，她将分享“圣母们”自我治疗和心灵成长的故事。这本书可以让你开始窥探自己的内心、聆听自己的想法，让你可以鼓起勇气冲破诅咒的界限，变得真正“可爱”：一个人只有学会了如何爱自己，才能更好地爱他人。

二、破冰活动之链接你我

（一）活动目的

加深对自我的认识和了解；促使同学们打破班级界限去认识更多的人；为课堂教学营造良好的氛围。

（二）活动准备

1. 组织者讲解活动规则和注意事项，请参与者按照规则开展活动。
2. 每个成员准备一张 A4 纸，一支笔。
3. 可根据具体情况灵活调整活动的形式。

（三）活动程序

1. 每个同学首先把手中的 A4 纸折叠成九宫格，在每个宫格内写上与自己相关的内容。其中，先分别写下三个最能代表自己的动物、植物和食物；然后写下三个自己的兴趣爱好，最后写下三个对自己的评价，如表 1–2 所示。

表 1–2 自我探索九宫格

兴趣 1	植物	自我评价 1
兴趣 2	动物	自我评价 2
兴趣 3	食物	自我评价 3

2. 第一步完成之后，全体同学自由活动，在教室内去找到跟自己有相似之处的同学，并邀请他（她）在相应位置签上自己的名字，每位同学至少要找到 3 个跟自己相似的同学。

3. 请至少有 3 个相似之处的同学坐到一起，相互交流，具体思路如下：

（1）针对中间一列思考　你写这个词的原因是什么？它让你有怎样的联想？

（2）针对兴趣爱好　你为什么会对它感兴趣？在做这件事情的时候你有什么样的体验？

（3）针对自我评价　你怎么理解这个评价？以及你是怎样（家庭、学校、社会环境）成为这样一个人的？

情境二　知己知彼
——高职学生的常见心理问题及干预

本情境要点：

1. 心理问题的识别与分类。
2. 心理问题的常见类型。
3. 心理问题的干预策略。

典型案例

李某，女，大二学生，家住农村，父母常年在外务工，有个弟弟。由于重男轻女，父母更偏爱弟弟。李某认为自己不太擅长跟人交往，在初中的时候，她一直和一个小学时的同班同学保持着较近的关系，几乎不和其他同学主动交往，总觉得别人会不喜欢自己，和陌生人在一起会感到很不自在。到了高中时，住校，和同寝室一位室友关系较好，在高二时与另一个室友发生冲突，之后就更加不愿意与其他同学交往。进入大学后不久，李某越来越感到自己的人际交往能力很差。在大二上学期，李某与同寝室一个室友发生了矛盾，事后其他室友也不理她了，李某不知道该怎么办，感到很害怕、被排斥，每天回到宿舍都提心吊胆……

这件事情过后，李某更害怕跟人交往了，每天自己一个人去上课、去吃饭。上课时也是自己一个人坐，几乎不与别人多讲话。李某开始出现情绪低落、烦闷、焦虑，感到很孤单；注意力难以集中，学习效率下降，对很多事情都不感兴趣；睡眠质量下降甚至失眠；时常感到头晕头痛……近一个月来症状更加明显，具体表现为：在人多的场合不敢抬头、不敢说话，总感觉别人都在说自己不好；与人交流时，不敢直视对方的眼睛，只能低头，不敢看别人，感觉自己异常紧张。一天大部分的时间都在玩网络游戏，在寝室玩，上课的时候也玩，李某自述一开始玩游戏的时候会感觉好很多，但玩得时间长了就更不愿意回到现实生活中，觉得自己无力应付。李某感到内心非常痛苦，想休学，怀疑自己这样下去会发疯，感觉自己的大学生活过得糟糕透了……

高职学生的年龄普遍在17~22岁，正处于青年中期，因此具有青年中期的许多特点。青年期是人的一生中心理发展变化最激烈的时期，面临一系列生理、心理、社会方面的适应课题。处在这一特定阶段的学生们，由于心理发展不成熟、情绪不稳定，心理冲突和矛盾时有发生，极易出现适应不良，产生心理问题。从中国高校的普遍情况来看，多数学生的心理是健康的；但也有相当一部分学生的心理健康状况不容乐观。北京、上海、江苏、山东、广东和江西等省、市高校的跟踪调查表明，大学生中有抑郁、焦虑、恐惧、自卑、依赖和精神衰弱等心理问题的人数达16%以上，明显高于社会群体青年。还有研究表明，20世纪80年代中期，我国23.25%的大学生患有心理障碍，20世纪90年代上升到25%，近年来已上升到30%，并仍呈上升趋势。尽管如此，只有极少数学生接受了心理咨询方面的专业性帮助，而绝大部分并没有真正认识到这一问题，这也进一步体现了当前心理健康教育的必要性、紧迫性和艰巨性。

单元一　心理问题的识别与分类

心理问题是指一个人在其成长的过程中，受自身生存环境的影响，在没有认知障碍和智力障碍的情况下，形成的一种不协调的心理状态。心理的“正常”和“异常”之间并没有明确的和绝对的界限，一般认为，人的心理及行为是一个由“正常”逐渐向“异常”、由量变到质变，并且相互依存和转化的连续谱。正如案例中的李某，从交往较被动到不敢与人交往，到对在可能被观察或评价的公共场合感到明显而持久的害怕或恐惧，明显地影响了其正常的学习和生活，其心理问题经历了一个从无到有，从轻到重的变化过程。在现实生活中，每一个人都在一定程度上存在心理问题，即人的心理问题具有普遍性，只是程度不同而已。

一、心理问题的识别

正常心理和异常心理并无明确的界限，正常人在某个时期也会有异常心理活动，精神病人哪怕是最严重时也有正常心理活动。判断一个人心理是否异常及异常的程度，有三大基本原则。

1. 心理活动与外部环境是否具有同一性

即一个人的所思所想、所作所为是否正确地反映外部世界，与外部世界无明显差异。一个人正常的心理及受它支配的情感和行为，应与外界相协调，而不应存在明显矛盾和冲突，他们的言谈举止，应该能被正常人所理解。比如案例中的李某，与室友发生冲突之后，变得更加害怕与人交往，又因担心公共场合别人会评价自己，故而回避人际交往。这种恐惧相对于客观实际来说是夸大的、不必要的，其心理反应与外部环境是不协调的，是一种心理不健康的表现。

2. 心理过程是否具有完整性和协调性

即人的心理活动过程中知、情、意是否完整，是否协调一致。一个人的心理活动应与受它支配的情感和行为是一致的，人们常说："人逢喜事精神爽，闷来肠愁睡眠多；酒逢知己千杯少，话不投机半句多。"都说明这种一致性。比如一位正在经历重大不幸的同学，面带笑容地讲述他的经历，我们说他对痛苦的事件缺乏相应的内心体验。知觉、情感、意向不协调，是一种异常心理状态。

3. 人格心理特征是否具有相对稳定性

即在没有重大的外部环境改变的前提下，人的气质、性格、能力等人格特征是相对稳定的，行为表现出一贯性。一个人受到遗传因素、家庭教育、成长环境等影响，会使他们对现实有一个比较稳定的态度和习惯的行为模式，这就是人的人格。人格具有相对稳定性，如果一个人一直是话多而爱交往，但近来变得寡言少语、回避社交，给人一种判若两人之感，就需要引起重视。

需要注意的是，心理问题的识别不能仅根据一些情绪或躯体现象就轻易做出判断，更不能简单地"对号入座"。由于人的心理活动的复杂性，即使一个心理健康的人，也可能出现突发性、暂时性的心理异常。因此，在识别心理问题时，通常需要结合多种方法，综合进行判定，常用的方法包括：调查法、观察法、会谈法、测验法等。盲目给自己或他人诊断为某种心理问题，这对降低紧张情绪和缓解心理痛苦是很不利的，这种消极暗示作用有时还会使情绪和躯体反应进一步加重，而给身心调整带来障碍。

二、心理问题的分类

通常情况下，按严重程度不同，可将心理问题分为三大类：第一类是心理困扰，第二类是心理障碍，第三类是精神类疾病。

(一) 心理困扰

心理困扰是指伴随个体心理发展而出现的问题。这类心理问题一般是与个体希望了解自己的能力，最大限度发挥潜能，实现最大目标，达到更高境界相联系的，所以称之为发展性心理问题。心理困扰通常是在近期发生的且持续时间不长，问题的内容没有泛化而只局限在引发事件自身，心理反应不强也没有严重影响思维的逻辑性，能基本维持正常生活、学习、社会交往，但效率有所下降。发展性心理问题在所有的高职学生中都不同程度地存在，这是心理健康教育的一个重点。

（二）心理障碍

心理障碍也称为轻型心理疾病，指个体在认知、情绪反应和人格系统等方面存在某些缺陷，从而导致在与外界接触、交流过程中产生障碍，不能有效地适应社会环境，但其意识清楚，对解决自己的心理问题有较迫切的要求。心理障碍有反应强烈、持续时间长久、内容充分泛化和自身难以克服的特点，其正常生活、学习、社会交往会明显受损。这类问题大多是由于心理成长问题没有得到及时有效的解决而转化升级形成的，正如案例中的李某，这一问题存在于少部分高职学生中，这是心理健康教育的难点。

（三）精神类疾病

精神类疾病指个体整个心理反应系统出现了较为严重的病变，认知、情感、意志和行为等心理功能出现明显异常，他们大都对自身的异常心理状况缺乏认识能力，不能应付正常生活与现实保持恰当的接触。高职学生中属于精神疾病的患者只占极少数，精神疾病需要医疗模式进行治疗，配合心理咨询改变影响正常生活的行为与思维方式，以消除或减轻心理上的痛苦与压抑，控制或摆脱变态的行为。

单元二　心理问题的常见类型

根据心理问题的一般分类标准，结合高职生自身身心发展的特点，其心理问题综合起来大体可以分成三大类：一是一般性的成长心理困惑，有些心理障碍倾向但并不严重，这是高职学生最主要也是最常见的心理问题类型；二是严重程度不等的心理障碍；三是精神类疾病。事实上，高职学生中有心理障碍或精神疾病的相对较少，多数学生遇到的都只是一般心理困扰，但是一般心理困扰也会在很大程度上影响学生的成长和发展。需要注意的是，正如李某一样，在一个人身上可能会同时伴随有多种类型的心理问题，存在共病的现象；而一种心理问题的出现也可能会诱发其他的心理问题，在李某身上表现为由社交恐惧引发的网络使用问题。

一、一般性的成长心理困惑

成长心理问题主要包括：入学适应问题、自我意识方面的问题、人际交往问题、情绪问题、恋爱与性心理问题、学业问题、职业发展问题和网络使用问题等。

（一）适应问题

这一问题在刚入学的新生中较为常见。新生初到学校，在自我认知、同学交往、自然环境等方面都面临着全面的调整适应，这对首次远离家乡和亲人、离开熟悉的生活环境的高职学生来说，通常会产生不同程度的压力和心理上的不适应。多数新生会在经历一个短暂的适应期之后便能投入正常的大学生活中。部分新生由于自身的自理能力、适应能力和调整能力较弱，更是对变化的新环境无所适从，出现食欲不振、失眠、烦躁及注意力不集中等症状，个别严重者甚至不能正常坚持学习以致退学。

（二）自我意识问题

自我意识是影响高职学生心理健康的重要因素，人的所有行为无不在受意识的影响。自我意识是高职学生认识自我、发展自我、完善自我的重要条件，但由于自我意识认知是一个相对漫长的过程，因此在这个过程中往往会使人出现意识偏差，甚至陷入认知矛盾的状态，如理想自我和现实自我的矛盾、满足感和空虚感的矛盾、独立性和依赖性的矛盾、理智和情感的矛盾等。这些矛盾解决不好往往会造成不良的心理反应，影响心理健康。

（三）人际交往问题

与高中生相比，高职学生的人际交往更为复杂、广泛，更具社会性，但由于认识、情绪和个性因素的影响，再加上生活经验有限且缺乏人际交往的技巧，在交往中往往会遇到各种困难和挫折，从而影响心理状态。如部分高职学生与同学关系紧张，觉得自己无依无靠，他们或抱怨别人不理解自己，或以自我为中心，或对他人态度冷漠；部分高职学生因为嫉妒或猜疑，无法积极融入集体学生生活中。

（四）情绪问题

稳定的情绪、积极良好的情绪反应，是学生成才很重要的因素。在高职学生群体中，常见的情绪问题包括以下几点。

（1）情绪失衡　即情绪具有一定的不稳定性和内隐性，表现为情绪波动较大、感情容易冲动、喜怒无常。

（2）抑郁情绪　即一种持续时间较长的低落消沉的情绪体验，对什么事都提不起兴趣、常感精力不足、注意力难以集中、心情压抑沮丧、懒于甚至逃避参与任何活动。

（3）焦虑　即一种紧张、害怕、担忧混合交织的情绪体验，被焦虑困扰的高职学生内心常感紧张不安、注意力难以集中、思维迟钝、记忆力减弱，常伴有头痛、心慌、失眠、食欲不振及肠胃不适等躯体症状。

（五）恋爱与性心理问题

在人一生的成长过程中，爱的渴望与需要是一个永恒的主题。高职学生可能会因为情窦初开而兴奋、害羞，可能会经历浪漫而纯洁的爱情，同样还可能体验失恋、暗恋、单相思的情感。另外，处于青春期的高职学生，正在经历人体生长发育的第二个高峰期，青春期性的发育对其性心理的影响较大。一方面，自我意识和性意识的觉醒，使他们有一种长大成人的感觉；另一方面，由于接受性教育不够，高职学生对性发育成熟缺乏心理准备，对异性的神秘感、恐惧感和渴望交织在一起，由此易引发一些心理问题。

（六）学业问题

大学的教学目标、教学内容、教学方式都与高中阶段的学习有明显的差异，这就需要高职学生在大学期间调整学习的模式和方法，明确学习目的，充分发挥自主学习的能力。但很多学生由于学习动力不足、学习方法不当、学习目的不明确、对专业缺乏学习兴趣、自主学习能力薄弱等原因，导致成绩不佳，同时引发考试焦虑，甚至厌学、弃学等问题。如个别同学在面临考试时出现头昏脑涨、双手发抖、心跳加快、肚子痛、失眠等不良生理和心理反应。

（七）职业发展问题

高职学生正处于职业生涯发展的关键阶段，面临着许多关于未来发展的重大选择，在职业生涯发展的道路上常常会遇到很多“十字路口”。因此，当高职学生对未来满怀期待和憧憬时，又必然要思考这样一些问题：选择什么样的职业、如何寻找工作、要不要进行职业转换等。高职学生在职业发展方面常见的困惑主要表现为：对自我的认识和定位不清晰、对选择何种职业感到迷茫、对即将到来的就业感到恐惧。此外，部分高职学生会纠结是否要专升本、自考等方面，也有可能引发心理问题。

（八）网络使用问题

互联网在给高职学生的学习和生活带来诸多便利的同时，也使一部分自制力较弱的学生产生了网络依赖，甚至网络成瘾。主要表现为：互联网使用成为生活的中心；不断增加上网时间以至于影响了正常的学习工作而不能自控；停止或减少互联网的使用会导致无聊、抑郁、愤怒等负面情绪；他们常常使用互联网来逃避现实问题，人际关系、学习生活常常因此遭到破坏。严重的网络成瘾往往会导致学生学习一落千丈，最后不得不退学。对于家庭贫困的学生及其家庭往往会构成很大的打击。

拓展阅读

手机依赖

今年，麦可思研究院发布的一份中国在校大学生手机使用调查报告显示，超八成大学生存在“手机依赖”，日均使用手机超5小时，18点以后是大学生使用手机的高峰期。此外，79%的大学生在课堂上使用手机。如同前些年的“网瘾”一词，“手机依赖”近年来也成为一个热词，并且根据相关调查结果的“佐证”，呼吁警惕“手机依赖”的声音也似乎越来越大。

这种呼吁的初衷不难理解，但“手机依赖”真的有那么可怖，值得如此忧心忡忡吗？

其实，到底何谓“手机依赖”，从来就缺乏一种准确的定义。像这次调查所指的超八成大学生存在“手机依赖”，其判断依据似乎就是被调查的大学生日均使用手机超过5小时。而早在2013年，就有相关调查显示，“八成白领玩手机成瘾，北京白领日均使用近7小时居首”。那么5小时和7小时的差别到底在哪？是否由此就能说明大学生的“手机依赖”比白领低？这显然是个问题。

说到底，手机只是一款工具，如果承认这种工具在现实生活中的必要性，谈“依赖”也就未尝不是个伪命题。在今天这样一个移动互联网时代，智能手机的功能日益强大，像支付、打车、社交、工作、信息接收等，远不只是过去单纯的通信作用那么简单，手机对日常生活的介入越来越深，与人的紧密性越来越强。所以，有调侃称“手机已成为人的一个器官”，一定程度上看其实不算夸张，大部分人确实已经越来越难离开手机。就这个角度而言，可以说整个社会都对手机产生了依赖。那么，仅以使用手机的时间来判断一个人是否形成了对手机的“依赖”，就不太科学，就像不会有人谈“洗衣机依赖”“冰箱依赖”一样。

当然，当“手机依赖”被作为一种问题看待时，它往往被默认为是一种需要干预的“心理疾病”，比如使用手机在一些人那里成了下意识的行为，空闲时间被完全用手机来打发。对于大学生而言，上课玩手机、自习玩手机、睡前玩手机已经习以为常、司空见惯。这种倾向倒确实不值得提倡，也就是我们通常讲的要防“沉迷”。它对应的可能是时间的浪费，甚至是生活方式、人际交往的“异化”。

二、心理障碍

高职学生的心理障碍常见的特征性表现主要有抑郁、焦虑、恐惧、强迫、疑病、进食障碍及各种人格障碍等。需要注意的是，正常人也会不同程度地具有一些症状，但未必属于某种心理障碍。但凡被确诊为心理障碍者，症状需要达到一定程度、持续一定时间，且需要有经验的专业人员进行临床诊断。

（一）心境障碍

心境障碍是一种以情绪困扰为主要特征的心理问题，主要包括重性抑郁障碍、恶劣心境、经前期烦躁障碍等。

1. 重性抑郁障碍

重性抑郁障碍是以持续的悲伤或情绪低落为主，与其环境不相称，会损害个体参与日常活动的兴趣和能力，少数患者可出现幻觉、妄想等精神病性症状。重性抑郁障碍的临床表现有如下几点：

（1）情绪低落　情绪低落的特点是感到抑郁、悲伤、绝望、失去信心或神情沮丧，多数患者伴有焦虑。

（2）兴趣或愉快感缺失　对习惯的兴趣爱好及娱乐活动缺乏动力。给人一种脱离社会、封闭自己的印象。部分患者性欲或性活动明显减少。

（3）无明显原因的持续疲劳感　轻者感觉身体疲倦，力不从心，生活和工作丧失积极性和主动性；重者甚至连吃、喝、个人卫生都不能顾及。

（4）睡眠障碍　70%~80%的重性抑郁障碍患者伴有睡眠障碍，早醒是重性抑郁障碍的特点。其他睡眠障碍有入睡困难、多梦、易醒、醒后难以入睡、彻夜不眠。个别患者表现为睡眠过度。

（5）食欲改变　表现为进食减少，体重明显减轻。但也有少数患者有食欲增强、体重增加的现象。

（6）躯体不适　重性抑郁障碍患者普遍有躯体不适的表现，患者常检查和治疗不明原因的疼痛、疲劳、喉头及胸部的紧迫感、便秘、消化不良、肠胃胀气、心悸、气短等病症，但多数对症治疗无效。

（7）精神运动性迟滞　如言语、思维、动作缓慢，严重者达木僵程度；或表现为激越，如坐立不安。

（8）自我评价低　自责或无用感、“废人感”，患者过分夸大自己的缺点或不足，严重者可达妄想程度，如自罪妄想。

（9）多数患者体验到思维能力、记忆力、决策能力明显受损，导致学习、工作效率明显下降。

（10）自杀观念和行为　这是重性抑郁障碍最危险的症状，患有严重抑郁症的患者常选择自杀来摆脱自己的痛苦。

（11）少数患者伴有幻觉、妄想等精神病性症状，通常与抑郁情绪一致，但持续时间短暂，一般不超过 2 周。

我们不妨用上述表现对照检查一下自己的生活方式和行为规范，如果有持久的心境低落或兴趣愉悦感的丧失，并伴有上述至少 5 种症状，且持续时间已有两周以上，最好前往专业机构寻求进一步的诊断和治疗。

拓展阅读

微笑抑郁症

有时候，患有抑郁症的人们并不是看起来就很悲观、低落。他们会用“幽默”“快乐”的面具来掩盖自己，这种现象被称为“微笑抑郁”。和典型抑郁症不同的是，“微笑抑郁”的患者并不是每天缩在床上，丧失与人交往的能力，而是拥有比较好的社会功能，甚至令人误以为社交能力比普通人更好。因此，很多家属在他们出现异常行为或者自杀时，都感受到震惊或者难以相信。

“微笑抑郁”的风险在于，他们的抑郁不但很难被身边的人所感知到，有时候就连本人也难以发觉自己得了抑郁症。当他们感知到那些“不对的”情绪时，他们只是把自己的情绪放到一边，不去处理，继续前行。可是，微笑抑郁者仍然会有一般抑郁者的焦虑、疲惫与绝望，可能失眠，丧失兴趣与性欲，甚至有自杀倾向。

2. 恶劣心境

并不是所有的抑郁都是“严重”的，恶劣心境是一种更为慢性的抑郁形式。与重性抑郁障碍相比，其抑郁状态相对恒定，但程度较轻。其特点表现为抑郁情绪（儿童和青少年可表现为易怒，且持续至少 1 年）持续至少 2 年，且至少连续 2 个月内都出现下列症状中的至少两项：

（1）食欲下降或增加。

（2）失眠或睡眠过多。

（3）感到精力不足或疲惫。

（4）自尊心低。

（5）注意力难以集中或犹豫不决。

（6）感到无望。

恶劣心境没有重性抑郁障碍那么严重，在临床上，常常不被诊断。在日常生活中，恶劣心境的个体会持续地感到悲伤或沮丧，进而影响其正常学习、生活和人际交往，所以容易被贴上情绪化和难以相处的标签。虽然恶劣心境的症状是较轻的，但因为它持续的时间较长，也可能会给个体造成严重的不良后果。此外，需要注意的是，恶劣心境也可能会出现重性抑郁发作。

（二）焦虑症

焦虑症以发作性或持续性焦虑、恐惧和情绪紧张为主要症状。患者常伴有头晕、胸闷、心悸、呼吸急促、口干、尿频、尿急、出汗、震颤、燥热等躯体症状，并有明显的运动性不安。焦虑情绪并非由实际的威胁或危险所引起，他们的紧张不安和恐慌程度与现实处境很不相称。

焦虑症可分为慢性焦虑和急性焦虑两种形式。

1. 慢性焦虑

慢性焦虑也称广泛性焦虑，是以持续的、全面的、过度的焦虑感为特征，这种焦虑与周围任何特定的情境没有关系。患者表现通常为无明显原因、无明确对象、游移不定的紧张和不安，并伴随有显著的植物神经症状、肌肉紧张，以及运动性不安。患者常因难以忍受又无法解脱，而感到极度痛苦。

2. 急性焦虑

急性焦虑也称惊恐发作，是一种突如其来的惊恐体验，患者有濒死感、人格解体、现实解体或失控感等痛苦体验，发作时有强烈的恐惧、焦虑及明显的植物神经症状。急性焦虑发作急促，终止也迅速，一般持续几分钟到数小时。发作时意识清晰，事后能回忆。

（三）恐惧症

恐惧症患者对某些特定对象产生不合理的恐惧反应。恐惧对象可能是单一的或多种的，如动物、暗室、登高或社交活动等。患者常不得不回避其害怕的对象或情景，虽然知道这种害怕是过分的，不应该的，但也不能控制其恐惧发作。恐惧发作时常伴有心跳加快、呼吸急促、脉搏加快、出汗、头晕，甚至晕厥等生理现象。

在学校中对学生学习和生活影响比较大的是社交恐惧，案例中的李某的心理问题正属于此类。当事人对与人或与某些人（比如异性）交往感到恐惧，常伴有发抖、脸红、出汗或行为笨拙、手足无措等症状。社交恐惧症对人际交往、学习、生活和工作都会产生一定的不良影响。

（四）强迫症

强迫症以反复出现强迫观念或强迫动作为主要特征。患者有意识的自我强迫与反强迫并存，二者强烈的冲突使病人感到焦虑和痛苦，以至于影响正常的工作、学习和生活。

强迫症有两种含义。

1. 强迫性观念

强迫性观念即一种持续存在的、强加的、不想要的思维，并对这种思维感到难以控制，如强迫性怀疑、联想、穷思竭虑等。强迫性怀疑是指患者对自己做的事情不放心，例如，发出去一条信息，却总怀疑自己词不达意或说错话；强迫性联想是指对所见所闻立刻联想到与其相似或对立的事物，例如看到刀就想到伤人等；强迫性穷思竭虑是指对一些没有意义的问题无休止地思索、追究，例如夏天为什么很热。

2. 强迫性行为

强迫性行为即一种持续的、不能控制的要进行某些行为（仪式动作）的强烈冲动或愿望，通过进行特定的动作可暂时减轻内心不安。常见的强迫行为如清洗或检查、计数、排列，或做事有特定刻板的次序。

（五）疑病症

疑病症是指患者在没有任何证据的情况下担心或确信自己患有严重的躯体疾病，因为这种症状反复就医，各种医学检查均不能打消其疑虑，而处于对疾病或失调的持续的强烈恐惧之中。疑病症实质上常常是一种潜在的不安全感、内心的矛盾、冲突和困扰，患者常常反映出不自觉地寻求家庭或周围人对自己的注意、关心和同情，同时这些症状也成为患者满足自己某些欲望的手段。

患者把自己的注意力从现实生活转移到自己的健康上，逃避矛盾、逃避实际或可能出现的挫折。他们常常把挫折、失败归结于“病”，从而减少个人心理上的压力、内疚和自责，避免对自己能力、才学等的怀疑和否定，避免自以为可能出现的名誉、地位的损失。

（六）人格障碍

人格障碍是指不伴有精神症状的人格适应缺陷，是一个人的人格特征明显偏离正常，形成了一贯的反映个人生活风格和人际关系的异常行为模式，这种模式显著偏离特定的文化背景和一般的认知方式（尤其在待人接物方面）。主要表现为行为怪癖、奇异，情感强烈而不稳定，紧张，退缩等。

人格障碍的表现非常复杂，根据临床上的常见表现，可将人格障碍分为三种大类。

1. A组人格障碍，以“行为怪癖、奇异”为特征的类群

包括偏执型人格障碍、分裂样人格障碍和分裂型人格障碍。偏执型人格的基本特征是对他人不信任和猜疑的普遍模式，以至于把他人的动机解释为恶意的；分裂样人格障碍的基本特征是社交关系的脱离和人际交往中情感表达受限的普遍模式；分裂型人格障碍的基本特征是一种社交和人际关系缺陷的普遍模式，表现为对亲密关系感到强烈的不舒服和建立亲密关系的能力减弱，且有认知或感知的扭曲和古怪行为。

2. B组人格障碍，以“情感强烈而不稳定”为特征的类群

包括反社会型人格障碍、边缘型人格障碍、表演型（癔症型）人格障碍和自恋型人格障碍。反社会型人格障碍的基本特征是一种漠视或侵犯他人的普遍模式，表现为行为不符合社会规范、经常违法乱纪、对人冷酷无情等；边缘型人格障碍的基本特征是一种人际关系、自我形象和情感的不稳定以及显著冲动的普遍模式；表演型（癔症型）人格障碍的基本特征是一种过度情绪化和追求他人注意的普遍模式，表现为过分感情用事或夸张言行、吸引他人注意等；自恋型人格障碍的基本特征是一种夸大、需要他人赞扬且缺乏共情的普遍模式。

3. C组人格障碍，以“紧张、退缩”为特征的类群

包括回避型（焦虑型）人格障碍、依赖型人格障碍和强迫型人格障碍。回避型（焦虑型）人格障碍的基本特征是社交抑制、自感能力不足和对负性评价极其敏感的普遍模式；依赖型人格障碍的基本特征是一种过度需要他人照顾以至于产生顺从和依附行为，并害怕离开别人的普遍模式，依赖和顺从行为旨在带来照顾，源自在没有他人的帮助下无法独立生活的自我感知；强迫型人格障碍的基本特征是一种沉湎于有秩序、完美以及精神和人际关系上

的控制，而不惜牺牲灵活性、开放性和效率的普遍模式。

人格障碍一般始于童年或青少年，而持续到成年或终生，17 岁之前一般不做人格障碍的诊断。人格障碍这一心理问题会严重地影响人际关系的处理，妨碍学习、工作和事业的正常发展，损害亲情、友情和家庭幸福。

（七）进食障碍

进食障碍是一组以进食行为异常为主的精神障碍，主要包括神经性厌食、神经性贪食和暴食症。

1. 神经性厌食

神经性厌食是一种多见于青少年女性的进食行为异常，其主要特征表现为故意限制饮食，使体重降至明显低于正常的标准，为此采取过度运动、引吐、导泄等方法以减轻体重；常有过分担心发胖、甚至已经明显消瘦仍自认为太胖，即使医生进行解释也无效；常有营养不良、代谢和内分泌紊乱，女性可出现闭经，男性可能性功能减退。

2. 神经性贪食

神经性贪食其主要特征表现为反复发作和不可抗拒的摄食欲望，以及暴食行为，患者有担心发胖的恐惧心理，反复出现不恰当的代偿行为，如自我引吐，滥用泻药、利尿剂或其他药物，禁食或过度锻炼等方法以预防因暴食引起的体重增加。

3. 暴食症

暴食症其主要特征为反复发作的暴食，以及发作时无法控制的进食欲望和行为，患者因自己的暴食行为而感到极度痛苦。与神经性贪食相比，暴食症患者不会出现不恰当的代偿行为。

拓展阅读

进食障碍是一种“女性”病？

通常，进食障碍会被误认为是一种“女性”的疾病，过去的相关研究认为只有 10%~15%进食障碍患者是男性。不过实际上，这个比例会更高。一个在 *BMJ*（英国医学杂志）上发表的研究认为，神经性厌食症与神经性暴食症在男性中的发病率在上升，目前接近 1/4 患者是男性。而另外一种暴食症（即只有暴食没有催吐行为）在男性和女性中一样常见。只不过，因为男性不太愿意去接受治疗，而经常在统计学上被忽视。

三、精神类疾病

精神类疾病是指人脑机能活动失调，丧失自知力，不能应付正常生活，不能与现实保持恰当接触的严重的心理问题。精神类疾病的总体表现主要有三种：

（1）患者的反应机能受到严重损害，对客观现实的反应是歪曲的，可出现精神失常现象，如幻觉、妄想、思维错乱、行为怪异、情感失常等，因而丧失正常的言行、理智与行为反应。

（2）患者的社会功能有严重损失，不能正常处理人际关系，不能正常参与社会活动，甚至会给公众的社会生活造成危害。

（3）患者不能理解和认识自身的现状，不承认自己的精神疾病，对自己的处境完全丧失自知力。

精神类疾病主要有三种类型，包括精神分裂症、情感性精神疾病和反应性精神疾病。

（一）精神分裂症

精神分裂症是一种常见的精神疾病，其发病率在精神类疾病中居首位。精神分裂症的病因尚不明确，发病者多为青壮年，大学生中发病率约为0.7%，病前可有一定的心理、社会因素影响。精神分裂症的症状十分复杂，临床表现主要是在思维、感知、情感和行为等方面出现紊乱和不协调，如怀疑有人迫害自己，饭菜里有毒，外出感到有人跟踪自己，自己的想法被他人洞悉，听到背后有人议论自己，或有声音时常对自己评头论足等。

精神分裂症的诊断目前仍主要依赖于临床，至今仍未发现有确诊意义的生物学指标，实验室的检查只能排除其他器质性病因。精神分裂症的诊断需要病程至少持续存在1个月以上，有社会功能明显受损或缺乏现实检验能力（自知力丧失——否认自己有精神病），另外，在精神症状表现上至少下述两项肯定存在。

1. 联想障碍

明显的思维松弛，逻辑倒错，或病理性象征思维，如讲话缺乏中心内容，对事物叙述不中肯，使人感到不易理解；将无关的几个词拼凑起来，赋予特殊意义，如他人吐痰是指自己痰迷心窍等。

2. 妄想

原发性妄想或内容荒谬离奇，如认为自己的大脑受无线电波控制，房间里装有窃听器，被人跟踪，周围人都用异样眼光看着自己等。

3. 情感障碍

不协调，淡漠或倒错，如自言自语，痴笑，喜怒无常等。

4. 幻觉

其中以幻听最为常见，听到有评论自己的声音或命令、争论性幻听，感到自己的思维被大声地讲出来等。

5. 行为障碍

紧张症状群（木僵），或怪异的愚蠢行为。

6. 意志减退

孤独、退缩、生活懒散，不注意个人卫生，不理发、数日不洗澡等。

7. 被动体检

被控制感，思维被洞悉，思维被插入、被撤走或中断等。

（二）情感性精神疾病

情感性精神疾病又称躁狂抑郁性精神病，以情感障碍为主要症状，主要表现为情感的高涨或低沉，有时两种状态交替进行，遗传在该病的病因起到重要作用。在高职学生中，某些心理刺激，如强烈的惊吓、尖锐的批评、失恋等引起的过度焦虑与紧张等都是其发病的诱因。患者常有性情极端失常，有强烈的激动、兴奋或忧伤、抑郁的情绪反应。

（三）反应性精神疾病

反应性精神疾病是一种心因性精神疾病，由急剧或持久的精神紧张性刺激所引起。高职学生中常见的情况是由于意外事件（如亲人突然死亡及严重伤害等）或持久的精神痛苦（如失恋、学习上的挫折、人际纠纷等）而导致，一般病程较短。致病因素一旦消除或环境改变，并经适当的治疗，精神状态即可恢复正常，所以，反应性精神病的预后是良好的，且一般不再复发。

单元三　心理问题的干预策略

多数的高职学生所遇到的心理问题，多是成长中的一般性心理问题，通过自身积极主动的调节，朋友、家长及老师的相助，采取正确的应对方式一般都可以顺利度过。但是，也存在着少数较为严重的心理障碍，甚至是精神疾病的患者。这类心理问题在很大程度上影响了当事人的身心健康，严重阻碍了其成长、成才和发展。特别是重性精神疾病，对自身和他人都存在着极大的破坏性，是校园潜在的危险。出现比较严重心理问题的学生，通常需要前往专业医院的精神科接受心理治疗和药物治疗，以获得康复或使心理健康维持在一个相对较好的水平。

通常情况下，高职学生出现心理健康问题，需要给予积极的心理疏导与矫正，这就要求学校和个人要采取有效的措施，做好心理健康教育工作，努力提高高职学生的心理健康水平。

一、从学校层面，积极开展心理健康教育工作

（一）开设心理健康课程

通过选修或必修的形式面向全校学生开设心理健康课程。课程内容的选择要结合高职学生常见的心理问题类型，应包括青春期教育、健全的个性发展教育、高职学生心理行为指导、情绪管理与调节、人际交往训练、学习问题及生活适应问题指导等。使学生通过课程教学能够获得较为全面系统的心理健康知识，并运用于解决学习生活中的实际问题，提高心理素质。

（二）做好新生心理普查

针对每年新入学的学生，要及时开展心理普查，建立心理健康档案。对普查结果进行统计分析，并开展针对重点关注学生的面谈工作，向学校和各院系递交新生心理普查的研究报告，及时通报有关情况，为各级学生教育管理部门提供管理和决策的依据，收集高职学生心理健康教育的一手资料。

（三）规范心理咨询工作

心理健康教育中心每个学期都要保障心理咨询工作的人员和时间的落实，规范心理咨询的流程，完善心理咨询档案管理，重点探索和建立咨询学生跟踪随访、效果反馈和咨询员督导机制。结合学生成长、发展、就业等实际问题，加强对各层次、各类别学生的针对性辅导，努力满足学生发展的需求。

（四）开展心理健康教育讲座

高职院校应该根据学生需要，定期举办心理讲座，如针对新生，开展新生适应主题讲座；针对毕业生，开展就业心理、压力调节等主题讲座；针对不同心理需求的学生，开展情绪管理、人际交往等专题讲座。同时，辅导员作为服务于一线的学生工作者，应注重对其进行心理知识、心理辅导技能方面的培训，以便更好地解决学生的一些心理问题。

（五）加强学生心理社团建设

高职学生心理社团是发挥学生自我教育和心理互助的重要组织和形式，高职院校应每年指定专人对学生社团的活动进行详细的指导，提出任务要求，考核、监督社团的活动。此外，对社团成员进行集中培训，让成员了解社团的服务宗旨，提高助人的意识和能力，指导社团开展提升心理素质的活动。

（六）积极开展心理健康活动

每年的 5 月 25 日，是全国大学生心理健康日，高职院校可根据自己的具体情况，开展心理健康周或心理健康月活动。根据学生学习、生活各阶段的心理特点和成长发展中关注的热点问题，通过心理讲座、心理影片、心理海报展、团体心理辅导、现场心理咨询等形式，开展心理健康主题教育宣传活动，以营造教育氛围，普及心理知识，帮助学生解决心理困惑，提高高职学生整体心理素质，服务学生全面发展。

此外，学校还应该进一步完善心理健康网站建设，发挥网络优势，宣传心理健康教育知识，同时开设宣传橱窗等宣传教育活动，普及心理健康知识，交流心理健康教育经验，营造校园心理健康教育氛围。

二、从个人层面，积极自我调节

假设学校能够从上述方面着手，从预防和发展的角度，为心理健康教育工作的开展提供保障，案例中的李某便可以有多种渠道来应对所面临的心理问题，提升自我的心理素质水平。例如，她可以通过心理健康课程的学习，了解心理健康相关知识，从而对自己以及自己的心理状态有更好的认识和理解，也可以获得一些自我调节的技巧和方法，以便更好地去应对日常生活中遇到的困扰；她也可以通过参加一些社团、各类心理活动、讲座来突破在人际交往上的困境，调节自我的身心健康；同时还可以养成科学、健康的生活方式，为自己的身心健康提供基本的条件支撑。

当心理问题已经超出了自我能够调节的范围，我们就需要积极地寻求帮助。就本情境案例中的李某而言，在入学初期，她便可以就自己在人际交往方面的困扰，前往学校心理健康中心寻求心理咨询；甚至在与室友发生冲突之后自身无法应对时，也可以积极寻求心理咨询，以预防心理问题的严重化；当心理问题已经上升到障碍的程度，李某就需要积极地寻求心理治疗，以便更好地获得心理的康复或是将心理健康维持在一个较好的水平，具体可见下文。

（一）主动接受心理咨询，消除心理困惑

高职学生心理咨询的服务对象是全体学生，服务方式多种多样。通过心理测验，了解学生的心理状况；通过个别面谈，排解学生成长中的困惑与烦恼；通过团体咨询，改善学生的社会适应能力。它所涉及的领域包括学生学习、生活的各个方面。有些学生对心理咨询常常存在误解，认为寻求心理咨询就是心理有病。其实学校的心理咨询主要为发展性咨询，旨在帮助同学们解决成长发展中的心理困惑，使其能更好地适应和发展。高职学生应该在有心理困惑时积极寻求专业帮助，在心理老师的指导下，及时、主动地消除心理困惑，以预防心理疾病的发生。

心理援助

心理援助与咨询信息

1. “12355”青少年服务台

非政府组织（NGO），面向全国，免费。由共青团中央权益部设立的专门面向青少年提供心理咨询服务和法律咨询的热线电话。

2. 北京心理危机研究与干预中心——自杀与危机干预热线

非政府组织（NGO），面向全国，免费。联系方式：24小时热线：800-810-1117（座机，全国热线）010-82951332（手机）010-82951150（手机）bjcrisis@126.com（邮件）。该中心于2002年12月3日成立，隶属于北京市卫生局北京回龙观医院，主要工作目标是针对中国的自杀现象进行研究和干预。

3. “12338”妇女维权公益服务热线

非政府组织（NGO），面向全国，免费。联系方式：12338（按语音提示转心理咨询）（周一至周五18：00~20：00，周末为9：00~12：00，下午14：00~20：00）。该热线是由全国妇联设立的全国统一号码、统一规范的妇女维权热线，主要为妇女儿童提供法律、婚姻、家庭、心理、教育等方面的咨询，并受理有关妇女儿童侵权案件的投诉。

4. 同志服务中心心理咨询热线

非政府组织（NGO），所在地北京，免费。联系方式：13021165027（周一到周日，10点至17点）。该咨询热线致力于性少数人群的心理健康建设，为同性恋等性少数人群以及想了解LGBT群体的人们提供提供咨询服务，以增加人与人之间的相互了解、沟通、尊重和相爱，促进心理健康专业的普及与实用。

（二）积极寻求心理治疗，重获心理健康

当出现心理障碍或更为严重的精神类疾病时，寻求心理治疗是当前最需要做的事情了。有些学生对心理治疗认识不足，观念陈旧，认为这是一件令人羞耻的事情，所以虽然出现了心理疾病症状，也不去积极主动寻求治疗。因此，通过心理卫生知识的学习，了解心理治疗的有关知识是消除误区非常重要的途径。同时，相比于因为心理疾病而处在持续不断的痛苦之中，以至于影响了个人的幸福感、成长和成才，积极寻求科学的途径来进行调节，以恢复心理健康，获得更好的内心体验和个人成长，其实是对自己更负责任的行为，也是关爱自己的表现。

拓展阅读

如何选择心理治疗——精神科医生和临床心理学家的区别

许多人并不知道心理健康从业人员有哪些不同。甚至相关的专业人士也不确定如何区分精神科医生与临床心理学家。正如一句比较古老的推销语一样：“你不能光介绍演员而不报节目。”那就让我们试着帮助你在心理健康领域“区分演员”。

精神科医生是医生，或者是毕业于医学院并在预防、诊断、心理与情绪障碍治疗等领域实习过的人员。大多数医生（不管是哪个专业的）都在医学院和研究生实习阶段或多或少经历过相同的训练，然后在进一步的训练中也就是住院实习期间专攻某一领域。精神科医生的住院实习期一般需要 3 年。因为他们接受的训练是医学性质的，很少有精神科医生接受过深入的、专门的心理社会疗法培训，一般情况下，他们学习的是传统的精神分析或者心理动力学的方法。因此，对于大多数精神科医生来说首选疗法是药物治疗，或者让病人“躺在沙发上”接受长程的分析治疗，又或者将药物和短程心理动力疗法结合。

临床心理学家是在涉及人类思维、情绪、行为和关系方面研究的应用心理学领域，按照艺术与科学方式进行训练的。临床心理学家一般拥有学士及以上学位（医学学士、心理学学士或者教育学学士），并根据国家法律获得许可进行执业，根据国家法律被授权实践。临床心理学家把心理学原理应用于有关心理、情绪、行为以及个人与团体发展问题的治疗。他们的受训内容包括诊断、评估、心理测验、研究方法和非医学的心理疗法和治疗方法。然而他们不拥有处方权，不可以开药，临床心理学家的训练近来引入了精神药理

学，而且做好了准备，当药物治疗为必需时，将与精神科医生密切合作。

课外拓展

一、电影推荐之《美丽心灵》

这部影片是关于20世纪伟大数学家小约翰·福布斯·纳什的人物传记片，讲述了小约翰·福布斯·纳什在念研究生时，便发表了著名的博弈论，该理论虽只有短短26页，却在经济、军事等领域产生了深远的影响。

但就在小约翰·福布斯·纳什蜚声国际时，他的出众直觉因为精神分裂症受到困扰，然而这并没阻止他向学术最高层进军的步伐，在深爱他的妻子艾丽西亚的鼓励和帮助下，他走得虽然艰缓，却始终没有停步。而最终，凭借十几年的不懈努力和顽强意志，在博弈论和微分几何学领域潜心研究，最终获得诺贝尔经济学奖。

二、抑郁自评量表（SDS）

指导语：

1. 请根据你过去一周的实际感觉进行选择，每种状态下面有对应的分值。

2. 量表中有部分反向（即从抑郁反向状态）评分的题（表2-1），已用*号标记，请注意区分。

3. 本表可用于反映受测者抑郁的主观感受。

4. 关于抑郁症，除参考量表分值外，主要还应根据临床症状综合进行诊断，量表总分值仅能作为一项参考指标，而非绝对标准。

表2-1　　抑郁自评量表

序号	题目	偶尔	有时	经常	持续	评分
1	我感到情绪沮丧，郁闷	1	2	3	4	
*2	我感到早晨心情最好	4	3	2	1	
3	一阵阵哭出来或觉得想哭	1	2	3	4	
4	我夜间睡眠不好	1	2	3	4	
*5	我吃得跟平常一样多	4	3	2	1	
*6	我与异性密切接触时和以往一样感到愉快	4	3	2	1	
7	我感到我的体重在下降	1	2	3	4	

续表

序号	题目	偶尔	有时	经常	持续	评分
8	我有便秘的苦恼	1	2	3	4	
9	我的心跳比平常快	1	2	3	4	
10	我无缘无故地感到疲乏	1	2	3	4	
* 11	我的头脑和平常一样清楚	4	3	2	1	
* 12	我做事情像平时一样不感到困难	4	3	2	1	
13	我坐卧不宁，难以保持平静	1	2	3	4	
* 14	我对未来感到有希望	4	3	2	1	
15	我比平常更容易生气或被激怒	1	2	3	4	
* 16	我觉得做出决定是容易的	4	3	2	1	
* 17	我觉得自己是个有用的人，有人需要我	4	3	2	1	
* 18	我的生活很有意义	4	3	2	1	
19	我认为如果我死了，别人会生活得更好	1	2	3	4	
* 20	我仍旧喜爱我平常感兴趣的东西	4	3	2	1	

计分方法：

将 20 个项目的各个得分相加，即得粗分；用粗分乘以 1.25 以后取整数部分，就得到标准分（T 值）。

结果解释：

按照中国常模结果，SDS 标准分的分界值为 50 分，其中 50~59 分为轻度抑郁，60~69 分为中度抑郁，70 分以上为重度抑郁。

三、焦虑自评量表（SAS）

指导语：

焦虑是一种比较普遍的精神体验，长期存在焦虑反应的人易发展为焦虑症，本量表包含 20 个项目，分为 4 级评分（表 2-2）。

1. 请您仔细阅读以下内容后，根据您过去一周的实际感觉进行选择，每种状态下面有对应的分值。

2. 量表中有部分反向（即从抑郁反向状态）评分的题，已用 * 号标记，请注意区分。

表 2-2 焦虑自评量表

序号	题目	偶尔	有时	经常	持续	评分
1	我觉得比平时容易紧张或着急	1	2	3	4	
2	我无缘无故感到害怕	1	2	3	4	
3	我容易心里烦乱或感到惊恐	1	2	3	4	
4	我觉得我可能将要发疯	1	2	3	4	
*5	我觉得一切都很好	4	3	2	1	
6	我手脚发抖打颤	1	2	3	4	
7	我因为头疼、颈痛和背痛而苦恼	1	2	3	4	
8	我觉得容易衰弱和疲乏	1	2	3	4	
*9	我觉得心平气和，并且容易安静坐着	4	3	2	1	
10	我觉得心跳得很快	1	2	3	4	
11	我因为一阵阵头晕而苦恼	1	2	3	4	
12	我晕倒过，或常觉得要晕倒似的	1	2	3	4	
*13	我吸气、呼气都感到很容易	4	3	2	1	
14	我的手脚麻木且刺痛	1	2	3	4	
15	我因为胃痛和消化不良而苦恼	1	2	3	4	
16	我常常要小便	1	2	3	4	
*17	我的手脚常常是干燥温暖的	4	3	2	1	
18	我脸红发热	1	2	3	4	
*19	我容易入睡并且一夜睡得很好	4	3	2	1	
20	我做噩梦	1	2	3	4	

计分方法：

将 20 个项目的各个得分相加，即得粗分；用粗分乘以 1.25 以后取整数部分，就得到标准分（T 值）。

结果解释：

按照中国常模结果，SAS 标准分的分界值为 50 分，其中 50~60 分为轻度焦虑；61~70 分为中度焦虑；70 分以上为重度焦虑。

情境三 做我自己
——高职学生的自我意识与人格

本情境要点：

1. 我是谁？——认识自我。
2. 自我意识的完善——找寻更好的自己。
3. 人格概述——为什么你与众不同？
4. 健康人格——如何才能做到？

典型案例

高二男生的完美七天

这是武志红老师的一个咨询案例，来访者是一个男生，看上去唯唯诺诺，有些驼背，给人的感觉就好像是他很担心如果腰直起来会给别人构成压迫似的。和任何人相处，他都会第一时间去捕捉对方的感觉。他只能和一个人相处，如果同时有两个其他人，他就不可以了，因为他不能同时去捕捉两个人的感觉，那会“累死他”。和他咨询时，有时会觉得，他是不是有读心术，可以潜入别人内心获得情报，因为他常常能说出咨询师下一句要说的话。

他的这个能力，最初就是在和妈妈的关系中练出来的。他忽略自己的感觉，但对妈妈的感觉却极为敏感，特别是妈妈一不高兴，他就会想办法去抚平。他就这样活了 17 年。在 17 岁高二的时候，他有了完全不同的体验：在七天的时间里，他彻底体验了一次完全以自己的感觉为中心而活，是什么滋味。

那七天，是劳动周。

劳动周的第一天，班主任先在教室里宣布：劳动周开始了，大家去学校操场集合，等待分派任务。班主任的宣言，让他脑子里的一根弦突然松了，他感慨地说：终于可以不学习了。这句感慨的意思是：学习就是终极任务，父母、老师和同学，都盯着你的学习。

出了教室，走在路上，他脑海里又跳出一句话：你们喜欢我也好，不喜欢我也好，那是你们的事。这句话是对朋友们说的，他在朋友面前太战战兢兢、太讨好，而这句话一下子让他感觉，脑子里另一根弦也松了。

走着走着，又跳出了第三句话：你爱我也好，不爱我也好，那是你的事。这句话是对女朋友说的，他女友在同一个城市，但不是同一所学校，离得很远。

到了操场后，集合，分派任务，给他分派的任务是和两个男生一起去管自行车车棚。然后解散。

解散后，他在和两个同学去车棚的路上，脑子里突然间跳出了一句话：我就是我！这句话跳出来后，他整个人突然间变了，一股气从身体里涌起，他的腰直了起来，背也不驼了，本来一个唯唯诺诺、脸上总带着讨好神情的男孩，一下子成了老大一样的风格。然后，自动地，另外两位男生成了他的"小跟班"。

他说，这七天中，他完全不用头脑思考，一切都是听从自己的感觉，而总能做出一些非同寻常的举动来。

最深刻的一件事是，邻班一个男生在自行车车棚丢了一块手表，该男生是学校里"大哥"级的那种人，没人敢惹。照我这位来访者以往的性格，他会屁颠屁颠地主动把手表送过去，心里还会觉得自己好像做错了什么似的。但这次，他想起了这个"大哥"欺负过他，他的第一感觉是要报复，所以把手表放到了一个车棚的抽屉里，不是藏起来，只是随意放在那儿。如果是以往，他肯定会被"大哥"修理。但这次很有意思，先是有消息传到了对方耳朵里，来问他要时，他说，我没捡到。"大哥"悻悻地走了，随即找人说和，说对不起，过去小弟有得罪请见谅，然后还请他和几个相熟的吃了一顿赔礼饭。在饭桌上，他话也不多，等快结束时，他把手表拿出来，放在桌子上，仍是没多说话。

在这期间，他女朋友过来找过他。本来他们的关系是女友地位高，他的地位低，但这次女友看见他，目瞪口呆，立即有了一副超崇拜的神情，爱得不得了。

就这样过了七天，到了第八天的上午，开始上课了。他的时空感发生了变化，他看老师写字，每个字都有一尺大，闪闪发光，而且不像是写在黑板上，而是直接写到他心里。他脑子不用主动思考，但一切都明白。这种感觉持续了一个上午，他觉得，如果这样下去，他门门课都能考满分。

然后到了中午，女友过来找他，而他第一感觉是不想去。但想想女友跑这么远过来，不去见的话于心不忍，于是去见了。立即，他的完美感觉，就从 100 分跌到了 70 分。而在见到女友的一瞬间，他内心发生了不可思议的变化，然后跌到了零分以下。

从此以后，他开始找心理咨询师。他说，本来我一直是活在地狱里，但不自知，觉得这很正常。可体验过天堂的感觉后，就发现地狱是如此煎熬。

他的故事像是达到了一种感官完全打开的状态似的。他在人群中做了完全信任自己感觉的“黑老大”。好莱坞电影中也常有这样的表达，不过是借助了科学的名义。一个人用了某种药物，或接受了某种射线的辐射后，变得感官完全打开了，进入了一种超感知状态。

如果一个人，彻底信任自己的感觉而活，他会进入一种什么样的生命状态？我想，无数思想家表达的东西，都是一样的。马斯洛的自我实现，罗杰斯的“成为你自己”，温尼科特的“让你的本能排山倒海般涌出”，蒙特梭利的精神胚胎论等，其实都有同一个意思，就是一个人的自我本身，就是根本性的力量，我们的所谓成长，就是把这个自我活出来而已。

单元一　我是谁？——认识自我

认识自己、了解自己绝不比认识世界容易。早在古希腊时期“认识你自己”这句刻在德尔菲神庙的话就激励着人们不断探索自我。但是，认识自己的这个过程是艰难而又曲折的，并且会贯穿我们的一生。大学阶段是从青春期到青年期转变的重要时期，也是自我意识发展、完善的重要时期。“我是谁”这个熟悉而又陌生的话题，在进入大学以后会引发学生们越来越多的困惑。因此，了解什么是自我意识，自我意识的内容和结构，自我意识的发展过程，对高职学生正确地认识自我、评价自我具有重要意义。

一、什么是自我意识

现在请你想想“我是谁？”这个经典的哲学问题。

当你听到这个问题的一刹那，你脑海中浮现出来的是什么图像？

所谓自我意识，指的就是这种知道世界上有“我”这么一个独一无二的存在，知道我和世界其他所有人、所有生物、所有东西都有所不同的这么一种感觉。这种感觉对于我们每个成年人来说，就像呼吸和眨眼睛一样非常自然。

我饿了；

我渴了；

我想上厕所了；

……

“我”就是我们人类生存最基本的单位，“自我意识”虽然听起来很玄乎，但是，它有清晰的物质基础。它不是一个虚无缥缈的概念，而是我们人类大脑中孕育出的一种实实在在的能力，是指个体对自己各方面的认识，包括认识自己的生理状况（身高、体重、形态等）、心理特征（如兴趣、爱好、能力、性格、气质等），以及自己与他人和周围世界的关系（如自己和他人的关系，自己在群体中的地位和作用等）。

当高职学生思考：“我究竟是怎样的一个人?”“在我所处的班级里是什么样的位置?”“别人是如何看待我的?”“我想成为什么样的人呢?”“我怎样改变现状?”这些就是自我意识。

二、自我意识的分类

自我意识是一个多层次、多维度的心理现象，既是稳定的，又是发展的；既是对自己所有方面的认知，又是具有能动作用的监控与驱动机制，可以从不同的角度进行分析。

（一）按形式分类

从形式上看，自我意识可分为自我认知、自我体验和自我调控。

1. 自我认知

自我认知是指自己对自己身心特征的认识，它包括自我感觉、自我概念、自我观察、自我分析、自我评价、自我批评等。自我认知所要解决的问题是：“我是一个怎样的人?”

2. 自我体验

自我体验属于情绪、情感的范畴，它包括自我感受如自爱、自尊、自信、自卑、自傲、责任感、义务感、优越感等。自我体验主要涉及的是“我能悦纳我自己吗?”“我对自己感到满意吗?”

3. 自我调控

自我调控是指个体对自己的心理、行为和态度等方面的调节，包括自我监督、自我激励、自我控制、自我暗示等，它是自我的最高阶段。如图 3-1 所示，自我调控的核心是“我应该做什么？”“我如何实现自己的理想？”“我要如何改变自己？”

图 3-1 自我意识的形式

（二）按内容分类

从发展进程上看，自我意识可分为生理自我、心理自我和社会自我。

1. 生理自我

生理自我是指个体对自己的身体、生理状态的认识、体验，比如身高、体重、容貌、温饱感、舒适感、病痛等。生理自我是与生俱来的，如果我们不接纳我们的生理自我，比如嫌弃自己不够高、不够美等，就容易出现自卑。高职学生正处于青春期，是对生理自我高度关注的时期。这也就不难理解为什么有人调侃：“大学是个美容院”。

2. 心理自我

心理自我是指个体对自己的心理活动、个性特点、心理品质的认识、体验和愿望，比如知识、能力、性格、气质、兴趣、情绪、行为模式等。如果一个人对心理自我的评价较低，如认为自己性格很差、能力很糟糕，就容易出现自我否定。

3. 社会自我

社会自我是指个体对自身与外界客观事物和人的关系的认识、体验和愿望，比如“我”在群体中的地位、作用是怎样的？“我”如何认识、评价和体验我与他人之间的相互关系？如果一个人认为自己是不被他人喜欢的，就会体验到孤独感和寂寞感。

拓展阅读

很久很久以前，有一个美丽的花园，花园里长满了苹果树和橘子树，还有美丽的玫瑰，她们都很开心很满足。这个花园里的所有存在都很满足、很完美，只有一棵树感觉很悲伤，因为她有一个问题：她不知道她自己是谁。

苹果树说“你需要集中注意力，如果你真的愿意的话，你就能生出很多可口的苹果。你看就是这么简单。”玫瑰花叫着说“不要听她的，盛开花朵其实更简单，你看看我们多么美丽啊。”这个可怜的树就尝试了她们所建议的一切，但是她还是不能像她们一样，每一次尝试以后，她感觉到更加挫败和伤心。有一天花园飞来了一只猫头鹰，它是鸟类中最智慧的了，她看到这棵树的绝望，就说，“不用担心，你的问题并不是很严重，你的问题只不过和地球上所有的人类一样而已。我给你一个建议：不要把你的生活都浪费在别人希望你如何的事情上。你只需要聆听你内在的声音，做你自己，了解你自己。”说完这些，猫头鹰就飞走了。

这棵绝望的树开始问自己：“我内在的声音？做我自己？了解我自己？”忽然她明白了。她捂住自己的耳朵，心就打开了，最后她听到了内在的声音跟她说：“你永远也长不出可口的苹果，因为你不是一棵苹果树；你也不会在春天开花，因为你不是玫瑰。你是一棵红树，你的使命是茁壮地成长，然后枝繁叶茂；你的使命是要给鸟儿提供巢穴，给路人提供阴凉，让乡村更美丽，这才是你的使命，去做吧。”这棵树现在信心十足，她坚定了自己是谁，决心就做她本来的样子。很快，她就茁壮地成长起来，她的绿荫覆盖了很大面积，她也越来越被其他的人所尊重和敬仰。这个时候，整个花园才真正快乐起来！

（三）按自我观念分类

从自我观念来看，自我意识可分为现实自我、镜中自我和理想自我。

1. 现实自我

现实自我是指个体自己对现实生活中的我的认识，所探寻的是自我的真实状态，剖析“我实际上是个什么样的人”。比如，有同学说：“我是一个乐观、开朗、积极向上的人。”

2. 镜中自我

镜中自我又称他人自我，是指个体想象自己在他人心目中的形象或他人对自己的基本看法。镜中自我与现实自我总是存在差异的，但是当这种差异过大时，个体往往会产生不被他人理解的感受。

3. 理想自我

理想自我是自己对将来的我的想象，其涉及的根本问题是“我想成为怎样的人”或“我应当成为怎样的人”，这也是个体追求的目标。比如，有同学说："我希望自己能成为一个乐观、开朗、积极向上的人"。理想的我与现实的我也会存在差异，但若差异过大，就会导致一些问题，比如当理想自我过高时，个体会出现自我的不接纳、自卑等；当现实自我过高时，常常又会使个体的潜能无法得到充分发挥。

拓展阅读

乔韩窗口理论

乔韩窗口理论是由美国心理学家 Jone 和 Hary 提出的关于人自我认识的窗口理论。他们认为人对自己的认识是一个不断探索的过程。因为每个人的内心都有四部分：公开的自我，也就是透明真实的自我，这部分自己很了解，别人也很了解；盲目的自我，别人看得很清楚，自己却不了解；秘密的自我，是自己了解，但别人不了解的部分；未知的自我，是别人和自己都不了解的潜在部分，通过一些契机可以激发出来。

这四个部分在每个人的内心所占的比例是不一样的。通过与他人分享秘密，接收来自他人的反馈减少盲目，人对自己的了解就会更多且更客观。

1. 从我与人的关系认识自我

人与人交往，他人就是反映自我的镜子，与他人交往，是个人获得自我认识的重要来源。大文豪苏轼写道："不识庐山真面目，只缘身在此山中。"认识自己有时候的确比较难，一般来说，"当局者迷，旁观者清"，周围的人对我们的态度和评价能帮助我们认识自己、了解自己。

2. 从我与事的关系认识自我

可以从两个角度着手：

（1）通过自己的成就经验了解自己　通过自己所取得的成果、成就，从做事的经验中了解自己，也是一种学习。不经一事，不长一智。

（2）通过自己的失败经历认识自我　"失败乃成功之母。"对聪明又善用智慧的人来说，在成功里能看见自己的长处，在失败里可以发现自己的短板，因而对自己的认识也就更加丰盈起来。

3. 从我与己的关系中认识自我

古人曰："吾日三省吾身"，通过自我观察可以认识自己。要认识自己，还需要经常反省自己，与自己的内心对话，对自己的内心世界加以分析，使自己不仅成为自我观察的主体，也成为自我观察的客体，以便有的放矢地进行自我调节，不断完善自我。

三、自我意识的发展过程

人的自我意识并非与生俱来，而是随着年龄的增长和与社会交往过程中逐渐形成和发展起来的。自我意识的发展经历了产生、发展和完善三个阶段。

（一）自我意识的产生（0~3 岁）

在生命降生之初，婴儿是没有自我意识的，他们甚至无法将自己和外界事物进行区分。8 个月左右，婴儿的生理自我出现，这是自我意识的最初形态。这个阶段听到自己的名字会有反应，但人我不分、物我不分。1 岁左右，儿童开始能区分自己的动作和动作对象，如不会再把玩具当作自己身体的一部分，自我意识开始萌芽。2 岁左右，儿童逐渐学会用第一人称“我”来称呼自己。3 岁左右，儿童开始出现羞耻感、自主性和占有欲，如看到妈妈喜欢其他孩子，会生气；使用第一人称“我”的频率提高，这时的儿童自我意识有了一定发展，但其行为仍然是以自我为中心的，即用自己的想法来解释外部世界，并把自己的想法和情感投射到外界事物上去。

（二）自我意识的发展（4~14 岁左右）

自我意识的发展时期是个体接受社会文化影响最深的时期，也是角色学习的重要时期。个体经历了幼儿园、小学、到中学，通过在游戏、学习、劳动等活动中不断地模仿、认同、练习，逐渐习得社会规范，形成各种角色观念，如性别角色、家庭角色。这一时期，青少年开始意识到自己在人际关系、社会关系中的地位和作用，意识到自己所承担的社会责任和享有的社会权利。虽然青少年开始关注自己的内部世界，但他们主要是依据别人的观点去评价事物、去认识人，对自己的认识也服从于权威或同伴的评价。

（三）自我意识的完善（青春初期到青年后期）

这是自我意识发展的关键时期，在这一阶段，自我意识经过分化、矛盾、统一趋于成熟。个体开始清晰地意识到自己的内心世界，关注自己的内在体验，开始有明确的价值探索和追求，强烈要求独立，产生了自我塑造、自我教育的紧迫感和实现自我目标的驱动力。

对正处于青年中期的高职学生而言，他们的自我意识发展正在经历着一个特别明显的“分化—冲突—统一”的过程。这时，原本“笼统的我”被分化为“主我”“客我”与“理想我”“现实我”。一方面，这种分化标志着高职学生自我意识已开始走向成熟；另一方面，也正是这种分化，为高职学生能客观地评价自己或他人、合理地调节自己的言行奠定了基础。

单元二　自我意识的完善——寻找更好的自己

一、自我意识的冲突

大学阶段是自我意识迅速发展和趋于完善的重要时期，高职学生自我意识的发展呈现出如下积极的特点。

（1）自我认识自觉、符合实际，具有客观性　即高职学生对自我的认识和评价基本与外界一致，并且自觉地按照社会的要求来评价和设计自己。

（2）自我体验敏感、强烈，具有丰富性　即高职学生自我体验的情绪、情感基调是积极的、健康的，大多数学生都能喜欢自己、对自己感到满意，自尊、自信、好胜。但是，自我体验带有情境性和波动性。

（3）自我调控主动、持久，具有积极性　即高职学生在自我调控方面不仅积极主动，而且能够按照一定的标准和要求长期有效地调控自己的心理、语言和行为，使之服务于理想自我的实现。

（4）强烈关心自己的发展　即随着知识的积累和年龄的增长，围绕个人发展、个人和社会的关系，高职学生能够主动、积极地探索自我。

与此同时，高职学生的自我意识也面临一系列的矛盾冲突，具体表现为以下几点。

（一）理想自我与现实自我的冲突

理想自我与现实自我的差距是高职学生自我意识最突出、最集中的矛盾表现。大多数的高职学生对自身的未来及职业发展是有憧憬和期许的，对当前的学习生活也有理想化的期待。然而，由于现实条件与自己的理想相差甚远，这给高职学生带来很大的苦恼和冲突。比如，相对于本科生，一方面高职学生在文化素质方面相对处于弱势；另一方面社会单位在招聘时盲目追求高学历，这都在一定程度上导致高职学生对未来感到迷茫，很难把理想和现实有机地联系起来。这种冲突和差距，在一定程度上能成为激发学生积极进取、发奋学习的动力；但是如果理想自我和现实自我很难趋近、协同、统一，则会引起自我的分裂，进而导致一系列心理问题。

（二）独立意识与依附心理的冲突

上大学后，高职学生的独立意识迅速发展。在人与人的关系中，主要表现为不依赖他人而独立行动的意向；他们希望能在思想、生活、学习、经济等方面独立，希望摆脱成人的管束，自主地处理所遇到的一些问题。但是，大多数高职学生一方面在心理上仍然依赖家长等成人，比如由于缺乏社会阅历与经验，当遇到重大事件、突发事件时，往往又盼望亲人、老师、同学能够给予自己支持；另一方面，大部分高职学生还需要家长提供经济上的支持，以保障在校的学习和生活，因此无法真正做到人格上的独立。这种自我的独立与依赖的矛盾，常常使部分高职学生陷入痛苦之中。

（三）交往需要与自我闭锁的冲突

处于青年中期的高职学生，自我意识有了新的发展，情感丰富、充满活力、好奇心强。加上远离家乡，生活空间的扩大，使得高职学生的交往愿望往往非常强烈，他们渴望理解、寻求归属和爱。一方面，他们希望和知心朋友一起，向他们倾吐对人生和生活的看法，探索人生的真谛；盼望能有人与其分担痛苦、分享欢乐。但同时，他们又存在着自我闭锁的倾向，许多人往往不愿主动敞开自己的心扉，不经意地把自己的心灵深藏起来，在公开场合很少发表个人的真实意见；他们在与他人交往时存有较强的戒备心理，总是有意无意地与同学保持一定距离。正是这种交往需要与自我闭锁的矛盾冲突，使得不少学生备受“孤独”的煎熬，这也是为什么高职学生常常感到“大学时期的交往不如中学时期那么真诚”的原因所在。

（四）自信心与自卑感的冲突

由于高职学生的自我意识还处于发展过程中，心理尚未成熟，因此对自我的认知会存在偏差，即出现盲目的自信或过分的自卑。部分高职学生刚刚考上大学时，会受到来自老师、家长、亲朋好友的赞誉、同辈人的羡慕，优越感和自尊心都很强，对自己的能力、才华和未来都充满了自信。然而进入大学后，发现“山外有山”，尤其是当学习、文体、社交等方面显露出某些不足时，有些高职学生就会陷入怀疑自己、否定自己的不良情绪中，逐步产生自卑心理。也有部分高职学生，由于高考失利或中学成绩不理想才勉强就读高职院校，或是对大学生活有很高的期待，但是许多高职院校的校园环境、教学设施、教学管理和师资条件等都有待改善，与学生理想中的大学相去甚远，常常会使他们产生强烈的失落感，出现自我厌恶的情绪。在这些高职学生的内心深处，自信和自卑感常常处于一种冲突状态。

二、自我意识的完善

（一）健康自我意识的标准

衡量个体的自我意识是否健全并非一件易事，它没有一个绝对的标准，有人提出健康的自我意识应当包括：

（1）自我定位准确　即能够准确的自我认识与评价，不夸大自己的优势与不足，对现状与未来有较为明确的认识，既不好高骛远，也不妄自菲薄。

（2）积极而客观　能够以积极的态度去认识和评价人、事，客观理性地分析现象背后的原因。

（3）自尊、自信　自尊是个体获得良好发展的前提，是自信、自立、自强的基础；有了自信人才能不畏艰难，坦然面对困境，健康向上。

（4）自主而又善于合作　善于独立处理自己和周围的问题，有主见，能够独立支配自己的行为，但同时不拒绝与他人合作。

（5）有效的自我控制　这是人的心理结构中最重要的调节机制，也是心理成熟的最高标志。

（6）良好的自我同一性　能认识到“我是谁”“在别人眼中我是谁”。

拓展阅读

对于大学生而言，良好自我意识应当包括以下指标：

1. 接受自己的生理状况，不自怨自艾。
2. 对自己的心理素质有较清晰的认识，知道自己的长处和短处。
3. 对自己所处的环境有较清晰的认识，包括家庭和学校环境。
4. 对自己的经历有正确的评价。
5. 对未来自我发展有较明确的目标。
6. 对自己的需求有清楚的认识。
7. 知道生活中什么是应该珍惜的，什么是应该抛弃的。
8. 对妨碍自己达到目标的因素有较为清楚的认识。
9. 对自己能够做到的事情有较为清楚的认识。
10. 对自己的希望和能力的差距比较清楚。
11. 能正确估计自己的社会角色。
12. 对自己的感受和情绪有较为清楚的认识。
13. 明白自己能力的极限。

（二）自我意识的完善

1. 全面认识自我

正确全面地认识自我是培养健全自我意识的基础。认识自我就是要全面地了解自己的身体和自己的个性、了解自己的长处和短处，把握自己与群体的关系，自己在社会生活中所处的位置，从而能对自我做出恰如其分的评价。

了解自己、评价自己，需要有参照点。高职学生可以通过以下途径促进对自我的认识：

（1）通过自我反思　高职学生在大学生活中要学会自我反思，检查自己的行为和动机是否正确，行为过程中有哪些长处和不足，取长补短，更加完善自己的行为。

（2）他人对自己的评价　高职学生可以通过他人对自己的态度、期望、评价来进一步认识自己。需要注意的是，不少学生会很在意别人对自己的评价，因此对待来自他人对自己的评价要有正确的态度，不能因为别人过高地评价自己而忘乎所以，也不能因为别人对自己过低的评价而一蹶不振。

（3）与他人进行比较　有比较才有鉴别，通过与周围普通人比较，高职学生能够认识自己的实际水平及在群体中的地位；而与杰出人物比较，则能找出自己的差距和努力的方向。

（4）通过实践活动　社会实践成果的价值有时直接标志着个体自身的价值，社会衡量一个人的价值主要是通过其社会活动成果认定的，理想的活动成果能促进个体认识自我的能力，发现自我的价值，从而进一步开发自我潜能、激发自信。

因此，高职学生要积极参与社会交往和实践活动，在活动中发现和展示自己的能力和才华，从不同层次、不同角度寻找认识自我、评价自我的机会，以获得更加全面的自我评价。

2. 积极悦纳自我

悦纳自我是发展健康的自我体验的关键和核心。悦纳自我，首先是对自己的本来面目抱认可、肯定的态度，面对现实的自我，接受现实的自我，包括自己的相貌、身高、家庭背景和就读的高等院校。其次，平静而理智地对待自己的长处与短处，欣赏自己的独特性，接纳自己的不完美。高职学生如果以积极的态度认可自己，便会形成自尊；如果以消极的态度拒绝自我，便会形成自卑。悦纳自我，可以从以下几点着手：

（1）恰当地认识自己，接受自己的一切　我们要肯定自己的身体，即使某些特征确实令自己不喜欢；我们要看见自己的长处，没有人是完美的，但每个人必有其闪光之处，要扬长补短，如表3-1所示。

（2）要正确对待挫折和失败　在成长过程中，失败、挫折总是和成功相伴而来，所以高职学生要培养成功、阳光的心态，去迎接挫折或失败。首先，对成败要有充分的思想准备，力争做到未雨绸缪；其次，要学会分析成败的多种原因；最后，寻找、总结出成功的方法。

表3-1　悦纳自我训练之“天生我才”

请完成下面的语句吧！ 我最欣赏自己的外表是： 我最欣赏自己对朋友的态度是： 我最欣赏自己对学习的态度是： 我最欣赏自己的一次成绩是： 我最欣赏自己的性格是： 我最欣赏自己对家人、长辈的态度是： 我最欣赏自己做事的态度的是： 我最欣赏自己的优点是：

3. 有效调控自我

自我调控是健全自我意识、完善自我的根本途径。自我调控是个体主动定向地改造自己的心理品质、特征及行为的心理过程，也是个体将对待自己的态度具体化为行动的过程。要使自我控制积极有效，高职学生应从以下几方面着手：

（1）合理定位理想自我　理想自我是高职学生将来要实现的目标，在确立其内容时，要立足社会需要，符合社会对高职学生的要求和规范；同时，要从自身的实际出发，既不好高骛远，也不过于简单。

（2）全力打造现实自我　“万丈高楼平地起”，无论多美好的理想自我，都要以现实自我作为出发点和立足点。现在是将来的基础，高职学生应全面、深刻地认识现实自我。

（3）塑造健全的意志品质　对自我的监督与修正，离不开意志的力量，只有意志健全的人才能做到对自我的有效调控。因此，每位高职学生都应注重增强自我控制的自觉性、主动性，从而达到自我实现。

（4）培养健康的情感　自尊、自爱、自信等健康的情感，是自我控制的激励因素和动力。如果高职学生能认识到自己是对社会有用的人，是有希望的人、能成功的人，那么他就会为改变现实和实现理想自我而更加努力。

拓展阅读

自信训练方法

1. 走路速度加快25%，说话声音加大20分贝。
2. 挑前面的位子坐。
3. 练习正视别人。
4. 练习当众发言。
5. 咧嘴大笑。
6. 怯场时，不妨道出真情，即能平静下来。
7. 先看积极那一面。
8. 做自己能做的事。

4. 努力完善自我

自我完善是个体在认识自我、悦纳自我的基础上，自觉规划行为目标，主动调节自身行为，积极改造自己的个性，使个性全面发展以适应社会要求的过程。高职学生的自我完善之路可以从以下几点起航：

（1）确立明确的行动目标　有目标指向的行为较无目标指向的行为成就大得多。因为正确的目标能够诱发人的动机，强化人的行为，并促使其指向预定的方向。

（2）不要低估你的潜能　每个人都拥有丰富却有待开发的潜能，美国心理学家马斯洛指出："实际上绝大多数人，一定有可能比现实中的自己更伟大一些，只是缺乏一种不懈努力的自信。"

（3）塑造健全的人格　人格不仅是人的心理面貌的集中反映，也是人的心理行为的基础。健康的自我意识的形成，除了要有对自我的正确认知外，还要有健全的人格作为支撑。高职学生培养积极、和谐、健全的人格，对健康的自我意识的发展将起到良好的生成和促进作用。

拓展阅读

自我意识的完善方法还需要根据个体的自我组织力来选择

弟子问："师父您有时候打人、骂人；有时候对人又彬彬有礼，这里面有什么玄机吗?”

师父说:“对待上等人直指人心，可打可骂，以真面目对他；对待中等人最多隐喻他，要讲分寸，他受不起打骂；对待下等人要面带微笑，双手合十，他很脆弱、心眼小，装不下太多指责和训斥，他只配用世俗的礼节!”

这段话非常有道理，但比较可惜的是，还是分了“上等人、中等人、下等人”。自我意识程度不同的人，需要不同的回应，这是人性使然，并不是所谓的“上等”“中等”和“下等”所决定的。

比如，小婴儿都是脆弱的，他们最需要的，就是积极的回应。也就是，不管小婴儿发出什么信号，养育者都要给予他们及时的回应，并传递出这个信号——宝宝你太好、太可爱了，你怎么样都可爱。在良好养育下，通常在孩子三岁的时候就可以形成一个小小的自我。这时候的孩子就能承受一些打击了，父母不必全给予他们积极的回应。等孩子的自我变得更强大的时候，就可以对他“直指人心”了。

这几乎是一个必然的心理发展历程，所以精神分析治疗乃至其他心理流派的治疗，才有了三个层次:

对自我脆弱的人，基本都给予支持。

对自我尚可的人，支持和分析一起使用。

对自我完整的人，就可以制造“匮乏性环境”，逼他更好地认识自己。

所以，大家可以根据自己的情形，去寻找适合自己的伙伴、朋友，比如，如果你的自我非常脆弱，那么你就可以多去结交温和、善良，喜欢鼓励别人的人。如果你的自我越来越强，就可以交一些诤友了。

单元三　人格概述——为什么你与众不同

人生的较量有三个层次：最低层次是技巧的较量；中间层次是智慧的较量；最高层次是人格的较量。

人格是伴随人的一生不断成长的心理品质，它有着鲜明的个性特征，人格的差异造就了个体千差万别、千姿百态的心理面貌。

一、人格的概念

人格（personality）一词，最早源于拉丁文（*persona*），指面具、脸谱。

法律上讲“保护人格尊严”，是将人格视为权利义务主体的资格。日常话语中讲“人格高尚”或“人格低下”，是将人格视为道德的主体，与人品、品格同义。心理学中的人格概念，更接近日常话语中的“性格”一词，如内/外向、情绪稳定性、处事和待人的方式等。人格是心理学中最难下定义的概念之一，不同的心理学家对人格的理解不同，因而对人格的界定也不同。一般认为，人格是指个体在遗传的基础上，通过与后天环境的相互作用而形成的，具有一定的倾向性的，相对稳定的和独特的心理行为模式。人格反映一个人的整体精神面貌，即心理品质或心理特征的总和。

二、人格的特点

人格具有独特性、相对稳定性、整体性和功能性等主要特点。

（一）独特性

人格最突出的特点就是独特性，即一个人区别于他人的特征。这种独特性不仅仅表现在某些个别的心理或行为特征上，更主要表现在整个行为模式上，使得人与人之间相互区别开来。如有的人开放自然，有的人顽固自守，有的人沉默寡言，有的人豪爽，有的人谨慎等。世界上绝对没有人格完全相同的两个人，每个人的人格都是独一无二的。当然，我们也不能否认人与人之间在某些心理或行为特征上会存在共同性。

（二）相对稳定性

人格的相对稳定性是指那些经常表现出来的特点，在时间上具有前后一贯性，在空间上具有一定的一致性。即我们所说的“江山易改，本性难移”。例如一个性格外向的高职学生，他不仅仅在家中非常活跃，在班级活动中也表现出积极主动的一面，在老师、同学面前同样也能自然地表现自己；他不仅在大学期间如此，即使毕业若干年后再相逢，他依然如故。需要注意的是，人格的相对稳定性并不意味着一成不变，人格仍然具有可塑性和可变性。

（三）整体性

人格的整体性是指人格是有多种成分和特质组成，且这些特质在一个人身上不是孤立存在的，而是相互关联，形成一个有机整体。简单来理解，即一个人的所思、所想、所为是一致的。人格的整体性是衡量一个人心理健康与否的重要指标。当一个人的人格结构的各方面，如认知、情感、性格等，彼此和谐一致时，人们就会呈现出健康的人格特征，否则就会出现各种心理冲突，导致“人格分裂”。

（四）功能性

人格是一个人生活成败、喜怒哀乐的根源。人们常说的“性格决定命运”，即是对人格的功能性的体现。人们常常会使用人格特征来解释某人的言行及事件的原因。例如面对挫折与失败，有志者认真总结经验教训，在失败的废墟上重建人生的辉煌；而怯懦的人一蹶不振，失去了奋斗的目标。当个体的人格功能发挥正常时，表现为健康而有力，支配着人的生活与成败；当人格功能失调时，就会表现出懦弱、无力、失控，甚至变态。

三、人格的心理特征

（一）人格的结构

人格的结构是多层次的，包括个性倾向性、自我意识和个性心理特征。其中个性倾向性包括一个人的需要、动机、兴趣、价值观等；自我意识包括自我认知、自我体验、自我调控；个性心理特征包括气质、性格、能力等。

拓展阅读

大五人格

从20世纪90年代开始，五因素人格结构理论被广泛应用。五因素人格结构理论也称“大五人格”，是指人格由开放性、责任心、外倾性、宜人性、神经质五个因素组成。

开放性（openness）：具有想象、审美、情感丰富、求异、创造、智能等特质。

责任心（conscientiousness）：显示胜任、公正、条理、尽职、成就、自律、谨慎、克制等特点。

外倾性（extraversion）：表现出热情、社交、果断、活跃、冒险、乐观等特质。

宜人性（agreeableness）：具有信任、利他、直率、依从、谦虚、移情等特质。

神经质或情绪稳定性（neuroticism）：具有平衡焦虑、敌对、压抑、自我意识、冲动、脆弱等情绪的特质，即具有保持情绪稳定的能力。

在人格中，自我意识因子将人的心理特质与行为统一组织起来，并监控与协调人格结构各要素的关系。而一个人的个性心理特征则是人格最重要的组成部分。

（二）人格的心理特征

人格的心理特征可分为气质、性格和能力三个方面。这三个方面特征的结合，就形成一个较为稳定的人格特征。其中，气质和性格是人格的重要方面。

1. 气质

在日常的生活、学习、工作中，我们会发现有的人性情急躁，喜怒形之于色；有的人说话、做事总是慢条斯理，很难发火；有的人活泼好动、善交朋友；有的人则喜欢独处，安静并且少言寡语。这些心理活动的差异正是由个体所具有的气质不同所导致。

气质是指个人生来就具有的心理活动的动力特征，可以指个人的性情或脾气，也可以指个人心情随情境变化而随之改变的倾向。气质是与生俱来的，并无好坏之分，它对人的实践活动有一定的影响，但不起决定作用。根据气质在人身上的表现所划分的类型称气质类型，以公元前 5 世纪古希腊医生希波克拉底的分类最为著名。他认为人体内有四种液体，即血液、黏液、黄胆汁、黑胆汁。这四种液体在人体内的比例不同，便形成了气质的四种类型，即多血质、胆汁质、黏液质和抑郁质。

（1）多血质的特征　这种人富有幻想、活泼好动，敏感、反应迅速，健谈，喜欢与人交往，善领导，有能力，注意力容易转移，兴趣和情感易变换。

（2）胆汁质的特征　这一类型的人主动、乐观、热情，性情直爽，精力旺盛，脾气急躁，好斗，心境变化剧烈，易动感情，具有外倾性。

（3）黏液质的特征　这种气质的人平静，善于克制忍让，生活有规律，不为无关事情分心，埋头苦干，有耐久力，态度持重，不卑不亢，不爱空谈，严肃认真，但不够灵活，注意力不易转移，因循守旧，对事业缺乏热情。

（4）抑郁质的特征　抑郁质的人一般表现为行为孤僻、不太合群，表情腼腆、多愁善感，行动迟缓、优柔寡断，但细心、谨慎、情感细腻，富有自我体验，具有明显的内倾性。

2. 性格

性格是个性心理特征中的核心部分，是一种与社会性关联最密切的人格特征。心理学上一般把性格看作是个体对现实稳定的态度以及习惯化了的行为方式。性格是在社会生活实践中逐渐形成的，一经形成便比较稳定。但是，性格具有稳定性并不是说它是一成不变的，性格可以塑造。当个体在其生活环境中遭遇重大变故（例如，重要亲人的离世、经历生死一线等），会带来其性格特征的显著变化。

与气质不同，性格受社会历史文化的影响，有明显的社会道德评价的意义，直接反映了一个人的道德风貌。比如，评价某人“性格古怪”，隐含着这是一种不好的、不被认可的性格特征；评价某人“性格温和”，往往是指这是个值得被肯定、接纳的性格特征。也正因此，性格往往是有好坏之分的。总体而言，气质更多地体现了人格的生物属性，性格则更多地体现了人格的社会属性，个体之间的人格差异的核心是性格的差异。

很多心理学家在研究性格时，会将性格分为若干种类型，但是由于人的性格是复杂多样的，以至于没有一个特定的、统一的分类。比较有代表性的性格分类之一，是根据人们的言行和情感方式，将人的性格分为 A 型性格、B 型性格和 C 型性格（表 3-2）。

表 3-2　性格的 A、B、C 型分类

类型	特征	表现
A 型	争强好胜，雄心勃勃，勇于进取，急躁易怒，缺乏耐心	A 型性格的行为表现是常有时间紧迫感，行动匆忙，总想一心二用；事无巨细，必要亲恭；说话坦率，言不择辞，往往出口无心，极易得罪人；习惯指手画脚，给人以咄咄逼人之感
B 型	情绪比较稳定，社会适应性强，为人处世比较温和，生活有节奏，做事讲究方式，表现为想得开、放得开	B 型性格的人悠闲自得，不求名利；缺乏时间观念，喜好慢步调的生活；待人随和，不喜竞争；工作、生活从容、满意
C 型	内心冲突大、矛盾而痛苦，悲观失望、情绪压抑，常给人以不急不躁的印象	C 型性格会过分压抑自己的负面情绪，不善表达严重的焦虑和抑郁；在日常生活和工作中委曲求全、逆来顺受，但内心却又极不服气；悲观失望，矛盾而痛苦

单元四　塑造健康人格

一、常见的人格偏差

大学阶段，既是学习掌握知识的黄金时期，也是人格发展的重要阶段。

在这一时期，高职学生的人格发展表现出诸多积极方面，具体有：

(1) 心理倾向性方面　总体而言，高职学生的兴趣爱好较为广泛，能积极参与社会实践、学校社团活动等。

(2) 心理特征方面　高职学生表现出外向性、独立性、善良、乐观、善解人意、真诚、智慧、礼貌、温和、友好、亲切、幽默等。

(3) 自我意识方面　多数高职学生自尊的需要十分强烈，好胜、好强、不甘落后的心理十分突出。

但是，由于社会环境中的一些不良现象、不恰当的家庭教养方式，以及长期以来中小学应试教育导致的对人文素质教育的忽视等因素的影响，高职学生也存在着程度不等的人格偏差。需要注意的是，人格偏差不是人格障碍，人格障碍是针对那些有心理疾病的人而言，而人格偏差则是大多数人或多或少都会存在的方面。一般而言，在高职学生中典型的人格障碍者是极少数，较为普遍存在的主要是人格偏差。高职学生常见的人格偏差主要有以下几点。

(一) 认知能力欠缺

高职学生存在认知能力不足的情况，从而导致他们对自我的认知易产生偏差，主要表现为易走极端，即要么高估自我，要么低估自我。

1. 高估自我

在生活中，不少高职生会夸大自己的价值、过分以自我为中心。例如，他们认为自己的外貌是漂亮的、品德是高尚的、人际关系是融洽的、聪明才智是远远未发挥出来的等。这种对自我高估的人往往容易产生盲目乐观、骄傲自满的情绪。

2. 低估自我

有些高职生对自己的评价过低，他们往往看不到自己的优点，感到事事不如人、处处低人一等，对自己缺乏信心，自我否定、自我厌恶。过低评价自己会导致高职学生对自己的能力持怀疑态度，甚至出现自卑心理，从而限制了个人的发展。

(二) 情绪不够稳定

高职学生的行为容易被不健康情绪所控制，表现出极强的不稳定性。悲观、急躁是最常见的表现形式。

1. 悲观

部分高职学生常从消极的角度看问题，总是盯着事情糟糕的一面。比如一遇到不如意、失败的情况就垂头丧气、怨天尤人；面对困难、挑战时，总是自认无能；对未来、前途失去信心等，都是悲观心理的表现。悲观心理是一种心理不健康的状态，对人的身心有很大的危害。

2. 急躁

这是高职学生中常见的不良品质之一，具体表现为遇事易激动、做事缺乏准备、容易冲动，心情常常处于紧张的状态。急躁对高职学生日常的学习、生活和人际交往都会带来不利影响。

（三）适应能力不足

高职新生入学年龄大多为 18 岁左右，正处于自我意识发展的关键时期，加之面对新的环境、新的人际关系，且生活需要自理、学习需要自主、大量时间需要自己支配等情况，使得高职学生易在学习、人际关系、异性交往等方面出现不适应。表现为强烈的失落感、孤独感，不能适应环境的改变。

也有部分高职学生，由于高考失利或中学成绩不理想不得不就读高职院校，心理落差较大，对适应新环境产生抵触心理。在这种状态的影响下，他们没有努力去适应环境，而是一味怨天尤人，整天懒懒散散混日子。

（四）不良意志品质

高职学生进入学校后，虽然身心发展较快，但思想尚未成熟，对社会的认识能力、是非辨别能力不强，自我控制能力差，加之好奇心、模仿性强，使他们很容易受同伴或不良社会风气的影响，养成不良习惯和沾染不良嗜好。表现为部分高职学生缺乏理想，生活没有目标感，浑浑噩噩；学习态度不端正，马马虎虎、应付了事，上课玩手机、睡觉；课余时间不以学习为主，追求及时行乐，多用于上网、刷剧、游戏等；迟到、旷课、抄袭、作弊等现象层出不穷。

（五）人际关系冲突

由于年龄尚小，社会经验不足，对交往对象缺乏了解，在交往过程中欠缺基本的交往技能、礼仪等，导致高职学生在人际交往过程中易出现人际关系的冲突。主要表现为：在处理与家长、老师的关系时，部分学生缺少必要的尊重，并且带有明显的抵触情绪，使交往困难，造成两代人之间难以沟通；在与同龄人的交往中，部分学生以自我为中心不顾他人利益与感受，喜欢把自己的意志强加于人，造成关系难处，最终导致孤傲不群；部分学生因家庭经济、外貌等原因，自卑感重，在交往中不能与人平等处之，造成社交焦虑等。

二、健康人格的培养

（一）健康人格的特点

关于健康的人格究竟应该是怎样的，几乎没有一个统一的定论。人格完整作为判断个体心理健康与否的重要指标，因此，通过研究心理健康的概念以及对生活中心理健康个体的观察，我们确实会看到一些共性。

1. 人际关系和谐

人际关系是社会关系的直接表现，是构成人类社会最普遍、最直接的关系，最能体现一个人人格健康的程度。人格健康的人乐于与他人交往，能与别人建立良好的关系，与人相处时，尊敬、信任等正面态度多于嫉妒、怀疑等消极态度；常能以诚恳、公平、谦虚、宽容的态度尊重他人，同时也受到他人的尊重和接纳。

2. 适应能力良好

社会适应能力反映了人与社会的协调程度。人格健康的人能和社会保持良好的、密切的接触，以一种开放的态度，主动关心社会、了解社会，观察所接触到的各种事物和现象，看到社会发展的积极面和主流，在认识社会的同时，使自己的思想、行为跟上时代的发展，与社会的要求相符合，能很快适应新的环境。

3. 生活态度乐观

积极的人生态度是人类在社会实践中获得的本质力量的表现。人格健康的人常能以乐观、积极的心态面对生活，看见生活的光明面，对未来充满希望和信心。即使生活中遇到困难和挫折，也能耐心地去应付，不畏艰险，勇于拼搏。

4. 自我意识正确

自我意识是个体对自己与他人、与周围世界关系的认识。具有健康人格的人对自己有恰如其分的评价，充满自信，扬长避短，在日常生活中能有效地调节自己的行为，与环境保持平衡；不自视清高、妄自尊大，做力所不能及的工作；也不自轻自贱、妄自菲薄，以致错过可以努力的机遇。

5. 情绪管理适当

情绪对人的活动、对人的健康有重要影响，它标志着个体人格的成熟程度。人格健康的人情绪反应适度，具有调节和控制情绪的能力，能经常保持愉快、满意、开朗的心境；当出现消极情绪时，能合情合理地宣泄、排解、转移、升华。

（二）健康人格的培养

1. 完善自我意识

自我意识是人格的核心，高职学生健康人格的一个很重要的特质就是具有正确的自我意识。一个对自己有客观的认识和充分肯定自我的人，就会相信自己具有一定能力以及待开发的潜能，有较强的自我效能感和自我价值感，能为了实现自己的价值而去主动努力学习、工作，在面对充满挑战性的任务时，不会畏惧退缩，也有信心并能付出必要的努力来获得成功。

2. 锻炼坚强意志

高职学生应从日常学习和生活做起，锻炼意志品质。良好的意志品质不是先天就有的，也不会轻而易举就形成，它需要个人从日常事情做起，通过不断努力逐渐培养积累而成。例如，高职学生在学习中，可以制定科学的学习计划、合理安排作息时间，然后尽可能地排除外界干扰，坚持按计划学习；在生活中，可以把坚持体育锻炼，当成最直截了当磨练意志品质的途径，比如无论酷暑严寒都坚持户外练习，在长跑、登山、游泳等体育活动中，发展自己的坚韧性和克服困难的能力；最后在挫折中锤炼坚强意志，用良好的心态应对挫折，在挫折中磨砺自己，培养良好的个体品质。

3. 学会人际交往

人际关系是影响个体人格健康发展的主要因素，人际关系的好坏是一个人社会适应能力和健康人格的综合体现。首先，要掌握良好人际交往的技能。高职学生若要具有稳定的人际关系，需要掌握基本的人际交往的技能、技巧（参见本书情境四）。其次，学会欣赏他人。高职学生应善于发现他人的优点，学会欣赏他人，主动营造宽松的人际交往环境，达到心理相容，为人格的健康发展创造有利的环境。最后，培养合作精神。合作精神是建立良好、和谐的人际关系不可缺少的重要因素。

4. 增强自我效能感

高职学生人格发展过程中遇到的问题，有很大部分是源于自我效能感的缺乏，“我是学不好的”“我是不行的”等心态常常可见。一个自我效能感高的人，在日常的社会活动中会充满信心和决心，也会具有较高的自我实现动机，他们相信自己的能力，相信通过自身的努力能够实现目标；他们能够保持学习、工作的积极性，从更高的层次认识到学习和工作的意义。而自我效能感低的人，会表现出消极和封闭，不能很好地发挥应有的水平，他们获得成功的可能性就会减少。高职学生可以从自己的成功经历，例如某次被表扬、获得某个荣誉、成绩的提高等，以及榜样的成功经验中汲取提高自我效能感的能量。

5. 培养乐观心态

乐观的人一般对目标的坚持性更强，能够获得更多的资源，同时生活的满意度更高。一个乐观的人，不论处理什么问题，都会以积极的心态面对，会取得更理想的结果。高职学生保持乐观心境的方法有：

（1）积极的认知　事物都是有两面性的，例如当挫折或者困境给个体带来打击的同时，也正是成长的契机，关键在于首先要有良好的心态，其次要善于从挫折中总结经验教训。

（2）积极的幻想　例如认为自己具有独特的才能和品质，具有较强的现实控制能力，对未来保持乐观。这些积极的幻想能够使个体更加自信，对未来充满希望，从而促使个体采取更多的行动，为生活的目标而努力。

人格健全的过程，就是心理健康和心理成熟的过程。要培养健康的人格，是一项系统的、长时的自我改造、自我实现的过程，同学们需要从生活中的点滴做起，且一直在路上。未来的世界需要的不是有知识的人，而是具备独立人格、完善人格、完善心灵的人。

课外拓展

自我二十问

这是帮助我们认识自己的一种方法，分两步进行：第一步，问自己 20 次“我是谁”；第二步，对自己的答案进行分析。

第一步：请先以“我是……”开头完成 20 个句子，记录在下面：

1. 我是________________________________
2. 我是________________________________
3. 我是________________________________
4. 我是________________________________
5. 我是________________________________
6. 我是________________________________
7. 我是________________________________
8. 我是________________________________
9. 我是________________________________

10. 我是____
11. 我是____
12. 我是____
13. 我是____
14. 我是____
15. 我是____
16. 我是____
17. 我是____
18. 我是____
19. 我是____
20. 我是____

第二步，对自己的答案进行分析，可以从以下几个方面着手：

1. 你完成的速度如何？

完成速度与你对自己的了解程度、你愿意自我表露的程度有关。

2. 是正负面评价都有，还是只有一方面的句子？

这可以显示自己的自我意识是全面还是片面？如果所有的自我评价都是正面的，要留意自己是不是过度自负，看不到自己的不足；如果所有的评价都是负面的，则留意自己是不是过度自卑，看不到自己的长处。

3. 如果都有，是正面的评价多还是负面的评价多？

这直观地反映出自己是否自信。如果负面的自我评价过多，表明个体的自我情感体验比较负面，个体不够自信。

4. 你写的内容的深度如何？

观察你写的 20 个句子里，是表述性的句子多，如“我是一名大学生”，还是反映对自己看法的句子多，如“我觉得我是一名有理想、有抱负的大学生。”如果表述性的句子偏多，有可能是自我意识的深度不够，或者不愿意让别人了解自己的内心世界。

5. 内容有涉及未来吗？是否有集中的主题？

内容中涉及未来的那部分，可能正好体现了你的理想和抱负，生活是否充满生机。20 个句子都涉及了哪些主题？或许这些正是你当下最关注的事物，甚至是你以前自己都未意识到的方面。

情境四 沟通你我他
——高职学生的人际交往

本情境要点：

1. 走进人际交往。
2. 人际交往的特点及影响因素。
3. 人际交往的心理调适技巧。

典型案例

小林，男，20岁，大二学生。他认为自己性格十分内向，孤僻，不善言谈，不会处事。刚进大学的时候，辅导员安排小林当寝室长，小林内心十分高兴，心想自己一定要做好这份工作，与寝室同学友好相处，当一个负责的室长。

但时间一长，小林发现自己根本无法做好这份工作，或者说根本不能和室友们相处。因为他们的生活习惯完全不同，比如，小林习惯早睡，室友们却喜欢聊到深夜；小林比较爱干净，室友们却喜欢乱丢乱搭，把寝室搞得乱七八糟。但每当小林以寝室长的身份提出一些建议和要求时，室友们不但不听，反而"恶言相骂"。就这样小林与室友经常因为一些琐事发生争执，小林认为自己是对的，但室友们却并不理睬，室友们却觉得小林做人太认真，爱计较，有些"小心眼儿"，到最后几乎不和小林说话。

由于寝室的原因，小林与班上其他同学相处也并不融洽。他往往为了一点小事，哪怕是同学的一句话就生起气来，在与同学的交往过程中经常闹别扭，弄得大家都很不开心。久而久之，他自己心里也总是不能平静，总想着那些细枝末节，放也放不下，很是烦恼，为其所累。他认为自己没有一个能相互了解、相互信任、谈得来的知心朋友，常常感到特别孤独和自卑，情绪烦躁，长期的苦恼和焦虑使他患上了神经衰弱症。

经常的失眠和头痛使他精神疲惫，体质下降，学习效率极低，成绩急剧下降，竟出现了考试不及格的现象。他开始不和班上同学来往，集体活动也很少参加，与同学的感情淡漠，隔阂加深，心境和体质也越来越坏，深感自己失去了坚持学习的信心，开始厌倦学习，厌恶同学和班级。最后，他听不进老师的劝告，也不顾家长的劝阻，坚持要求休学。

单元一　走进人际交往

人是社会人，每个人在社会中生存、发展，都离不开和周围的人建立各种各样的人际关系。离开了人际交往，人的心理就不可能健康地发展。人际交往是人与人之间的一种互动，是构成人际关系的必要条件，是人们获得信息、交流思想、建立感情和满足心理需求的重要途径。对高职学生而言，人际交往是其健康成长的基本条件，学生自我成长的过程必然要与人交往并形成自己的人际关系。良好的人际交往有利于学生调动自身的积极性，完成知识互补，更能增强其安全感与归属感，塑造自我并完善个性；不良的人际交往则往往会使学生感到紧张和压抑，甚至进一步引发更多的心理问题。因此，学习和掌握人际交往相关的知识和理论，有助于培养高职学生良好的人际交往，提高他们的人际交往质量，从而促进身心健康的良好发展。

一、人际交往的含义

（一）什么是人际交往

人际交往是指人与人之间通过一定方式进行接触，从而在心理和行为上发生相互影响的过程，包括动态和静态两层含义。动态的人际交往是指人与人之间的物质和非物质相互作用的过程，即通常意义上的人际交往；静态的人际交往则是指人与人之间互动过程中所建立起来的情感联系，以及所形成的人与人之间的心理倾向及相应的行为反应，即人际关系。

高职学生人际交往是指学生在学习、生活过程中同其他人形成的学习、竞争、合作、交流等各种各样的关系，如师生关系、同学关系、亲属关系、恋人关系、网友关系等。

（二）人际交往的过程

奥尔特曼和泰勒（1973 年）认为，良好的人际关系的建立和发展需要经历四个阶段，如图 4-1 所示。

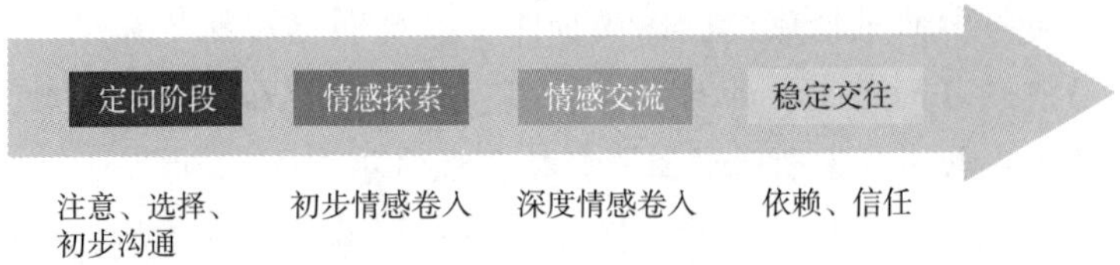

图 4-1　人际关系建立的过程

1. 定向阶段

该阶段涉及对交往对象的注意、选择交往对象、与交往对象进行初步沟通等方面的心理活动和行为。

2. 情感探索阶段

在这个阶段，双方探索彼此在哪些方面可以建立情感联系。随着双方共同情感领域的发展，沟通会变得越来越广泛，自我表露的深度和广度也在逐渐增加。此阶段有一定程度的情感卷入，但双方要尽量避免涉及别人的私密性领域。

3. 情感交流阶段

当人们共同经历定向阶段和情感探索阶段后，双方的关系发生了重要变化，信任感、安全感开始建立，沟通深度和广度包括情感卷入更深。随着人际安全感的建立，人际交往的内容会更多涉及自己的隐私。

4. 稳定交往阶段

在这个阶段，人们在行为上更加默契，情感上更加相互依赖，双方进入彼此高度私密性领域。

二、人际交往的意义

心理学家沙赫特在 1959 年进行了一项实验来回答这个问题。他设计了一个封闭的房间，里面有一张桌子、一把椅子、一张床、一个马桶、一个台灯，除此之外，没有其他物品。三餐有人送，但不和里面的人接触。报酬非常丰厚，而且待的时间越长报酬越多，有 5 名大学生参加此实验。其中最短的一个人待了 2 个小时就受不了，要求放弃实验；最长的待了 8 天，这个待了八天的人出来后说："如果让我在里面再多待一分钟，我就要发疯了。"在衣食无忧而且还有可观报酬的情况下，为什么还要放弃实验呢？一个人单独待在封闭空间里如此令人难受吗？如果让你自己一个人待着，你可以待多长时间呢？人的成长、成才、获取幸福、获得成功都离不开与人的交往和合作。没有人际交往，就没有人际关系，遑论个人的各方面发展。

（一）有利于身心健康

一般说来，具有良好人际关系的高职学生，大都能保持开朗的性格，热情乐观的品质，从而正确认识、对待各种现实问题，化解学习、生活中的各种矛盾，形成积极向上的优秀品质，迅速适应大学生活。相反，如果缺乏积极的人际交往，不能正确地对待自己和别人，心胸狭隘，目光短浅，则容易形成精神上、心理上的巨大压力，如果得不到及时的疏导，可能形成恶性循环而严重影响身心健康。

（二）推动个性发展

高职学生在自我发展和自我完善的过程中，不仅受自然环境的影响，而且还受人际环境的影响。心理学家曾从不同的角度做过大量研究，结果表明：健康的个性总是与健康的人际交往相伴随。研究表明，如果长期处在和谐友好的人际关系中，人的个性就会变得开朗、乐观、主动，有稳定感和归属感；相反，就会被孤独感所笼罩，表现出郁闷、悲观，甚至是敌意、愤怒。

（三）认识和完善自我

人际交往可以帮助高职学生提高对自己的认识，以及自己对别人的认识。在人际交往的过程中，彼此从对方的言谈举止中认识了对方；同时，又从对方对自己的反应和评价中认识了自己。交往面越宽，交往越深，对对方的认识越完整，对自己的认识也就越深刻。只有对他人的认识全面，对自己认识深刻，才能得到别人的理解、同情、关怀和帮助，自我完善才可能实现。

（四）成长成才的重要保证

21 世纪是人才竞争的时代，一个人之所以能取得成功，除了自身的才华，还在于其是否具有良好的适应社会生活的能力和人际协调的能力。美国卡耐基工业大学对 1000 人进行调查，结果表明智慧、技术、经验等因素只占成功因素的 15%，而其余 85%要取决于是否拥有良好的人际关系。作为当代大学生，人际交往也已成为高职学生生活和学习中不可或缺的一部分，人际关系的好坏也会直接影响到其学习、生活、工作等各个方面。因此，培养良好的人际交往能力，不仅是大学生活的需要，更是将来适应社会的需要，它是高职学生成人成才的重要保证。

三、人际关系的类型

按照关系的发生和维系，可将高职学生的人际关系划分为以下五种。

（一）学业型人际关系

学业型人际关系指以所学专业为纽带形成的人际关系圈，一种是同寝或同学关系，多见于同宿舍、同班同学之间，也是高职学生在大学里的第一关系圈；一种是师生关系，对象既有专业老师，也有基础课、选修课、辅导员、班主任等。

（二）区域型人际关系

区域型人际关系主要指以地域异同而结成的人际关系圈，是高职学生人际关系中的一种主要关系，如校友会、老乡会等。区域型人际关系的密切程度主要取决于地域的远近、生活环境、专业、兴趣、爱好等。

（三）情感型人际关系

情感型人际关系指交往双方为满足某种情感需要，如依赖、崇拜、爱情等，所建立起来的一种人际关系，包括爱情、友情等。

（四）血缘型人际关系

血缘型人际关系是指天然的人际关系，如与父母、兄弟姐妹等亲人之间的关系。一般而言，高职学生在校期间与亲人的接触比较少，多是通过电话、QQ、微信等方式联系。

（五）网络型人际关系

网络型人际关系是指人们以互联网为主，利用网络新媒体（如微信、微博、QQ 等）进行交往而形成的人际关系。网络社交已成为高职学生之间最为流行的主要交往媒介，并产生了一系列的正向和负向影响。

拓展阅读

人际交往四种心理模式

美国著名的心理学家爱利克·伯奈（E. Bernc）依据自己和他人所采取的基本生活态度，提出人际交往的四种心理模式。

1. 我不好—你好，我不行—你行

表现为自卑，甚至是社交恐惧，根源于童年的无助感，长大后就容易放弃自我或顺从他人。

2. 我不好—你也不好，我不行—你也不行

不喜欢自己也不喜欢别人，看不起自己也看不起别人，常放弃自我，陷

入绝境，极端孤独和退缩。

3. 我好—你不好，我行—你不行

以自我为中心，自以为是，总认为自己是对的，而别人是错的，把人际交往中的失败的责任推在他人的身上，常导致自己固执己见，唯我独尊。

4. 我好—你也好，我行—你也行

相信他人，能够接受自己和他人，并努力去改变他们能改变的事物，善于发现自己和他人的优缺点与长处，从而使自己保持一种积极、乐观、进取的心理状态，是一种成熟、健康的人际交往的心理模式。

单元二　人际交往的特点及影响因素

一、人际交往的特点

高职学生作为一个特定的群体，其人际交往有其与自身生理心理发展及知识水平和社会经验相适应的特点。

（一）交往愿望强烈

处于青春期的高职学生，自我意识有了新的发展，情感丰富、充满活力、好奇心强，加上远离家乡，生活空间的扩大，必然使人际交往的范围更大。因而，高职学生的交往愿望往往非常强烈，他们迫切地希望同他人分享和交流自己的体验，迫切希望在新的人际关系中寻求自我的发展。

（二）交往范围广泛

高职学生的交往范围往往比较宽泛，不仅仅局限于本宿舍、本班级。丰富的情感、充沛的精力以及广泛的兴趣，使得他们常常跨班级、跨年级、跨专业、跨性别、跨学校地进行多方面的交往。高职学生由于其培养目标的独特性（注重实践动手能力），又进一步促使其交往范围更加扩大化，他们会在实习、实训及社会实践等机会中丰富人际交往。

（三）交往目的功利化

在当今高速发展的市场经济时代，面对激烈的竞争和巨大的就业压力，越来越多的高职学生注重人际交往的“实惠性”。如部分同学在交往中，喜欢与富有同学交往，跟班干部、老师、领导交往。部分女学生在选择异性朋友时更注重物质条件。

（四）交往方式多样化

由于网络技术的飞速发展，互联网已成为人类生活不可或缺的一部分，大学生更是成为主要用户。多种交往媒介的问世，以及手机技术的进步带来的智能手机的普及，使得高职学生的人际交往方式不再只局限于传统的面对面沟通或电话交流，微信、QQ 等即时通信工具已成为高职学生日常人际交流的主要媒介，“网聊”已成为生活中与人沟通的最好、最直接的手段。

（五）注重自我独立性

“90 后”“00 后”高职学生在交往中更习惯于从自己的立场、观点去对待周围的人和事。他们自强、自立，善于独立思考，用自己的理念与价值尺度去评判事物。他们重视自己的想法及内心体验，从自我的角度出发选择交往的对象、交往的内容及方式，不受外界的影响与约束，因而在人际交往上体现出更多的独立性。

（六）交往道德不确定

一方面，高职学生的思想更加活跃、自由、开放，能跳出传统视野，用更广阔的视角看待问题；另一方面，他们又缺乏社会经验，选择能力薄弱、批判鉴别能力不强、思想意识不够成熟，容易受到外界环境的影响和制约。有少数高职学生的人生观、价值观出现了偏差，导致伦理道德缺失现象的发生。少数学生道德品质下滑，出现了盗窃、打架、聚众斗殴等现象，甚至一些更恶性的事件。

二、人际交往的影响因素

由于社会影响、家庭教育和自身素质的原因，相当多的高职学生都存在着不同程度的人际关系不良和心理障碍问题。这十分影响学生的正常学习和生活，妨碍他们的健康成长和顺利成才，是造成留级、休学、退学的主要原因。典型案例中的小林由于内向孤僻，不愿交往、不善交往，在与同学交往过程中引发人际冲突，与周围同学关系紧张，无法融入新的大学班集体，心理上感到非常孤独、痛苦。进而引起神经衰弱，失眠、头痛，学习效率降低，失去自信。他不仅搞僵了人际关系，而且搞垮了身体，荒废了学业，最终还造成被迫休学的结局。

（一）外部环境

影响高职学生人际交往的外部环境主要有社会环境、家庭环境和校园环境。

1. 社会环境

人是社会中的人，人的言行举止必然会受到所处文化环境的影响。有研究指出社会文化环境的负面影响，如“金钱至上”“演艺圈潜规则”等不健康的价值观很大程度上改变了学生们正确的人际交往的动机及人生观和世界观；互联网的不断扩展和普及，网络的及时性、快捷性、虚拟性和丰富性，也对高职学生人际交往的模式和效果带来挑战。

2. 家庭环境

家庭环境的影响主要包括父母日常交往行为对子女产生的影响，父母的养育方式对子女人际关系定位的影响，父母的人际交往的教育对子女人际交往能力的影响。例如，有研究指出，父母的教养方式会直接影响子女的人际交往，父母经常与子女沟通，采用温情的、理解的、积极的教育方式可降低学生们人际交往的困扰。

3. 校园环境

学校是高职学生生活的重要场所。学校能够为学生的人际交往提供一个广阔的平台，学生们可以通过舍友、同班同学、社团等途径扩展自己的交友圈，学校内众多的班级、学院、社团活动，也有助于学生人际关系的扩大；相反，在一个只注重能力培养、知识灌输、思想政治教育的校园环境内，就会不利于学生人际交往经验的积累、交往能力的提升。

（二）人际吸引

人与人之间的相互接纳和喜欢，是一种交往双方在情感上相互亲近的现象。人际吸引程度越大，人际关系就越亲密。根据吸引的程度不同，人际吸引可分为三个层次：合群、喜欢和爱情。影响高职学生人际吸引的因素主要有熟悉性、邻近性、相似性与互补性，以及个人特征。

1. 熟悉性

心理学研究表明，熟悉能引起喜欢。某心理学实验给被试者看一组人的照片，有些照片看了25次，有些照片只看了一两次，然后问被试者对照片的喜欢程度。结果表明，看的次数越多越喜欢。因此，有意识地提高自己在别人面前的曝光度，增加同别人交往的频率，有助于培养彼此的感情；同样，你曾经熟悉、要好的朋友、同学，也可能随着时间的推移、彼此间联络的减少，熟悉程度会随之减弱，感情也相应变淡。

2. 邻近性

邻近性是指居住距离近，就比较容易互相喜欢，形成友谊。例如高职学生进入大学后，最初的人际关系往往都是从宿舍、班级、老乡等开始。高职学生最好的朋友往往都是来自同一宿舍；而老乡由于地缘关系，在陌生环境中也会产生心理上的亲近感。需要注意的是，空间距离往往在交往初期影响较大，随着个体对环境逐步熟悉，其影响会慢慢弱化。

3. 相似性

“物以类聚，人以群分”，有着相同或相似家庭背景、文化程度、兴趣爱好、人生观和价值观的学生更容易产生共鸣，形成良好的人际关系。而且，正所谓“志同道合”，和与自己共同点越多的人相处，被拒绝的可能性就越小。

4. 互补性

互补性则可能促进两个截然不同的人和谐相处，相互取长补短。当双方有着不同的角色时，互补性显然很重要，如婚姻关系中，我国有些夫妻信奉“男主外，女主内”的格局，那么他们的性格和能力方面就常以特点互补而相互欣赏；在学校里，一个支配欲强的同学，常能和恭顺服从、缺乏主见的人关系亲密。

5. 个人特征

（1）才能　人们对于那些有能力或者能力比自己强的人的态度，往往出人意料。一方面，能力较强的人能获得更多的交友机会，也有更多的机会提升自己的能力，即正向成长。但是，当一个人的能力超过一定的限度，就可能“曲高和寡”，导致没人敢和他交往，甚至被孤立。因为跟他们在一起时，对方感觉不到任何的优势。

（2）外貌特征　恋爱中容易出现“一见钟情”，很大程度上得益于双方或一方出众的外貌、衣着谈吐得宜等外貌特征。一般而言，那些长相漂亮、身材匀称、谈吐优雅、衣着得体的人更容易受到人们的欢迎；而穿戴不整齐、外形邋遢、蓬头垢面的学生往往难以给人带来心理上的愉悦感。现实生活中有很多人选择通过整形、整容、减肥来改善自己的外貌特征，以提升吸引力。女人尤其是美女更容易被大众所接受，人们在面对美女时候的戒备心理也是最低的。需要注意的是，在人际交往中，把外貌作为判断他人的依据，得出的结论有时候是不准确的。

（3）个性品质　人的个性品质具有较大的差异性，不同个性品质的人在人际交往方面会表现出较大的差异性。美国心理学家安德森 1968 年所做的一项调查中得出，受喜爱程度最高的 6 项个性品质包括真诚、诚实、理解、忠诚、真实和可信；而最不受人欢迎的个性品质有说谎、假装、不诚实、不真诚、不真实。

(三) 认知偏差

在人际交往中，存在很多的心理效应，会在一定程度上影响对人际关系的感知。常见的心理效应主要有首因效应、近因效应、光环效应、投射效应和刻板效应。

1. 首因效应

一个新闻系的毕业生正急于寻找工作。一天，他到某报社对总编说："你们需要一个编辑吗?""不需要!""那么记者呢?""不需要!""那么排字工人、校对呢?""不，我们什么空缺也没有了。""那么，你们一定需要这个东西。"说着他拿出一块精致的小牌子，写着"额满，暂不雇佣"。总编看了，微笑着点头说："如果你愿意，可以到我们广告部工作。"这个大学生通过自己制作的牌子表达了机智和乐观，给总编留下了好的"第一印象"，从而赢得了一份工作。这种"第一印象"的微妙作用，在心理学上称为"首因效应"。在人际交往活动中，我们会很重视最开始接触到的信息，包括容貌、语言、神态等。"一见钟情"就是典型的首因效应。它启迪我们一方面要给他人留下良好的第一印象，另一方面又要在以后的交往中纠正对他人第一印象的不全面的认识。

2. 近因效应

第一印象固然重要，最后、最近的印象也很重要。近因效应，是指最近一次交往的印象对我们的认识所产生的影响。而最近一次交往留下的印象，往往是最深刻的印象。一般而言，在与陌生人的交往中，首因效应比较明显；而熟人之间的交往，近因效应会发挥较大的作用。

3. 光环效应

"情人眼里出西施""爱屋及乌""一白遮百丑，一胖毁所有"就是典型的光环效应。光环效应又称"晕轮效应"，是指在交往的过程中，我们往往会从对方的某个优点而泛化到其他有关的方面，由不全面的信息而形成完整的印象。光环效应往往对恋爱的双方起更明显的作用。受光环效应影响，高职学生在人际交往中容易犯以点带面的毛病。因此必须加以克服，力求全面地看待别人。

4. 投射效应

投射效应是指在交往的过程中，我们总是假设他人和自己有相同的倾向，即把自己的特性投射到他人身上，从而形成对他人的印象。有时候，我们对他人的猜测，无形中透露的正是自己。如你认为别人不喜欢你，其实是你不喜欢对方的投射。因此，高职学生在认知过程中应注意客观性，力求从客观实际出发，深入考察、摒弃主观猜测，尽量减少人际交往中的误会和矛盾。

5. 刻板效应

刻板效应是社会上对于某一类事物或人物的一种比较固定、概括而笼统的看法。在人际交往中，我们有时会把对某一类人物的整体看法强加到该类的每一个个体上而忽视了个体特征。如认为教师都比较严肃、“富二代”只会挥霍、长相比自己差的伴侣更忠诚。刻板效应有利于总体评价，但对个体评价会产生偏差，甚至完全错误。例如，保险公司更倾向于挑选年龄在 30 岁以上，有孩子的、面容和善的中年妇女作为职员，因为这样的人群更容易给人安全感和信任感。然而，也有不法分子利用这一特点。比如，黑龙江桦南县 17 岁女孩胡某在去同学家途中，遇到一个假装肚子疼的孕妇谭某请求帮忙，结果遇害身亡。

三、人际交往存在的问题

高职学生人际交往存在的问题主要有以下几类。

（一）过度自我中心

“90 后”“00 后”的高职学生，大多生活在“四二一”或“四二二”结构的家庭模式中，备受长辈的呵护。在人际交往过程中，他们一般只从个人主观愿望出发，以个人的需求满足出发，不能站在对方的角度去看待问题、理解问题，不会过多考虑对方的感受和情绪，从而进一步引发诸多人际关系问题。

（二）缺乏交往技能

人际关系是一种心理关系，是从人对人的认识开始的，又是一种复杂的社会关系，要想有良好的人际关系，需要有相应的交往技能。但现实生活中，由于年龄尚小，社会经验不足，对交往对象缺乏了解，在交往过程中缺乏基本的交往礼仪，很多时候不按规矩处理事情，不遵守社会公德等，导致高职学生在人际交往过程经常受挫，造成人际关系紧张。

（三）过于消极被动

十几、二十岁左右的高职学生思维活跃、创新意识较强，特别渴望在与人的交往中具有良好的人缘。但他们在成长过程中容易受到自身特质、生活环境及同龄群体等多重因素影响，很多学生在人际交往中表现不积极、不主动，遇到需要与人打交道时，害怕失败，采取回避、临阵退缩等方式。

（四）害怕被拒绝

这是一种在人际交往中以不安全感为主要感受的、幼稚的、不成熟的人际交往模式。有这种感受的人有很强的自我保护意识，处处怕被别人伤害，在人际交往中表现出退缩；或者认为世人都很狡猾，担心自己被利用、被欺骗、怕吃亏。于是，他们往往采取一种妥协的处理方式，在惴惴不安中更加退缩。

（五）不会说“不”

判断一个人在社交中的心理成熟度，要看其能否自如地对别人说“不”。不会拒绝，也不能自如地提出要求，又怕被别人拒绝的心理状态，在心理学上称为“被拒敏感”。这类人自幼就是典型的“乖孩子”，从小到大就没有向周围或社会说过“不”，别人需要什么就满足什么。这样的人际关系看起来挺好，是大家眼中的“老好人”，可内心苦水只有自己吞。

（六）过分依赖他人

人际交往是以相互支持、互为收益为前提的，而有些高职学生却过多地依赖他人，以致成为别人的负担，多见于恋爱和友情中。这种关系的结果是使被依附对象有一种束缚感，甚至会成为一种负担，并且产生一种想摆脱这种关系的强烈愿望，最终导致亲密关系的破裂，而许多心理脆弱者难以承受这种打击，出现心理冲突。

单元三　人际交往的心理调适技巧

无数实例证明，人在社会中能否获得成功，很大程度上取决于其人际交往的能力，因此，了解和掌握人际交往遵循的原则和心理调适技巧，对高职学生顺利完成学业、顺利就业、成就未来的事业等均有重要意义。

一、人际交往遵循的原则

（一）尊重与平等原则

尊重包括两个方面：自尊和尊重他人。自尊就是在各种场合都要尊重自己，维护自己的尊严，不要自暴自弃；尊重他人就是要尊重别人的生活习惯、兴趣爱好、人格和价值、隐私等。《简·爱》里有一句话至今鼓励着许多人：

“我贫穷、卑微，不美丽。但当我们的灵魂穿过坟墓，站在上帝面前的时候，我们是平等的。”平等是进行正常人际交往的基础。与人交往应做到一视同仁，不能因为家庭背景、地位职权等方面原因而对人另眼相看。高职学生在与人交往时，虽然彼此间存在着出身、资历、能力、学识等许多差异，但人格都是平等的，应真诚平等地对待对方。

典型案例中小林的问题主要就是在与室友相处的过程中，由于缺乏人际交往的锻炼，来到大学后过上了集体生活，各自生活习惯的不同，导致生活节奏无法与室友保持同拍，产生一定差距，需要大家一起慢慢磨合。而在磨合的过程中，他因为担任寝室长，可能没有较好地遵循人际交往的“平等”“尊重”以及“宽容”等原则，致使沟通受阻、误会加深，甚至发生人际冲突，受到孤立，导致人际关系僵化。

（二）诚信与友善原则

诚信是进行人际交往的最根本原则。“言必信，行必果”“人，无信不立”“言而无信非君子”都是古人关于诚信的至理名言。高职学生要取信于人，第一要守信，言行一致，说到做到；第二要信任，不仅要信任别人，而且要争取赢得别人的信任；第三不轻易许诺；第四要诚实，答应别人的事要尽量做到，做不到的要讲清楚，以赢得对方的理解；第五要自信，给别人以信赖感和安全感。《论语》有云：“三人行，必有我师焉。择其善者而从之，其不善者而改之”。与人交往，就应选择那些对自己有帮助、心怀善念的人，坚决摒弃假、恶、丑。高职学生正处于青年期，对社会关系的复杂性还缺乏切身的体会，能够坚持择善原则可以避免人际交往中的不利影响。

（三）理解与宽容原则

理解和宽容是成功的人际交往的必要前提。理解就是我们能真正地了解对方的处境、心情、好恶、需要等，并能设身处地地关心对方。宽容则是在坚持原则和自爱的基础上，以博大的胸怀接纳别人。在人际交往中，由于性格、家庭、经历、文化、修养等差异的存在，高职学生在人际交往中难免会发生一些不愉快的事情，甚至产生矛盾冲突。这时候我们就要学会宽容、理解别人，才能使人际交往中的感情纽带更牢固。

小心眼儿的人，多半是由于神经系统过于敏感，杞人忧天，小题大做，庸人自扰。小心眼儿的人往往患得患失、吃一点亏就如鲠在喉；特别计较别人的一言一行，总感到是针对自己的。典型案例中的小林也认识到了自己的问题，有主动求变的意愿。但他应遵守人际交往的宽容原则，学会“待人以宽”，豁达大度，只要不是原则性的问题，就不必过于计较；其次，要避免“自我中心”，不要凡事都先想到自己，一旦触及自己就觉得别人是有意针对自己的，即使确是针对你而来的，也不妨“左耳进，右耳出”，免得烦心；再次，应充实自己的知识、拓宽自己的知识面、开阔眼界，因为人的“心眼”与其知识修养有密切联系。

（四）合作与互利原则

合作与互利是人际交往中不能缺少的一个重要原则，人与人之间的交往如果不能做到合作互利，就不可能建立起和谐融洽的人际关系。人际交往的最基本动机，就在于希望从交往对象那里获取精神或物质上的需求满足。也就是说，如果交往双方无法满足彼此的物质或精神的需求，那么人际关系很可能会走向淡薄。因此，合作与互利原则对于促进人际交往、建立良好的人际关系有着重要的作用。对于高职学生而言，在人际交往中做到交往双方相互关心、帮助与支持，既有利于考虑双方的共同利益，满足彼此的需要，又能促进相互联系、深化双方的感情，从而有利于自身人际交往和人际关系的发展。

二、掌握人际交往的技巧

（一）学会有效倾听

心理学家经过研究发现，在一个人给别人的整体印象中，视觉因素占55%，声音占38%，而语言仅占7%。也就是说，在许多时候，你的声音、你的肢体语言，要比你具体说什么话更能影响别人。所以，倾听，不仅要耳到，还要眼到、心到，用眼观察、用心体味。这种倾听，不但可以使你获取正确的信息，还有助于你的感情存储不断增加和升值。

倾听有层次之分，最低层次是“听而不闻”，如耳旁风；其次是“虚与委蛇”，啊，啊……是的，是的……好，好……虽有反应其实是心不在焉；再次是“选择性地倾听”，只听符合自己口味的，其余的便拒之于耳门之外；最后是“专注地听”，或许对方的每句话都印在了大脑里，然而是否听出了对方的真意，则是未知数；层次最高的聆听，应当是“设身处地的倾听”，从对方的立场去聆听，这就是“听的艺术”。你如果具有设身处地的倾听技巧，就会以诚于中、形于外的品格，赢得对方的信赖。一个聪明的倾听者，不能仅仅满足了表层的听知理解，还要从说话者的言语中听出话中之话，从其语情语势，身体的动作中演绎出隐含的信息，把握说话者的真实意图。

（二）学会换位思考

一般而言，善于交往的人，往往懂得“你要别人怎样对待你，你就得怎样对待别人。”也懂得“己所不欲，勿施于人”。

1. 首先要了解什么是换位思考

站在他人的角度去理解和处理问题，就是换位思考吗？还不够！真正的换位思考是你能用别人的思维去思考，而不是换个位置用你自己的思维去理解别人。当你不能理解别人思考问题的方式，你就不能真的理解别人的行为模式，就更谈不上做到真正的换位思考。

2. 其次要形成类似的思维结构

假如两个人思维结构类似，这种换位思维就很容易共鸣，但这并不代表你真的就具有换位思考的能力，除非你的大脑和心智保持开放，能容纳不同的价值观和思维方式，你得尝试用别人的思维结构来思考，甚至是你不接受的思维来思考。

3. 最后要用对方的语言行为说话做事

思考对方为什么要这么说，从心中认同对方，使用对方的行为模式和语言模式，就可以做到换位思考。高职学生要做到换位思考，有四个基本步骤可供参考：第一步：如果我是他，我需要的是……；第二步，如果我是他，我不希望……；第三步，如果我是对方，我的做法是……；第四步，我是在以对方期望的方式对他吗？

（三）学会真诚赞美

虽然人都喜欢听赞美的话，但并非任何赞美都能使对方高兴。能引起对方好感的只能是那些基于事实、发自内心的赞美。相反，你若无根无据、虚情假意地赞美别人，对方不仅会感到莫名其妙，更会觉得你油嘴滑舌、诡诈虚伪。例如，当你见到一位其貌不扬的女生，却偏要对她说：“你真是美极了。”对方立刻就会认定你所说的是虚伪之至的违心之言。但如果你着眼于她的服饰、谈吐、举止，发现她这些方面的出众之处并真诚地赞美，她一定会高兴地接受。此外，赞美并不一定总用一些固定的词语，见人便说“好……”。有时，投以赞许的目光、做一个夸奖的手势、送一个友好的微笑也能收到意想不到的效果。真诚的赞美不但会使被赞美者产生心理上的愉悦，还可以使你经常发现别人的优点，从而使自己对人生持有乐观、欣赏的态度。

（四）建好第一印象

第一，主动向对方打招呼。你先开口向对方打招呼，就等于你将对方置于一个较高的位置。以谦恭热情的态度去对待对方，用自信诚实的目光正视对方的眼睛，一定能叩开交际的大门。

第二，找出与对方的“共同点”。如果你能找出与对方拥有的某种“共同点”，即使是初次见面，也会在无形中让对方产生亲切感。心理上的距离缩小了，便很容易推心置腹了。

第三，了解对方的兴趣爱好。初次见面的人，如果能用心了解与利用对方的兴趣、爱好，就能加深对方的好感。例如，和中老年人谈健康长寿，和少妇谈孩子和减肥，和孩子谈喜羊羊、海绵宝宝等动画人物或玩具。

第四，引导对方谈得意之事。任何人都有自觉得意的事情，但是，再得意、再值得骄傲和自豪的事情，如果没有他人的询问，自己也不能主动提及。这时你若能适时而恰到好处地将它提出来作为话题，对方一定会欣喜万分，并敞开心扉，畅所欲言。

第五，不要忽略分手的方式。在事情进行过程中留下了不好的印象或出现某些小问题，如果能在最后关头将良好印象深植于对方心中，就能挽回原来造成的损失。比如，客人走后，不要使劲关门，最好目送客人离开后再轻轻关上门。

（五）识别身体语言

身体语言也称“非语言艺术”，一般包括眼神、手势、面部微表情、身体姿势等。根据英国心理学家阿盖依尔等人的研究，当语言信号与非语言信号（身体信号）所代表的意思不一致时，人们相信的是非语言信号所代表的意思。也就是说，你的表情和体态道出了你的真心话。在很多心理学家看来，不说一句话，身体也会泄露很多“秘密”。一个搓手掌的人往往是对某一事情的结局抱有急切的期待心理；用手指等物放入嘴中往往是遇到困难，受到外来压力的表现；在谈话时，有人总是看手表，这暗示着盼望交谈快些结束；一个女生歪着脑袋听一个男生讲话，表明她对他有点儿好感；而大多数男生在自己心仪的女生面前，都会努力表现得豪爽大方、整洁利索，以便尽可能地吸引对方。谍战剧中测谎专家能从一个眼神、一块肌肉的细微颤动，甚至一个无意识的手势看穿对方内心的秘密。

（六）注重社交礼仪

礼仪是人际交往中通用的一种艺术、一种交际方式，是人们约定俗成的给人以尊重、友好的习惯做法。不管是名流显贵，还是平民百姓，都会自觉或不自觉地受到礼仪的约束。比如随意打探、询问对方的年龄、收入、个人物品的价值、婚姻状况、宗教信仰等，往往被视为不礼貌和缺乏教养的表现。通过礼仪，能传递出尊重、友好、真诚、重视的态度，更能获得人际交往中对方的认可。一个人的外在举止行动可直接表明他的态度。做到彬彬有礼，落落大方，尽量避免各种不礼貌、不文明习惯。当我们要到别人的宿舍时，进门之前先按门铃或轻轻敲门，然后站在门口等候。按门铃或敲门的时间不要过长，无人或未经主人允许，不要擅自进入室内。当遇见同学时，应该点头微笑致意或打个招呼。

（七）注重交往的尺度

首先，交往的广度要适当。既不要“四海之内皆朋友”，也不要“孤芳自赏”。过广则容易滥，过窄则容易形成小圈子，妨碍正常交往。

其次，交往的深度要适当。学会对交往对象适当“分层”，有的深交，有的浅交，有的拒交，要心中有数，不能混淆，并能根据关系的亲疏来确定交往的空间距离。

再次，交往的频率要适度。和谈恋爱一样，即使是好朋友，交往也不能过从过密，天天在一起难免会感到腻烦，唯有保持适当的距离，双方才有新鲜感、愉悦感。

最后，在人际交往中要注意把握分寸、尺度，即使是老朋友之间也要做到说话有分寸，别说过头话，别提非分要求，力求在交往中自己的言谈举止文明规范、合情合理。

（八）塑好个人形象

爱美之心，人皆有之。追求美、欣赏美和塑造美是人的天性。社会交往中，个人形象直接影响着交往的效果。美丽整洁的外表，气宇轩昂的风度都能给人带来心理上的愉悦。因此，高职学生应注意外在美和内在美的统一，将对人的交往层面渐渐从外貌、仪表转变为道德、才能等。塑造良好的个人形象应从点滴做起，逐步塑造和提升个人形象。大学生的着装要求应主要强调简洁大方。在日常的学习、生活中多穿着便于行动、适合年龄要求的休闲装、便装等；在一些特定的场合，着装上应体现出自己的文化层次、道德水准、审美品位。在社交娱乐活动中，化妆应以自然、轻淡为主，切忌人工痕迹过重，那会丧失年轻人自然的美感。

交谈时要注意语速和音量，要尽可能吐字清晰，不快不慢。讲话时音量要适中，以对方能够听清和不妨碍他人交谈为宜。除了对声音的控制外，谈话时还要注意眼神把握，若对方在说话，你一定要注视着对方面部或眼神，切不可一直注视。在适当的场合要懂得运用“对不起”“谢谢”“再见”等基本礼貌用语。要委婉含蓄，表达巧妙。比如，在社交场合，以“去洗手间”代替“厕所在哪儿”。还要学会应用诙谐幽默，避开矛盾的锋芒。幽默风趣的话语不仅令人愉快，还能化解各种原因引起的紧张情绪和尴尬气氛。

（九）运用得体称呼

每个人都希望得到他人的尊重。因此，无论是新朋友还是老熟人，得体的称呼都尤为重要。对有头衔的人称呼头衔，就是对他莫大的尊重。直呼其名仅适用于关系密切的人之间。同样的关系，在不同的场合，称呼也要有所调整以适应当时的情境。比如小刘和小方是大学好友，毕业后进了同一家单位。几年后，小方升为部门经理，而小刘还只是一个普通的工作人员。每次开会时，小刘都沿用大学时对小方的称呼“方老壳”。这一度让已经是方经理的“小方”颇为尴尬，在其他员工面前顿时威信大减。部门再次进行岗位调整时，小刘出局了。

（十）慎重提出建议

人际交往中最大的危险，就是在别人没有征求意见的时候提建议。有些人会拒绝采纳建议，无论这些建议有多好，或者你的初衷有多高尚。智者不需要建议，傻瓜不采纳建议。当有人来向我们征求建议的时候，先弄清楚他希望得到什么样的建议，然后再向他提出这种建议，向人们提供他们希望的建议，这可能是一种解决那些实际上并不重要的问题的好策略。

三、如何应对人际冲突

冲突普遍存在于人际交往过程中，是指人际交往双方由于沟通障碍、需要不同、认识差别、个体差异等而出现的相互反对的行为。正处于青春期的高职学生，其自身发展不成熟、情绪性格不稳定，在人际认知、交往能力方面存在差异，容易发生人际冲突。

在人际关系中，一方面，冲突会带来诸多的负面影响，比如由于双方心存隔阂，互相指责、怨恨、攻击、诋毁，甚至导致治安、刑事案件发生；有研究发现，人际冲突水平越高者，其感受到的心理困扰也越多。另一方面，冲突也会给我们带来正面影响，正是冲突使问题得以暴露，双方把隐藏的抱怨、误解公开表达出来，通过沟通得以澄清化解，增进理解。可见，冲突是把“双刃剑”，关键在于我们如何努力避免负面影响造成的后果，同时充分利用正面效应，在冲突中寻找适合管理人际关系问题的有效途径。

（一）直言不讳

小孩子说话一般都是无心的，因此“童言无忌”。随着年龄的增加，受教育程度的提高和社会责任的加重，很多人面对冲突会选择隐忍。一味地退让并不能将你打造成“完人”。直言不讳可以提高你的自信，使你在很多场合都能表达自己，而不是逆来顺受或是争强好斗。比如我们都应该尊重老师，但当老师的观点错误时，大胆地说出自己的观点是合理的；传统观点认为“枪打出头鸟”，做人应该低调，但是如果你不善于表现、表达自己，就很难让人发现你的才能，也阻碍了你的进一步发展。当然，直言不讳也是有技巧的：不要责备别人，不进行人身攻击；对事件做客观的描述，不编造、不判断；不加入个人感情，因为任何的情绪情感都是价值观的体现。

（二）合理拒绝

良好人际关系的建立并不意味着要一味地迎合对方，人际交往中适当的拒绝也很重要。心理学家认为，不会说“不”，是人际交往中心理脆弱的表现。高职学生在拒绝别人方面存在心理障碍，往往是因为他们担心拒绝了朋友会伤害对方，失去友谊。当然，在拒绝别人时，态度要中肯、方式要合理，要让对方看到我们很乐意为他效劳，但是自身能力是有限的，我们只能表示“抱歉”。

在我们做不到的时候，要有说“不”的勇气和信心，这时的拒绝不会使你失去朋友，反而会让朋友觉得你诚实、可靠。但是，拒绝是一门艺术，人之所以拒绝对方，是因为一些不得已的原因或困难，而对方并不一定知道，不妨直接说出我们的难处，求得对方的理解，也可以通过一些巧妙的语言来化解。同时，在表达否定的时候，一定要尊重对方，说话适当、得体，让对方容易接受。应该注意以下方面：一是耐心倾听请求者说出的要求；二是如果你无法当场决定接纳或者拒绝，则要明白地告诉请求者要考虑多长时间；三是表达你对他的请求已经给予慎重考虑；四是拒绝时表情应该和颜悦色；五是态度坚决；六是最好能向请求者说明拒绝的理由；七是表明拒绝的是他的请求，而不是本人；八是为其提供其他可行途径。

（三）合理争吵

在日常生活中，不管你如何八面玲珑、左右逢源，总会有不喜欢你的人，也会有你不喜欢的人。当两个人发生矛盾时，只要一方态度好，诚心道歉，事情就不会进一步激化，甚至握手言和。反之，问题只会越闹越大，严重伤害人际关系。当观点不一致时，合理的争吵也是朋友间增进友谊的方式。对于合理争吵，有以下建议：一次只解决一件事情，不能翻旧账或牵涉其他事情；限定争吵时间，长时间的争吵不仅不能解决问题，还可能引发新的争端；正确表达情绪，如你可以说“我很生气”，但不能说“你气死我了”；不将问题扩大化，就事论事，不要因为争吵影响心情。

（四）无为而治

在人群中，总有几个特别横、特别难相处的人。对这类人既不能得罪又不能过于亲近，最好是敬而远之，离他远点。可不幸碰上这种人又无法远离的情况下，跟他对着干或者一味地忍让都不能解决问题。

小马，大一男生，家在农村，老实、怯懦。因为一件小事得罪了班上一个同学，这个同学不仅家庭条件好，还自恃身强力壮，与同学交往中从不吃亏。“这个最凶的同学就是瞄上我了，处处和我过不去。他说：‘我就是要你不痛快，你不痛快我就高兴。’”“他常常把我水壶里的水倒掉，把我的衣服扔到一边，晚上还常常故意把我关在宿舍门外……”小马老实懦弱，更不可能与这种来横的同学对着干，最好就是“无为而治”，不理睬，管他怎样凶，既不对他开战，也不屈服于他。如晚上他故意把小马关在门外，小马只管敲门，一直敲下去，而且越来越使劲，直到宿舍里有人开门。毕竟宿舍里人多，大家都看在眼里；其次，要与宿舍中的多数人搞好关系。有一个人际交往的策略，就是“敌人的朋友，不一定是自己的敌人，不要因为自己与他有矛盾，就同他的朋友也闹矛盾。”要注意自己的意见只能针对这一个人，千万不要拉扯一大片。否则，就会使自己因树敌太多而受到孤立。这种孤立会使自己的心理受到很大的伤害。因此，不必生气、不必骂战。有同学来开门后，反而要简短地对大家说声“对不起”和“谢谢”。

课外拓展

一、人际关系综合诊断量表

指导语：

这是一份人际关系行为困扰的诊断量表，共28个题目，请你根据自己的实际情况，逐一对每个问题做“是”或“否”的回答，然后按照后面的评分办法计分，并对照结果做出解释。为了保证测验的真实性，请你认真作答。最后，请注意，量表总分值仅能作为一项参考指标而非绝对标准。

1. 关于自己的烦恼有口难开。

2. 和生人见面感觉不自然。

3. 过分地羡慕和嫉妒别人。

4. 与异性交往太少。

5. 对连续不断的会谈感到困难。

6. 在社交场合感到紧张。

7. 时常伤害别人。

8. 与异性交往感觉不自然。

9. 与一大群朋友在一起，常感到孤寂或失落。

10. 极易受窘。

11. 不能与别人和睦相处。

12. 不知道与异性交往如何适可而止。

13. 当不熟悉的人对自己倾诉他（她）的生平遭遇以求同情时，自己常感不自在。

14. 担心别人对自己有什么坏印象。

15. 总是尽力使别人赏识自己。

16. 暗自思慕异性。

17. 时常避免表达自己的感受。

18. 对自己的仪表（容貌）缺乏信心。

19. 讨厌某人或被某人所讨厌。

20. 瞧不起异性。

21. 不能专注地倾听。

22. 自己的烦恼无人可申诉。

23. 受别人排斥与冷漠。

24. 被异性瞧不起。

25. 不能广泛地听取各种意见、看法。

26. 自己常因受伤害而暗自伤心。

27. 常被别人谈论、愚弄。

28. 与异性交往不知如何更好地相处。

计分标准：

选择“是”计1分，选择“否”为0分，然后将总分相加。

结果解释：

1. 如果你得到的总分是0~8分，那么说明你在与朋友相处上的困扰较少。你善于交谈，性格比较开朗，主动，关心别人，你对周围的朋友都比较好，愿意和他们在一起，他们也都喜欢你，你们相处得不错。而且，你能够从与朋友的相处中得到乐趣。你的生活是比较充实而且丰富多彩的，你与异性朋友也相处得比较好。总之，你不存在或较少存在交友方面的困扰，你善于与朋友相处，人缘很好，获得许多的好感与赞同。

2. 如果你得到的总分是 9~14 分，那么，你与朋友相处存在一定程度的困扰。你的人缘很一般，换句话说，你和朋友的关系并不牢固，时好时坏，经常处在一种起伏波动之中。

3. 如果你得到的总分是 15~28 分，那就表明你在同朋友相处中的行为困扰较严重，分数超过 20 分，则表明你的人际关系困扰程度很严重，而且在心理上出现较为明显的障碍。你可能不善于交谈，也可能是一个性格孤僻的人，不开朗，或者有明显的自高自大、讨人嫌的行为。

二、信任后倒

（一）活动目的

找到人际关系中信任和可以依靠的感觉，促进学生间的信任和协作意识。

（二）活动准备

1. 组织者讲解活动规则和安全注意事项，请参与者按照规则开展活动。

2. 所有成员摘下眼镜、手表、首饰及身上任何尖锐和坚硬的物品，并把口袋掏空，以防手机和钥匙、钱包等掉出。

（三）活动程序

1. 每两人一组站起来，朝一个方向背靠背地站好。当教师发出指令后，在前的同学向后慢慢仰倒，在后的同学双手接住。完成后，调换方向，两人互换角色，每位同学轮流充当后仰者和承接者。此动作可多试几次。

2. 全体同学站起来，朝一个方向背靠背站好，最后一名同学建议挑选身高和体重较占优势的男生。当教师发出指令后，在前的同学向后慢慢仰倒，在后的同学双手接住。完成后，调换方向，两人互换角色，每位同学轮流充当后仰者和承接者。此动作可多试几次。

3. 请几名同学谈谈自己的活动感受。

情境五　我的情绪我做主
——高职学生的情绪调控

本情境要点：

1. 情绪概述。
2. 情绪特点及常见情绪困扰。
3. 情绪的调节与掌控。

典型案例

高某，男，家境贫寒，读高中时父亲离世，深受打击，高考时成绩不理想，想要尽快读完书，早点工作，帮助母亲缓解压力，于是决定不再复读，选择了四川某职业技术学院。上大学后，高某很想成为一个各方面都优秀的人，所以他努力学习，学习成绩很不错，这让他有了一定的自信心，但由于自己家庭贫困、父亲离世，总感觉自己跟其他同学格格不入，认为遭到周围同学的歧视，又因容貌遭到别人嘲笑。平常高某跟宿舍的其他同学关系一般，只跟杨某关系较好，认为杨某是喜欢自己的，把杨某当成好朋友，但最近跟杨某由于生活琐事发生过口角。

有一次，杨某在手机上看抖音短视频，看到一个搞笑视频时哈哈大笑，怕影响宿舍其他同学休息就忍着，发出很小的笑声，高某回到宿舍打开门的时候听到杨某忍着笑的声音，认为"跟自己关系最好的杨某竟然也像其他同学那样嘲笑我，所有人都是不喜欢我的"，因此高某与杨某大声理论，争吵的过程中，高某情绪激动，无法控制自己的愤怒，随手拿起宿舍的水果刀捅向杨某的腹部，杨某由于失血过多最终死亡。杨某死亡后，高某不愿意面见杨某的家人，对杨某的死亡也并没有悲痛的情绪，反而表现得较为平静。法院认定高某犯故意杀人罪，判处死刑，剥夺政治权利终身。

单元一　情绪概述

一、认识情绪

情绪，是对一系列主观认知经验的通称，是多种感觉、思想和行为综合产生的心理和生理状态。现代情绪理论把情绪分为快乐、愤怒、悲哀和恐惧这四种基本形式，也有一些细腻微妙的情绪如嫉妒、惭愧、羞耻、自豪等。人的情绪有天生也有后天控制的成分。情绪常和心情、性格、脾气、目的等因素互相作用，也受到激素和神经递质的影响。无论正面还是负面的情绪，都会引发人们行动的动机。

在日常学习、工作和生活中，人的性格、学识、能力、习惯、爱好、追求等都能影响情绪的好坏。当客观事物符合主体的需要和愿望时，会引起主体积极、肯定的情绪情感，如因为成功而感到兴奋和满足、如愿考上理想大学的快乐、表白成功的喜悦。相反，当客观事物不满足或违背主体的需要和愿望时，则会引起主体消极、否定的情绪情感，如高考落榜、求职失败带来的焦虑、沮丧、痛苦等。让自己和他人感受并意识到情绪所带来的效果，无论是说的还是做的，情绪的流露都是在传递我们内心思想的信息。

如图 5-1 所示，情绪由主观体验、外部表现和生理基础三个部分构成。

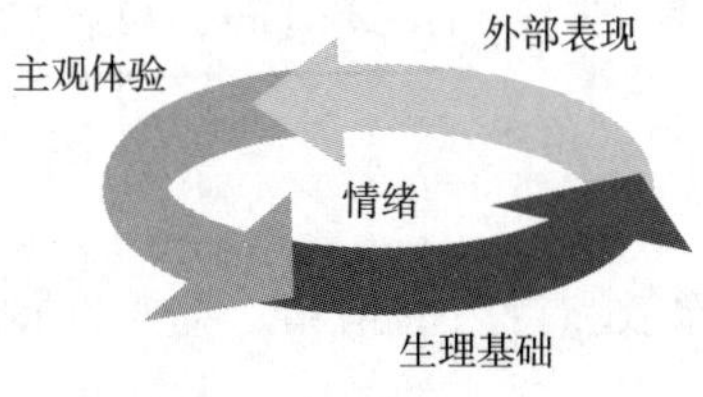

图 5-1　情绪构成

（一）主观体验

情绪具有独特的主观体验色彩，即喜、怒、悲、惧等。各种具体情绪的主观体验色调都不相同，他们给人以不同的感受。由于每个人的知识、经验、需要、追求的目标、认知评价等各方面的差异，同一环境对不同的人可能意味着不同的情境，因而产生的情绪也可以不同。但是特定的情绪体验的感受色调，既没有个体、民族的差异，也没有性别、年龄的差异，情绪体验的不变性是使情绪在人际间产生共鸣的保证。

（二）外部表现

情绪具有独特的外部表现形式，即表情。表情是表达情绪状态的身体各部分的动作变化模式，表情动作是一种独具特色的情绪语言，它以有形的方式体现出情绪的主观体验，成为人际间感情交流和相互理解的工具之一。表情包括面部表情、体态表情和声调表情。

情绪主要表现为开心、高兴、兴奋、激动、喜悦、惊喜、惊讶、生气、紧张、焦虑、怨恨、愤怒、忧郁、伤心、难过、恐惧、害怕、害羞、羞耻、惭愧、后悔、内疚、迷恋、平静、急躁、厌烦、痛苦、悲观、沮丧、懒散、悠闲、得意、自在、快乐、安宁、自卑、自满、不平、不满等。

（三）生理基础

情绪产生时必然伴随着显著的生理变化，中枢神经系统对情绪起着调节和整合的作用。大脑皮层对有关感觉信息的识别和评价在引起情绪以及随后的行为反应中起着重要的作用；网状结构的激活是产生情绪的必要条件；边缘系统参与情绪体验的产生；内分泌系统与自主神经系统之间的联系直接参与情绪反应。由此，每一次情绪的发生，都是包括中枢神经系统各级水平、躯体神经系统、内分泌系统的整合活动的结果。

二、情绪的状态

按照情绪发生的速度、强度和持续时间，可将情绪分为心境、激情和应激三种状态。

（一）心境

心境是一种微弱、弥散和持久的情绪，即平时说的心情。心境的好坏常常是由某个具体而直接的原因造成的，它所带来的愉快或不愉快会保持一个较长的时段，并且把这种情绪带入工作、学习和生活中，影响人的感知、思维和记忆。愉快的心境让人精神抖擞，感知敏锐，思维活跃，待人宽容；而不愉快的心境让人萎靡不振，感知和思维麻木、多疑，看到的、听到的全都是不如意、不顺心的事物。

（二）激情

激情是一种猛烈、迅疾和短暂的情绪，类似于平时说的激动。激情是由某个事件或原因引起的当场发作，情绪表现猛烈，但持续的时间不长，并且牵涉的面不广。激情通过激烈的言语爆发出来，是一种心理能量的宣泄，从一个较长的时段来看，对人的身心健康的平衡有益，但过激的情绪也会使当时的失衡产生危险。特别是当激情表现为惊恐、狂怒而又爆发不出来的时候，可能出现全身发抖、手脚冰凉，甚至小便失禁、浑身瘫软。典型案例中，高某情绪激动，有极强的愤怒，过激的情绪致使他捅死了室友杨某，说明他当时的情绪处于激情状态下。

（三）应激

应激是机体在各种内外环境及社会、心理因素刺激时所出现的全身性非特异性适应反应。这些刺激因素称为应激源。应激是在出乎意料的紧迫与危险情况下引起的高速且高度紧张的情绪状态。应激的最直接表现即精神紧张，是各种过强的不良刺激以及对它们的生理、心理反应的总和。

三、情绪智力

情绪智力又称情商（EQ），最早由美国耶鲁大学心理学家萨洛维和新罕布尔什大学梅耶尔教授提出，指人们的情绪评价、情绪表达、情绪调节以及运用情绪信息引导思维的能力。主要包括自我情绪认知的能力、自我情绪控制能力、了解他人情绪的能力、预见未来的能力、人际关系协调能力和自我激励能力等。

和智商不同，情商不能通过测量工具以准确的分数衡量出来，而是根据个人的综合表现来鉴定。心理学家认为，高情商者善于控制自己的情绪，任何时候都能做到头脑冷静、行为理智、抑制感情的冲动，克制急切的欲望；及时化解和排除自己的不良情绪，使自己始终保持良好的心境。如果说能否考上重点大学是由智商决定的，那么情商则决定了工作后的职位高度和被认可程度。因此，从个人发展角度来讲，情商比智商更重要。

拓展阅读

高情商 VS 低情商

1. 高情商

尊重所有人的人权和人格尊严。

不将自己的价值观强加于人。

对自己有清醒的认识，能承受压力。

自信而不自满。

人际关系良好，和朋友或同事能友好相处。

善于处理生活中遇到的各方面的问题。

认真对待每一件事情。

2. 较高情商

是负责任的“好”公民。

自尊。

有独立人格，但在一些情况下易受别人焦虑情绪的感染。

比较自信而不自满。

较好的人际关系。

能应对大多数的问题，不会有太大的心理压力。

3. 较低情商

易受他人影响，自己的目标不明确。

比低情商者善于原谅，能控制大脑。

能应付较轻的焦虑情绪。

把自尊建立在他人认同的基础上。

缺乏坚定的自我意识。

人际关系较差。

4. 低情商

自我意识差。

无确定的目标，也不打算付诸实践。

严重依赖他人。

处理人际关系能力差。

应对焦虑能力差。

生活无序。

无责任感，爱抱怨。

四、健康情绪的标准

《三国演义》里诸葛亮三气周瑜，周瑜最终吐血而亡；长寿老人由于生性乐观，百岁高龄仍能下田种地。我国中医认为，“喜伤肝”“怒伤心”“思伤脾”“忧伤肺”“恐伤肾”。可见，良好的情绪有利于增进心理和生理健康。

健康情绪的主要标准是情绪稳定、心情愉快，具体体现为以下四个方面。

（一）情绪有相应的形成原因

一定的事物或事件引起相应的情绪是情绪健康的标志之一。情绪的产生是由各种不同的原因引起的，如高兴是因为有喜事，悲哀是遇到不愉快或不幸的事，愤怒是受到挫折引起等。一个人的喜、怒、哀、惧等情绪是由具体的、可感受的现象和事物所引起的，而非莫名其妙的无端反应。

（二）情绪的作用时间随客观情况变化而转移

通常当引起情绪的因素消失之后，人的情绪反应也相应逐渐消失。例如，生活中不小心把东西丢了，当时可能会非常生气，事情过后，自己慢慢也就调节过来。如果长期生气，这就是情绪不健全的表现。

（三）情绪持续稳定

情绪稳定表明人的中枢神经系统活动处于相对的平衡状况，反映了中枢神经系统活动的协调。如果一个人的情绪长期不稳定，喜怒无常，就是情绪不健康的表现。善于控制和调节自己的情绪，表现为既能克制、约束，又能适度宣泄，不过分压抑，使情绪的表达既符合社会规范的要求，也符合自身的需要。

（四）心情愉快平静

愉快表示人的身心活动的和谐与满意，身心处于积极的健康状态。从总体上来说，生活中愉快、积极的情绪应多于不愉快、消极的情绪。假如一个人经常情绪低落，总是愁眉苦脸，心情苦闷，则可能是心理不健康的表现，要注意自我调节。

五、情绪对身心健康的影响

古语有云："怒则气上，喜则气缓，悲则气消，恐则气下，惊则气乱，劳则气耗，思则气结"。情绪对身心健康的影响很大。

（一）情绪对身体健康的影响

1. 情绪影响机体的免疫力

现代医学认为，良好的情绪可使机体生理机能处于最佳状态，使免疫系统发挥最大效应，抗拒疾病的袭击。许多医学家认为，躯体本身就是良医，85%的疾病可以自我控制。因此，有的心理学家把情绪称为“生命的指挥棒”“健康的寒暑表”。

2. 情绪可以治疗或导致疾病

心理学家研究发现人在激动时皮肤会潮红发热，在紧张或愤怒时皮肤会苍白冰冷。人的情绪如果发生剧变，还可导致皮肤过敏，甚至会影响到毛发，愉快喜悦等情绪还可以使得伤口加快愈合，促进疾病痊愈。

3. 情绪可以改变内分泌和神经系统功能，影响精神健康

经常紧张忙碌、不顺心会使人体出现失眠、脱发，甚至神经衰弱等系统失调的症状。如果受到强烈、突然或持久的精神打击会引起精神障碍。

（二）情绪对心理健康的影响

1. 情绪会影响个性发展

长期生活在抑郁、忧郁或恐惧下的人性格古怪，与人交往能力差，不受欢迎。

2. 情绪会影响自我的认识和评价

人在处于消极情绪时，会降低对自我的评价，常做出“我总是失败的”“我没有能力”这样的归因。

3. 情绪会影响认知思维水平，阻碍正常的思考学习

紧张、恐惧、烦躁的情绪会阻碍问题解决的速度，乐观平静的情绪有助于冷静思考。对于焦虑紧张的情绪，不进行适当的调节会形成习得性无助，造成对于某一问题总是无法解决。

单元二　情绪特点及常见情绪困扰

一、高职学生的情绪特点

高职学生处于17~22岁的青年中期，是心理成熟的重要时期。情绪年龄正处于未成年人与成年人的转变阶段，相对于中学阶段，他们的情绪趋于稳定和成熟，但是人生观和价值观正处于建构时期，情感丰富而不稳定，情绪波动大，心理承受力和抗挫折能力较低。

（一）冲动性

高职学生的冲动性是有其生理和心理基础的。由于性成熟的兴奋性与心理发展的相对缓慢之间出现了不平衡状态，心理调节机制的不完善，缺乏对

外界变化的应变能力，从而影响了情绪的表现，使得情绪变得容易冲动。高职学生渴望成熟又稚气未脱，情绪反应不稳定，容易冲动。当行为得到肯定时，如拿到奖学金、受到表彰时，兴奋的幸福感自然流露，甚至大摆筵席来庆贺；当遭遇失败、受挫折打击、挨批评、要求没得到满足时，容易出现较长时间的沮丧、惆怅情绪。男生之间的一个不满意的动作，甚至眼神，都可能演化成打架斗殴。典型案例中，高某在跟室友杨某理论时情绪激动，不能控制自己，做出不考虑后果的行为，说明高某的情绪具有很强的冲动性。

（二）极端性

高职学生的情绪与成年人相比，带有起伏波动的极端性，表现为易大起大落，容易从一个极端转到另一个极端，其情绪活动往往会随着认知标准的变化而改变。高职学生的情绪体验特别强烈和富有激情。对任何事都比较敏感，有时一旦情绪爆发，自己则难以控制，甚至表现为一定的盲目狂热和冲动。在处理同学关系、师生关系的矛盾时，在对待学业生活中的挫折时，常常易走极端，给自己及他人带来伤害。典型案例中，高某的情绪特别强烈，自己难以控制自己的愤怒，情绪带有极端性，最后不仅杀害了杨某，也给自己带来了严重的伤害。

（三）阶段性

由于各年级学生面临的学习任务和主要问题不同，各年级学生的情绪特点也有差别，呈现出阶段性和层次性特点。大一新生主要任务是适应环境、新的学习内容以及学习方式等的改变，情绪波动较大；大二年级学生在度过适应期后，情绪趋于稳定，开始追求理想和爱情；大三学生由于面临继续升学、择业等多重选择，压力较大，情绪波动也随着加大，需要多加引导。

（四）复杂性

高职学生有着丰富、强烈而又复杂的感情世界，表现形式多种多样。不论在日常生活、学习、交往中，还是从事社会活动时，无不带有浓厚的感情色彩。在自我情感体验方面敏感丰富，注重独立感、自尊心、自信心和好胜心。高职学生有较强的群体认同感，喜欢模仿，易受暗示，容易受当时情境气氛的感染、鼓动，容易表现出比单个人时更大胆的举止。典型案例中，高某很想成为一个各方面都优秀的人，说明他有一定的好胜心，学习成绩很不错，这让他产生了一定的自信心，但是，他的情绪又容易受到人际等其他因素的影响，所以他的情绪带有一定的复杂性。

（五）内隐性

高职学生的情绪表现，虽然有时也会喜形于色，但已经不像青少年时期那样坦率直露，不少高职学生常会将自己的情绪隐藏和掩饰，体现为外在表现与内在体验并不一致。这也给高职学生的同学之间的相互交流带来障碍，使一些学生出现孤独和苦闷的情感困惑。典型案例中，由于家庭贫困、父亲离世，高某总感觉自己跟其他同学格格不入，认为遭到周围同学的歧视，又因容貌遭到别人嘲笑，在隐隐之中逐渐产生了自卑情绪，害怕别人知道自己的家庭环境，害怕被嘲笑，但其他同学和老师并没有发现，说明他的自卑情绪带有内隐性。

二、高职学生常见的情绪困扰

高职学生作为一个特殊的群体，对于情绪情感的控制能力较低，同时要面临纷繁复杂的社会，解决现实和理想的冲突，还要处理好学习、社会实践、人际交往、恋爱等方面的问题，承受来自择业、家庭等方面的压力，情绪上的困扰时有发生，常见的情绪困扰如下。

（一）自卑

自卑是个体由于某种原因或缺陷引起的对于自我认识的消极体验，表现为看低或否定自己的能力，怀疑自己，甚至看不起自己，担心失去他人尊重的严重不自信的心理状态。

家庭环境、个体外形外貌、童年及青春期的负面情绪体验的阴影、求爱被拒等都属于高职学生产生自卑的共同性原因。典型案例中，高某由于家庭环境和外貌的因素，对自己的评价比较低，进而逐渐产生了自卑感。由于高考分数选择和社会对于高职院校的偏见，高职学生更容易在考入本科院校的同学、用人单位面前产生自卑心理，觉得自己低人一等，自我评价较低，甚至产生自暴自弃的想法。

（二）焦虑

焦虑是一种复杂而常见的负面情绪，是人们在生活中预感到可能会发生或即将发生的、可能会带来危险或不好结果，而又无法采取有效措施加以阻止或预防事情发生而产生的紧张心情，如忧虑、不安、担心和恐吓。焦虑是高职学生中常见的消极情绪反应，其常见的类型主要有：因不适应产生的焦虑、考试焦虑、选择困难产生的焦虑、过度关心身体状况而产生的焦虑等。

拓展阅读

焦虑与高职学生的关系可谓是“如影随形”。武汉某大学 2014 年一项调查显示：超过八成高职学生有“开学焦虑症”：情绪低落、胃口差、上课注意力不集中、无缘无故发脾气……毕业季临近时，又有一批高职学生要面对身份的转变，不少毕业生出现了焦虑、迷茫、烦闷、抑郁等情绪；美国俄亥俄州肯特州立大学的科学家发现：高职学生过度使用手机会导致他们焦虑感上升，学业成绩和快乐程度下降。

（三）抑郁

抑郁就是个体感到压抑和忧愁的情绪，是高职学生常见的不良情绪，主要表现为情绪低落、思维迟钝、兴趣索然、自我评价过低，并因此而产生生活能力减弱、学习兴趣减低和学习效率下降等问题，严重的还会发展为抑郁症。

调查显示，高职学生是五大高危抑郁群体之一：普遍是独生子女，许多是“90”后，心理素质较弱，遭受应激事件反应大，因而容易出现心理问题。

根据研究，抑郁情绪主要见于性格内向孤僻、敏感多疑、依赖性强、不爱与人交际或生活发生重大挫折或改变的学生身上。大学中，那些长久不能适应大学生活、学习压力大、人际关系紧张、失恋、重病、家庭发生重大变故或家庭经济困难的高职学生更容易出现抑郁情绪，症状主要表现为失眠、头晕、注意力不集中、缺乏兴致、记忆力丧失、自信心不足、焦虑、多疑、绝望、精力丧失等。

（四）愤怒

愤怒是当客观事物与个体的主观意愿相违背时产生的强烈情绪体验，对个人的身心健康有明显的伤害。当人发怒时，轻者血压升高、心跳加速，心律不齐，严重的可导致休克甚至猝死；发怒还会降低人的理智水平，损物伤人或违法犯罪。愤怒是高职学生常见的一种消极情绪。精力充沛、血气方刚的高职学生，在情绪情感上存在易激动、易动怒的特点，遇事缺乏冷静思考和处理的能力。典型案例中，高某在与室友杨某争吵时有强烈的愤怒情绪，且无法控制自己，不能冷静思考和处理问题，才导致自己做出了极端的行为。

引起高职学生愤怒的主要事由是不公平的待遇，如评奖、评优、助学贷款等，或者不公正现象，如老师偏袒部分学生、其他学生作弊未被发现等，以及同学间的无礼和言语挑衅。另外，多次反映的问题无法得到解决，还有同学间的恃强凌弱等，也会激发他们的愤怒。对此，有人选择自我解嘲或寻求专业帮助的方式面对愤怒；有人会因愤怒做出报复；还有人为求得心理平衡，会去伤害小动物和植物等。

（五）恐惧

恐惧是一种带有强迫性质的、不以人的意志为转移的情绪，如害怕坐过山车、恐高、晕血等。当即使不存在危险个体也感到恐惧，且意识到这种恐惧是不合理的但又无法改变时，就是恐惧症的表现。根据恐惧类型，可分为广场恐惧症、舞台恐惧症、社交恐惧症和单纯恐惧症。根据产生的原因，可将高职学生的恐惧源分为就业恐惧、创业恐惧、经济压力恐惧、学业恐惧、情感恐惧、隐私被窥探的恐惧等。高职学生最常见的是社交恐惧（社交怯懦感）。当与人交往时，他们往往害怕遇见生人，在人多或有异性在的场合会产生紧张、焦虑、出汗、手足无措、语无伦次的尴尬情绪反应。

（六）冷漠

冷漠是一种对于客观环境和现实状况进行逃避的减缩性心理反应，即对外界的刺激缺乏必要的情绪反应，甚至对生活中的喜怒哀乐无动于衷。其具体表现为：漠不关心、冷淡、退让。存在冷漠情绪的高职学生，在行为上表现为对生活没有热情和兴趣；对学习和职业前途漠不关心；对老师、同学、朋友冷漠无情甚至无动于衷；远离集体活动，游走在群体之外。这类人看似平静，实则内心往往有强烈的痛苦、寂寞和压抑感。如果这种情绪长时间得不到释放，就可能致使心理平衡遭到破坏，以极端的形式爆发出来，并影响身心健康。典型案例中，高某捅死杨某后的反应实质上属于冷漠的情绪反应特点。

单元三　做情绪的主人——情绪调控

情绪没有好坏之分，但由情绪引发的行为则有好坏之分、行为的后果也有好坏之分。所以，情绪调控并非是消灭情绪，而是疏导情绪、合理化之后的信念与行为。有效调节与掌控自己的情绪，做情绪的主人，不仅有利于身心健康，从容面对生活中的各种压力，还能在激烈竞争中帮助自己冷静思考、分析和处理问题。

一、积极悦纳自己

人的情绪变化更多来自对自我的认识和评价。当遭遇挫折等违背自己意愿的事情出现时，归因就很重要了。遭遇失败时，个体将所有的过错都归结在自己身上，就会对自己的想法、行为做出消极评价，从而给自己不良暗示，否定自己，进而导致各种消极情绪的出现。因此，高职学生在调节情绪时可以从转变消极的认识评价着手，学会接纳、悦纳自己，体验自我幸福。

（一）正确分析自己的优势和劣势，并合理接受自己的优点和缺点

外貌、身高、家庭背景、身体残疾等先天具备的特点和属性，不管你是否喜欢，都是不能改变的，要怀着愉悦的心情接受，而非排斥、嫌弃或回避。只有真心接纳了自己，才会对自己产生认同感和自信心，从而珍惜自己所拥有的。否则，这些先天因素就会产生出对自我的厌恶情绪，影响自我幸福感。对于自己有能力改变的因素，如努力程度、对事物的看法、微笑或者哭泣，则要学会去改变，朝着悦纳自己的方向发展。

（二）选择合适的比较对象

“人比人，气死人”，掌握情绪的另一要诀就是遵循“比上不足，比下有余”的信条，寻找合适的比较对象。选择与自己各方面条件差不多的人作为参照标准，既不难达到目标，也需要一定努力，比较容易获得心理上的平衡和满足感。一句话，只要你觉得开心，且刺激源是被社会规则认同、接受的，就是正确的方法。

二、正确认识情绪

只有正确认识自己当前的情绪，知道情绪的来源，才能有机会把握情绪，而不被情绪左右。

首先，请明确自己所需要的，不要被不需要的东西困扰。对于班干部来说，最渴望得到老师的认同、信任，同学的支持。即使有个别同学不满意自己的管理方式，也不影响其成为一个优秀的学生干部。

其次，明确目前处于怎样的不良情绪当中。时刻提醒自己注意现在的情绪是什么？应该吗？如果你因上课迟到被老师责问，问问自己现在是什么感觉？是自己的错吗？自己这样的情绪是对的吗？

最后，澄清我们的复杂情绪。通常情况下，当处于某种不良情绪，如愤怒、悲伤时，心里的意念会更加复杂，可谓五味杂陈，整个人心烦意乱的。此时，有必要暂停或中断目前的情绪，冷静地进行澄清。只要你处在两种以上的复杂情绪中，就应该以抽丝剥茧的方式剖析自己的情绪，辨认出最真实的情绪加以调节。

美国著名心理学家阿尔伯特·艾利斯于20世纪50年代创立合理情绪疗法，其基本理论就是情绪ABC理论。如图5-2所示，在ABC理论模式中，A是指诱发性事件；B是指个体在遇到诱发事件之后相应而生的信念，即其对这一事件的看法、解释和评价；C是指特定情景下，个体的情绪及行为结果。

通常人们认为，人的情绪的行为反应是直接由诱发性事件A引起的，即A引起了C。但ABC理论指出，诱发性事件A只是引起情绪及行为反应的间接原因，而人们对诱发性事件所持的信念、看法、理解B才是引起人的情绪及行为反应的更直接的原因。即引起人们情绪困扰的并不是外界发生的事件，而是人们对事件的态度、看法、评价等认知内容。因此要改变情绪困扰不是致力于改变外界事件，而是应该改变认知，通过改变认知，进而改变情绪。

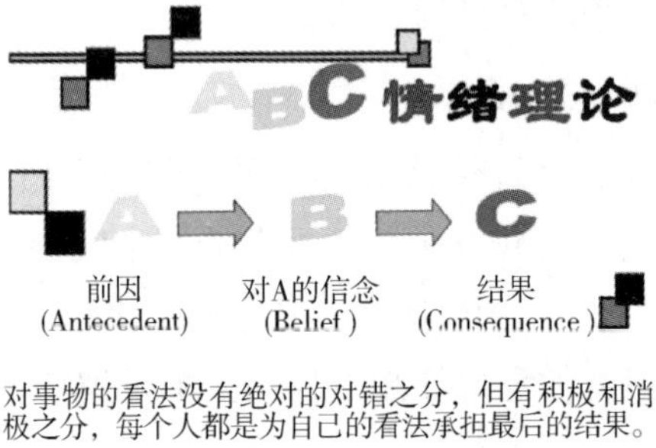

图5-2　情绪ABC理论

依据ABC理论，合理的信念会引起人们对事物的适当的、适度的情绪反应；而不合理的信念则相反，会导致不适当的情绪和行为反应。当人们坚持某些不合理的信念，长期处于不良的情绪状态之中时，最终将会导致情绪障碍的产生。分析日常生活中的一些具体情况，不难发现人的不合理信念常常具有以下三个特征。

一是绝对化的要求：人们常常以自己的意愿为出发点，认为某事物必定发生或不发生的想法。它常常表现为将“希望”“想要”等绝对化为“必须”“应该”或“一定要”等。例如，“我必须成功”“别人必须对我好”等。这种绝对化的要求之所以不合理，是因为每一客观事物都有其自身的发展规律，不可能以个人的意志为转移。对于某个人来说，他周围的人或事物的表现及发展也不会以他的意愿来改变。因此，当某些事物的发展与其对事物的绝对化要求相悖时，他就会感到难以接受和适应，从而极易陷入情绪困扰中。

二是过分概括化：一种以偏概全的不合理思维方式的表现，它常常把“有时”“某些”过分概括化为“总是”“所有”等。它具体体现在人们对自己或他人的不合理评价上，典型特征是以某一件或某几件事来评价自身或他人的整体价值。例如，有些人遭受一些失败后，就会认为自己"一无是处、毫无价值"，这种片面的自我否定往往导致自卑自弃、自罪自责等不良情绪。而这种评价一旦指向他人，就会一味地指责别人，产生怨愤、敌意等消极情绪。我们要认识到，"金无足赤，人无完人"，每个人都有犯错误的可能性。

三是糟糕至极：认为如果一件不好的事情发生，那将非常可怕和糟糕。例如，"我没考上大学，一切都完了""我没当上部长，不会有前途了。"这种想法是非理性的，因为对任何一件事情来说，都会有比之更坏的情况发生，所以没有一件事情可被定义为糟糕至极。但如果一个人坚持这种"糟糕"观时，那么当他遇到他所谓的百分之百糟糕的事时，他就会在不良的情绪体验中一蹶不振。

因此，在日常生活和工作中，当遭遇各种失败和挫折，要想避免情绪失调，就应多检查一下自己的大脑，看是否存在一些"绝对化要求""过分概括化"和"糟糕至极"等不合理想法，如有，就要有意识地用合理观念取而代之。

案例分享

典型案例中高某的情绪 ABC 分析

根据情绪 ABC 理论，结合典型案例，我们可以对高某捅死杨某的事件进行分享。

A：回到宿舍打开门的时候听到杨某忍着笑的声音。

B：跟自己关系最好的杨某居然也像其他同学那样嘲笑我，所有人都是不喜欢我的。

C：与杨某大声理论、争吵，情绪激动，无法控制自己的愤怒，用水果刀捅死杨某。

分析：

高某与杨某大声理论、争吵，情绪激动，无法控制自己的愤怒，用水果刀捅死杨某，这些都是由高某"认为跟自己关系最好的杨某竟然也像其他同学那样嘲笑我，所有人都是不喜欢我的"的错误认知引起的，愤怒等负面情绪是由于害怕自己被嘲笑造成的。

反驳：

跟自己关系最好的杨某居然也像其他同学那样嘲笑我——杨某并不是在

嘲笑自己，忍着笑可能是因为其他原因。

所有人都是不喜欢我的——“所有人”具有过分概括化的特征，并不是所有人都不喜欢我，虽然我跟杨某之间发生过口角，但我们的友谊仍在。

结论：

主动了解杨某忍着笑的原因，一起分享欢乐，延续与杨某之间的友谊。

三、学会自我调节

（一）宣泄法

对于自己的不良情绪，个人要根据自己的特点和所具有的人际支持系统，通过适当的方式发泄出来，从而使紧张情绪得以缓解。在采取宣泄法来调节自己的不良情绪时，必须增强自制力，不要随便发泄不满或者不愉快的情绪，要采取正确的方式，选择适当的场合和对象，以免引起不良后果。

1. 学会倾诉

倾诉时，快乐加倍，痛苦却会减半。当你感觉到不良情绪时，不要自己生闷气，或把情绪隐藏起来折磨自己，可选择向朋友、亲人、老师等倾诉。在倾诉的过程中，内心的忧虑和苦闷等不良情绪将得到发泄和疏导，不至于钻牛角尖，能减轻心理压力。同时，还可借助旁观者的角度来分析问题所在，寥寥数语也可能帮助你正确认识情绪困扰，豁然开朗。

2. 适度痛哭

哭是人类的一种本能，可以借助眼泪将不愉快的情绪发泄出来。当无法与别人倾诉时，哭也是一种解脱方式。眼泪是缓解精神负担最有效的“良方”，这可能也是女人比男人更少患因神经紧张而诱发的梗死和中风的原因。短时间的痛哭是释放不良情绪的最好方法，是心理保健的有效措施。但哭泣也要把握好度，建议在内心感到极度委屈和不幸时才哭，如果遇事就选择哭泣，不但不能宣泄情绪，反而会加重心理负担，降低心理承受能力。

3. 运动释放

“每天锻炼一小时，幸福生活一辈子”，这针对的不仅是身体健康，对心理健康也极其重要。研究表明，跑步能有效预防乳腺癌、心血管疾病等。情绪不佳时，全身的肌肉也会僵硬，合理、适当的运动也可以在一定程度上缓解不良情绪。如跑步、打球、疾走、做瑜伽或自己喜爱的运动，都是释放情绪的好方法。

4. 参加活动

善于表现、渴望被认同、被尊重是高职学生的普遍心态，他们想通过参加各类活动来体现存在的价值，但有时没有机会或自信不足。通过大学校园这一广阔平台，积极参加学校组织的各类文化艺术活动、社团活动、社会实践活动等，既能陶冶情操，又能在活动中表现自己，找到差距，体验集体、个人及社会关系的现实存在，从而增强生活情趣。

（二）放松法

放松的方式有很多，如深呼吸放松法、渐进式肌肉放松法、想象放松法、音乐放松法等。

1. 深呼吸放松法

一种通过呼吸调节缓解紧张情绪的方法，见效快并且最容易做。具体方法如下：

（1）吸气　采用鼻子呼气，腹部吸气。双肩自然下垂，慢慢闭上双眼，缓慢并深深地按“1-2-3-4”吸气，约 4 秒使空气充满胸部。呼吸均匀、舒适而有节奏。

（2）抑制呼吸　吸到足够多时，憋气 2 秒钟，再把吸进去的气缓缓地呼出。感到轻松、舒适，注意感觉自己的呼气、吸气，体会“深深地吸进来，慢慢地呼出去”的感觉。

（3）呼气　要自然而然地把肺里的空气呼出来，肩膀、胸，直至膈肌等都感到轻松舒适。在呼吸时还要想象着将紧张徐徐地驱除出来，注意放松的节拍和速度。

以上三个动作连续做 10 遍，会使呼吸变得自然而均匀；再做 10 遍会使你欢快舒畅而又心情平静；再做 10 遍会使呼吸缓慢深长而又充分放松。如果你遇到紧张的场合，或是不知道自己该怎么办、手足无措之时，不妨先做一次深呼吸放松。

2. 渐进式肌肉放松法

（1）头部的放松　第一步紧皱眉头，就像生气时的动作一样，保持 10 秒钟（可匀速默念到 10），然后逐渐放松。第二步闭上双眼，做眼球转动动作。先使两只眼球向左边转，尽量向左，保持 10 秒钟后还原放松。再使两只眼球尽量向右转，保持 10 秒钟后还原放松。随后，使两只眼球按顺时针方向转动一周，然后放松。接着，再使眼球按逆时针方向转动一周后放松。第三步皱起鼻子和脸颊部肌肉，可咬紧牙关，使嘴角尽量向右边咧，鼓起两腮，似在极度痛苦状态下使劲一样，保持 10 秒钟，然后放松。第四步紧闭双唇，使唇部肌肉紧张，保持该姿势 10 秒钟，然后放松。第五步收紧下腭部肌肉，保持该姿势 10 秒钟，然后放松。第六步用舌头顶住上腭，使舌头前部紧张，10 秒钟后放松。第七步做咽食动作以紧张舌头背部和喉部，但注意不要完全完成咽食这个动作，持续 10 秒钟，然后放松。

（2）颈部的放松　将头用力下弯，使下巴抵住胸部，保持 10 秒钟，然后放松。体验放松时的感觉。

（3）臂部的放松　双手平放于椅子扶手上，掌心向上，握紧拳头，使双手和双前臂肌肉紧张，保持 10 秒钟，然后放松。接下来，将双前臂用力向后臂处弯曲，使双臂的二头肌紧张，10 秒钟后放松。接着，双臂向外伸直，用力收紧，以紧张上臂三头肌，持续 10 秒钟，然后放松。每次放松时，均应注意体验肌肉松弛后的感觉。

（4）肩部的放松　将双臂外伸悬浮于椅子两侧扶手上方，尽力使双肩向耳朵方向上提，保持该动作 10 秒钟后放松。注意体验发热和沉重的感觉。20 秒钟后做下一个动作。

（5）背部的放松　向后用力弯曲背部，努力使胸部和腹部突出，使成桥状，坚持 10 秒钟，然后放松。20 秒钟后，往背后扩双肩，使双肩尽量合拢以紧张背上肌肉群，保持 10 秒钟后放松。

3. 想象放松法

有意识地运用最能使自己感觉舒适、温馨、宁静的美好情景而进行想象。

（1）白云冥想法　以一种放松的姿势平躺在床上或坐在椅子上，轻轻闭上眼睛，对自己说“我现在非常安静，非常放松”。然后深深地吸气，慢慢地呼气，让自己感到非常安静，非常放松。想象自己正躺在一块绿油油的草坪上，头顶是一片蓝蓝的天空，天空中有一片厚厚的白云，慢慢落在自己的身上。再想象自己被白云围绕着，慢慢地向上飘，向上飘……仔细体会一下飘起来的感觉，越飘越高，越来越轻，好像完全失去了重力。慢慢地，自己躺在这片白云上睡着了。

（2）海浪冥想法　在安静的房间里以放松的姿势平躺在床上，眼睛微闭，想象置身于海边的沙滩上。潮水涌来，轻轻拍打脚部、脚踝，海水慢慢升上来，最后整个身子沐浴在浅水之中，感觉自己被充满韵律的海水淹没，并逐渐漂向大海深处。潮水把你冲到岸边，静静地躺在松软、温暖的沙滩上，尽情享受舒畅的感觉。再想象自己从未有过这么轻松，慢慢地，自己在这片舒适的沙滩上睡着了。

（3）芳香冥想法　想象自己正身处一个祥和幽静的花园中，一个人静静地躺在嫩绿的草坪上，四周是五彩缤纷的花朵以及郁郁葱葱的林木。深吸一口气，满鼻子都是令人陶醉的花的芳香。就这样非常舒服地躺在柔软的草坪上，花的芳香令你沉醉，感觉到从未有过的舒适与放松。

4. 音乐放松法

不同的音乐会给人带来不同的心理感受，使人心理愉悦。利用音乐来调节情绪已为各行业人士广泛运用：医院用音乐治疗精神病人；怀孕的母亲用音乐进行胎教；商店播放音乐以提高销售量；农场对乳牛播放优美的音乐以增加乳牛的出乳量……这些做法都表明音乐对人和动物的情绪有着巨大的调节作用。研究还表明，不同的曲调能使人产生不同的情绪感受。节奏感强的乐曲适合忧郁、好静、少动的人；旋律优美的乐曲适合兴奋、多动、焦虑不安的人。当你有情绪困扰时，听一段喜爱的音乐，总会对你的心情起到放松和愉悦的作用。

四、运用心理技巧

随着生活压力的增大，越来越多的人往往会感觉到心情烦躁，却又不知道如何缓解，大家不妨试试运用心理技巧来调节。

（一）心理暗示法

个人通过语言、形象、想象等方式，对自身施加影响的心理过程。自我暗示分消极自我暗示与积极自我暗示。积极自我暗示在不知不觉之中对自己的意志、心理以至生理状态产生影响，令我们保持好的心情、乐观的情绪、自信心，从而调动人的内在因素，发挥主观能动性。心理学上的“皮格马利翁效应”也称期望效应，就是积极的自我暗示。而消极的自我暗示会强化我们个性中的弱点，唤醒我们潜藏在心灵深处的自卑、怯懦、嫉妒等，从而影响情绪。

当你遭遇情绪问题时，不妨试试用内部语言或书面语言对自身进行暗示，缓解不良情绪，保持心理平衡。比如在心理默念或在纸上写出“我没事，我很好”“我其实很开心”“没什么大不了”“冷静”“三思而后行”“制怒”“镇定”诸如此类的语言。这样既能引起某种情绪反应，也能抑制某种情绪反应。这种暗示对人的不良情绪和行为有奇妙的影响和调控作用，既可以松弛过分紧张的情绪，又可用来激励自己。

拓展阅读

心理暗示法13条定律

1. 当你对某件事情抱着百分之一万的相信，它最后就会变成事实。

2. 期望定律：当我们怀着对某件事情非常强烈期望的时候，我们所期望的事物就会出现。

3. 情绪定律：人百分之百是情绪化的。即使有人说某人很理性，其实当这个人很有“理性”地思考问题的时候，也是受到他当时情绪状态的影响，“理性地思考”本身也是一种情绪状态。所以人任何时候的决定都是情绪化的决定。

4. 因果定律：任何事情的发生，都有其必然的原因。有因才有果。换句话说，当你看到任何现象的时候，你不用觉得不可理解或者奇怪，因为任何事情的发生都必有其原因。你今天的现状是你过去种下的因导致的结果。

5. 吸引定律：当你的思想专注在某一领域的时候，跟这个领域相关的人、事、物就会被你吸引而来。

6. 重复定律：任何的行为和思维，只要你不断地重复就会得到不断地加强。在你的潜意识当中，只要你能够不断地重复一些人、事、物，它们都会在潜意识里变成事实。

7. 累积定律：很多年轻人都曾梦想做一番大事业，其实天下并没有什么大事可做，有的只是小事。一件一件小事累积起来就形成了大事。任何大成就或者大灾难都是累积的结果。

8. 辐射定律：当你做一件事情的时候，影响的并不只是这件事情的本身，它还会辐射到相关的其他领域。任何事情都有辐射作用。

9. 相关定律：这个世界上的每一件事情之间都有一定的联系，没有一件事情是完全独立的。要解决某个难题最好从其他相关的某个地方入手，而不只是专注在一个困难点上。

10. 专精定律：只有专精在一个领域，这个领域才能有所发展。所以无论你做任何的行业都要把做该行业的最顶尖为目标，只有当你能够专精的时候，你所做的领域才会出类拔萃地成长。

11. 替换定律：当我们有一项不想要的记忆或者是负面的习惯，我们无法完全去除掉，只能用一种新的记忆或新的习惯去替换它。

12. 惯性定律：任何事情只要你能够持续不断去加强它，它终究会变成一种习惯。

13. 显现定律：当我们持续寻找、追问答案的时候，它们最终都必将显现。

（二）注意力转移法

把注意力从引起不良情绪反应的刺激情境，转移到其他事物上去或从事其他喜欢的活动中，暂时“屏蔽”不良情绪的自我调节方法。当出现情绪不佳的情况时，要把注意力转移到使自己感兴趣的事上去，如外出散步、看电影电视、读读书、打打球、下盘棋、找朋友聊天、换换环境等，有助于使情绪平静下来，在活动中寻找到新的快乐。这种方法一方面终止了不良刺激源的作用，防止不良情绪的泛化、蔓延；另一方面，通过参与新的活动特别是自己感兴趣的活动而达到增进积极的情绪体验的目的。比如，当你刚刚遭遇失恋的痛苦，看见出双入对的情侣必然触景生情。此时你最需要的不是反复回忆过去的甜蜜瞬间，而是选择和闺蜜出去散步、运动或看喜剧电影，转移注意。

（三）自我安慰法

当一个人遇到不幸或挫折时，为了避免精神上的痛苦或不安，可以找出一种合乎内心需要的理由来说明或辩解，告诉自己“存在即合理，哪怕是不好的，也有它存在的理由和价值”“胜败乃兵家常事”“塞翁失马，焉知非福”“坏事变好事”等来进行自我安慰。为自己的失败找到客观的理由，比如时间太短、试卷难度太大等。这种方法对于帮助人们在大的挫折面前接受现实，保护自己，对避免精神崩溃是很有益处的，可以摆脱烦恼，缓解矛盾冲突、消除焦虑、抑郁和失望，达到自我激励，总结经验、吸取教训的目的，有助于保持情绪稳定。

（四）情绪升华法

困境和挫折，绝非人们所祈求的。因为它给人带来心理上压抑和焦虑。升华是改变不为社会所接受的动机和欲望，而使之符合社会规范和时代的要求，是对消极情绪的一种高水平的宣泄，是将消极情感引导到对人、对己、对社会都有利的方向上去。如某同学因失恋而痛苦万分，但他没有因此而消沉，而是把注意力转移到学习中，立志做生活的强者，证明自己的能力。善于心理自救者，就是能把这种情绪升华为一种力量，在获得成功的满足时，也清除了心理压抑和焦虑，达到积极的心理平衡。

课外拓展

心灵互动：分析自己的情绪

回想你曾经面对某人情绪爆发的一件事情，可能是一场争论，或是某人生你的气或对你心烦，或是给你施加压力等。通过情绪分析，可以使压力缓解。用这种方式分析事件会显露出你的愤怒形式，并且可以使你对自己形成较理性的认识。

第一步：分析所发生的事情，考虑一下他曾经对你说了些什么以及怎样对你说的。

1. 确认那个人的情绪（他的体态语言说明了什么）。

2. 注意所描述的事实（他实际上说了什么）。

3. 确认那个人的需要（注意：事实与需要可能会不相同，需要有时可能并不直接表现出来，要考虑他的体态语言）。

4. 你做出了什么反应？你希望已经做出了什么反应？同时你自己的体验可以作为了解情绪的信息源。

第二步：分析自己的体验，作为了解情绪的信息源，对每次体验，要尽量回答以下问题。

1. 引起我愤怒的具体事情是什么？最激怒我的是什么？

2. 我愤怒的根源是别人吗？是我自己吗？是一件东西或事情吗？

3. 这件事情我怎样解释？还有我没有想到的原因吗？事发后哪些话使我更加愤怒？

4. 有什么样的身体感觉伴随愤怒体验？

5. 我表现了什么行为反应？我的反应是口头攻击吗？

第三步：反思和希望（我怎么做，会使彼此都不受伤害）。

情境六　学会爱与被爱

——高职学生的恋爱调适

本情境要点：

1. 爱情的本质和意义。
2. 高职学生的恋爱类型及特点。
3. 高职学生的恋爱调适。

典型案例

李某（男）和王某（女）是高中同学，高中时期没有什么交集，高考毕业后上了同一个城市的不同大学。不久高中同学聚会，由于学习压力变小了，同学之间的聚会活动让李某和王某有了更多的交流，李某突然发现原来王某还挺有意思的，在李某好友的怂恿下，李某向王某表白了，王某也因周围朋友在恋爱，自己羡慕和向往恋爱生活，就答应了李某。交往一开始两人很甜蜜，可没过多久王某发现李某对自己冷淡了不少，信息也不及时回，王某通过向李某同校的同学打听，才知道李某最近和一个女生走得很近。过了几天，在李某不知情的情况下，王某独自前往李某学校的宿舍楼下，碰巧遇到李某和一个女生手牵手回来，王某既气愤又委屈，上去给了李某一巴掌，转身就走。那个女生也恼羞成怒，这样一来，李某和两个女生都反目成仇，由于在恋爱关系中的不忠诚违背了道德底线，李某在同学们面前也抬不起头。

单元一　走近爱情

爱情是什么？这是一个大问题，看似简单，实则难以回答，是人类永恒的话题，需要花一生去追寻答案。

有人说，爱情就是找到适合自己的鞋子，相携一生，白头到老；有人说，人死的时候，灵魂会分成八份散落在世界的每个角落，其中的两块灵魂相遇了，便产生了爱情；还有人说，爱是包容而不是放纵，爱是关怀而不是宠爱，爱是相互交融而不是单相思，爱是百味而不全是甜蜜……

那么，就让我们一起来揭开爱的神秘面纱。

一、爱情的本质

网上曾经流行一句话："不以结婚为目的的恋爱都是耍流氓。"可见，作为人生的重要事件之一，爱情是婚姻的基础，即使悲观地认为"婚姻是爱情的坟墓"。因此，正确认识爱情和性对于当代高职大学生至关重要。

所谓爱情，就是一对男女之间，基于一定的社会关系和共同的生活理想，在各自内心中形成的对对方最真挚的倾慕，并渴望对方成为自己终身伴侣的最强烈的感情。是两颗心灵相互向往、吸引、达到精神升华的产物，是人类特有的一种高尚的精神生活。

作为地球上的高级动物，人是生物性和社会性结合的动物，既有生物性特征，也有社会性特征。因此，爱情对于人类而言，具有以下特征。

（一）爱情的生物性特征

1. 繁殖性

对所有生物来讲，繁殖都是第一要务。唯有生生不息的繁殖，才能使人类保持存在和长久。即使如今强调社会高度文明，提倡男女平等，四目相对时，仍是先有性吸引，后产生爱情。

以"一见钟情"为例，在对对方兴趣爱好、性格、人格特质等内在魅力完全不了解的情况下，对方的生理特征：如男性的身高、外貌，女性的外貌特征：胸部大小、三围比例、臀部大小，都是被认为影响生育（繁衍）的生理条件，成为坠入爱河的重要衡量指标。

2. 乐趣性

爱情带给人类的乐趣性已经在无数诗人的笔下绽放。"死生契阔，与子成说。执子之手，与子偕老。"描绘的便是相携一生、愉悦一生的爱情。初恋的甜蜜，争吵的苦涩，与恋人在一起的紧张心跳，外出游玩时留下的欢歌笑语、美好留影，都是爱情的快乐和乐趣。

3. 亲密性

根据心理学家埃里克森的八阶段理论，18~25 岁青年的主要矛盾是亲密与孤独的冲突，爱情与婚姻就是他们寻找亲密感的主要途径。爱情的亲密，是一种能给人带来温暖的感觉体验，强调恋人之间的相互促进幸福、体验幸福，并能做到相互尊重、支持和分享。爱到浓处，人类以性行为来表达对爱的巅峰理解，并借性行为来表达自己的爱意、沟通彼此心灵、舒缓或化解矛盾、增进感情。同时，亲密度也是衡量恋人、夫妻关系的重要标尺。

（二）爱情的心理学特征

爱情是世界上最美妙的情感体验，它比亲情更让人兴奋，比友情更亲密，其本质是私密之情。作为人际吸引最强烈的形式，与其他情感相比，爱情具有唯一性、忠诚性、浪漫性和激情性。

1. 唯一性（排他性）

“Oh，baby！你就是我的唯一……”人类社会最大的进步，就是确定了“一夫一妻”的婚姻制度，使曾经被“一夫多妻”制度困扰和折磨的女性从不公平的牢笼里解放出来，因为，爱是唯一的、排他的。显然，在爱情里，拒绝他人的干涉和涉足。

2. 忠诚性

爱情是真诚、忠贞之爱，要求恋爱双方自然、真切、发自内心地爱对方。其中，忠诚性是爱情的重要属性，要求双方在情感、身体上对彼此保持忠贞不贰。“一脚踏两船”“劈腿”等不忠诚行为是被人不齿的。

3. 浪漫性

并不是所有的爱情都是浪漫的化身，但浪漫的爱情是人人都向往的，尤其是女性。即使是身陷囹圄，也有“生命诚可贵，爱情价更高”的宣言。当然，浪漫并非宝马接送、鲜花常伴，即使一束路边的野花、一句轻轻的问候、一个爱的短信，也能体现爱的真谛和浪漫。

4. 平等性

上帝面前人人平等。在爱情中双方人格是平等的，就正如《简·爱》中所说：“……你以为我穷、不好看，就没有感情吗？我也会的。如果上帝赋予我财富和美貌，我一定要使你难以离开我，就像现在我难以离开你。上帝没有这样！我们的精神是同等的！就如同你跟我经过坟墓，要同样地站在上帝面前……”

5. 奉献性

衡量一个人对某异性有无爱情、爱情的强度如何，可以通过“是否发自内心地帮助所爱的人做其期待的事情”这个指标来衡量。例如，女孩痛经了，爱她的男孩可能会对她嘘寒问暖，还会心甘情愿地为女孩买来红糖、准备温开水和暖水袋等。男孩遇到挫折，情绪低落时，女孩也愿意给予安慰和陪伴。

（三）爱情的社会性特征

1. 自主性

真正的爱情是恋爱双方自主自愿的。不管是恋情的开始还是结束，都不受其他任何外在因素的干扰，如经济、外力胁迫等。

2. 责任感

情感本身就是责任和担当。恋爱中，双方应将爱作为一种责任对待，因为爱情牵涉的不仅有对彼此的感情和付出的行为，也有相关联的家庭、亲戚朋友等社会关系。这份责任，不仅要求对情感和身体忠诚，还要求爱惜、保护对方的身体、名誉等。

3. 道德感

人生没有彩排，每天都是现场直播。因此，我们都应遵守相应的游戏规则，爱情的规则就是道德感。世俗观念里，爱情应该是道德的，不道德的婚外情、“劈腿”等都是会受到社会谴责的。当然，如果爱没了，请记得放手，因为没有爱的爱情也是不道德的。

4. 长久性

“爱你一万年，爱你经得起考验”这一句歌词生动形象地说明了爱情的长久性这一特征。有人曾这样比喻初恋：“虽然90%以上的初恋都会无疾而终，但那些美好的回忆将如压在箱底的美酒。存放的时间越长，就越香甜美味，回味悠长。”爱情，不管是否会带人步入婚姻的殿堂，但都会给当事人留下长久的回忆，或甘甜、或苦涩。而婚姻里的爱情将更具有长久性，随着年龄的增长，而显得更加弥足珍贵。

二、爱情三元论

罗伯特·斯滕伯格（Robert · Sternberg）于1986年首先提出爱情的三角理论。这个三角，不是三角恋的意思，而是指爱情的三个构成要素：亲密要素、激情要素和决定/承诺要素，见图6-1。激情是爱情中的情欲成分，是情感上的着迷；亲密是指在爱情关系中能够引起的温暖体验；承诺指维持关系的决定期许或担保。这三个要素构成一个三角形，当所强调的要点不同时，三角形会呈现出不同的形状。

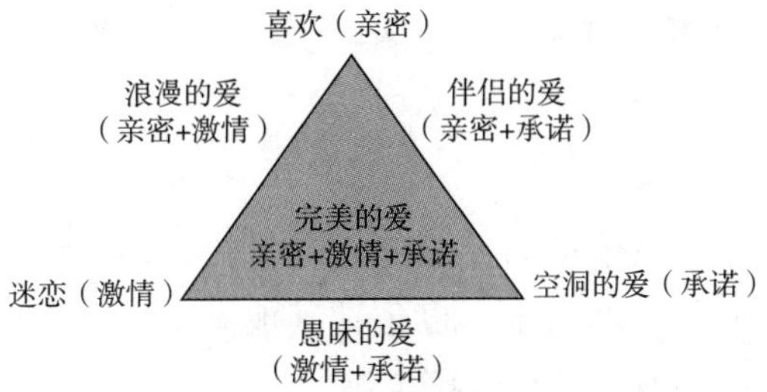

图 6-1　爱情三角理论

（一）亲密要素

亲密要素指的是与伴侣亲近和相联系的感觉。表现诸如，跟对方在一起的时候会特别亲近、舒服，跟对方分开的时候会想念对方；特别喜欢跟对方讲话，有什么事情优先跟对方分享；希望跟对方有一体感，别人骂对方，你会很不高兴，别人喜欢对方，你会觉得与有荣焉，有一点像偶像的粉丝跟偶像之间的关系；在爱情中，会有一种温暖的感觉，譬如谈恋爱的人，在一个阶段，想起对方都会嘴角不自觉泛起微笑，写对方的名字就觉得幸福。

斯滕伯格和格莱杰克（Sternberg 与 Grajek）指出，亲近关系中的亲密性有下列 10 个特点。

（1）想要提升被爱者的福利，这有些像前面提到的奉献性，你会为了对方做一些事情。

（2）和被爱者体验幸福，你希望把你高兴的事情也跟对方分享。

（3）看重被爱者，你觉得你爱的那个人真是值得，对方真的是异常杰出的人物，你会把对方作为偶像崇拜。

（4）在需要时可以仰赖被爱者，对于你爱的人，觉得可以依赖对方，对于工作没有想法时，可以打电话给对方，对方会给你想法，甚至对方会帮你做。

（5）和被爱者相互了解，和对方讲话，不必多说，一个眼神就完全知道你的意思，很有默契。

（6）和被爱者分享个人的自我和所有物。

（7）从被爱者获取情绪支持，当你难过的时候，对方会安慰你，而且对方的安慰是有用的，别人的安慰都是没有用的。

（8）给被爱者情绪支持。

（9）和被爱者有亲密的沟通，会跟对方说部分不会随便与他人说的话。

（10）在个人生命中珍爱被爱者，你会觉得对方存在，你才存在，对方不存在，你活着好像也没有什么意义，这在传统爱情故事里面较多，接近疯狂爱。

（二）激情要素

激情指的是双方关系中指向伴侣的生理唤醒，即有情欲冲动，包括性欲冲动。激情要素主要是性的需求，也包括其他需求：寻求自尊、和别人发生关联、支配他人、臣属他人以及自我实现。

（三）决定/承诺要素

这是在爱情中最被忽视的要素，指的是共同承担恋爱的责任，包括两个决策过程：短期为爱你的伴侣；长期是为保持这份爱而长相厮守。长期、短期只是一个相对的分法，如果你的寿命有限，长期、短期的意义就更不一样。而亲密要素和激情要素在爱情全程中的比重也不会一成不变。

如图 6-2 所示，爱情中的三个要素会随着时间长短而发生变化。

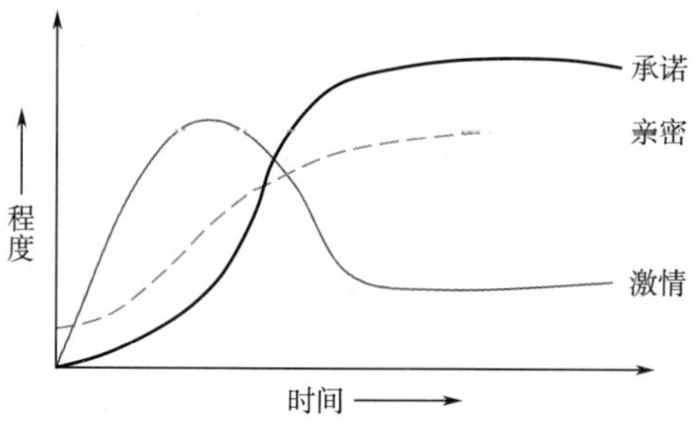

图 6-2　爱情成分理论

斯滕伯格根据爱情的这三个要素，将爱情进一步分为单元素爱情和双元素爱情这两种类型。

（一）单元素爱情

1. 亲情式爱情：只有亲密要素

经过了解，相处，产生一种亲密感。心理距离很近。愿意分享一些秘密，情绪（开心、激动、荣耀、痛苦、创伤）。没有激情，没有承诺，只有喜欢，亲近，可能长时间下去就会演变成好朋友。

2. 迷恋式爱情：只有激情要素

也许不需要了解和相处，不需要认识，也从未分享过秘密，但第一眼见到你就被你吸引，可爱？漂亮？帅气？深沉？有才艺？也可能是一段时间的观察，发现很多的闪光点。通常出现在“一见钟情”的这种状态里。

如果一段感情中，只有激情，但两个人的心理距离并不靠近，也没有承诺，爱情也许是昙花一现。激情总会燃烧殆尽，也不具有专一性。

3. 空洞式爱情：只有承诺要素

没有亲密感，没有激情。在许多政治婚姻，或长期关系恶化后，很容易出现只有承诺的空洞的爱。没有承诺，不能长久，只有承诺，爱很空洞。

（二）双元素爱情

1. 浪漫式爱情：亲密+激情要素

两个人互相喜欢欣赏，彼此吸引，喜欢一起相处的时光。在最初的阶段里，双方还没有用“爱”来表达两个人的关系，只是单纯享受着爱情的美好。

2. 伴侣式爱情：亲密+承诺要素

有亲密也有承诺，彼此的关系已经升华为亲情式的信任和依赖。如携手走过漫漫人生的银发夫妇，虽没有青春时的激情，却具有难以描述的感情深度，是不离不弃的伴侣。

3. 愚昧式爱情：激情+承诺要素

好莱坞电影中常见的剧情：情侣相识、很快订婚、很快结婚，可能很快又离婚。称其为愚蠢的原因是因为这种爱只以激情作为承诺的基础，缺乏亲密关系中的稳定因素。此种爱情很容易挫败，因为激情很容易消退，只剩下承诺。

（三）学习爱情三元论对我们的意义

1. 学习爱情三元论，了解自己的爱情是哪种类型或者让未来属于自己的爱情朝着完美之爱的方向发展。

2. 认识并接受爱情当中的不完美。

3. 在具体的问题上，寻找爱情不完美的原因，从而修正、改进自己的爱情关系。

单元二　高职学生的恋爱类型及特点

一、高职学生的恋爱类型

高职学生的恋爱类型，主要分为六类。

（一）浪漫型

这类学生的情感比较丰富，浪漫的爱情对他们有着强大的吸引力。更多时候，他们爱上的是爱情，而非对方。他们一旦陷入爱情，便会对其他人、事不管不顾，眼里只是花前月下的爱情和爱人，时时沉浸在二人世界中，远离集体生活，甚至荒废学业。

（二）游戏型

“今朝有酒今朝醉”就是这类学生对爱情的理解。他们在精神生活上都不太充实，常常感到孤独。尤其是周末，当室友都出去约会时，这种孤独感更会深刻。为弥补精神上的空虚，急于与异性交往，将爱情作为一种填充物来消费或游戏，用他们自己的话来说就是：“我其实不是真的在谈恋爱，生活太乏味了，也没有知己，找个人一起玩啊。”

（三）伴侣型

这类学生具备成熟的人格和较完全的情感，对爱情有正确的态度，能够正确地处理恋爱与学习、性爱与情爱等的关系，对于爱情的态度也很严谨。将爱情作为长期的学习和工作目标，既能促进双方的共同进步，也能在爱情中获得情感上的满足和精神上的愉悦。

（四）“找饭票”型

读大学的最终目的是就业，部分有“眼光”的同学就早早打起了未来的主意。在他们眼里，合适的恋爱对象就是通向未来美好生活的“敲门砖”，家庭条件较好的人就成了大家竞相追求的目标。尤其是到了大三时期，就业的压力促使本不十分互相爱慕的青年学生开始“黄昏恋”。这种爱情是理智的，却也是现实、功利的，也较容易引起周围人的议论。

（五）时尚攀比型

在某些高职学生眼里，谈恋爱只是一种时尚，是为了在别的同学面前显得不落伍或无能。一些女生为了证明自己的魅力，也在周围人的怂恿下匆匆谈起了“恋爱”，带有较大的随意性。

（六）网恋

在网络时代，网恋（男女双方通过现代社会先进的网络媒介进行交往并恋爱）已经变成一种新型的亲密关系形式。

为什么会有很多人进行网恋？它的本质在于网络的虚幻，这也是它的魅力所在，促使我们把网恋对象过于理想化，使我们无法对对方有客观的认识，因此“见光死”的概率很高。同学们请注意，网络只是交友的一个渠道，更深入的了解，还是要在现实生活中进行。

二、高职学生的恋爱特点

（一）重过程而轻结果

由于没有经济基础，高职学生的重要恋爱特点是只想谈恋爱，而不关注恋爱的结果，因为大多数人的恋爱动机是被爱而不是给予爱。一般而言，他们只能倾诉爱慕之情，交流对学习、目前生活的看法，而对以后的人生如结婚、建立家庭、生儿育女等较少或根本就未涉及。

（二）表达爱情的方式欠妥

爱情是美丽、纯洁的，内涵是神圣的，但现在大学食堂里却经常能见到情侣相互喂饭、在教室里搂搂抱抱，在校园里搂抱、接吻等现象，屡禁不止。因此，高职学生情感和爱的表达应该分清场合，做到理智而不疯狂，高尚而不低俗。尤其是恋爱过程中身体的接触更应慎重，男女同学在这一点上都应注意自尊、自爱。

（三）恋爱程度普遍化

高职学生的生理发展已经基本成熟，要求接近异性和意中人是很正常的心理需要。当前，在大学生里有一股“恋爱热”。调查情况表明，大学生中已谈恋爱的人数占总数的1/3左右，高年级学生高达50%~60%，而赞成谈恋爱的学生约占学生总数的95%。

（四）公开化

过去，大学生谈恋爱很讲究东方民族的含蓄和深沉，恋爱处于“地下活动”状态，常常鲜为人知，而现在大学生谈恋爱，不仅不怕别人知道，而且有故意让人知道的心态。只要你步入大学校园，便能目睹成双成对的青年情侣在公开场合卿卿我我，旁若无人。

拓展阅读

心理学家弗洛姆关于爱情的分类

爱是多样的，有强烈的爱，有畸形的爱，有持久的爱，有贪婪的爱，弗洛姆把爱分成了不成熟的爱和成熟的爱。

不成熟的爱往往表现为共生有机体，什么是共生有机体呢？共生有机体其实说的是母亲和胎儿的关系，母亲是胎儿的一切，母亲也因胎儿而升华。这种关系有什么不好呢？弗洛姆认为，这种乍看之下如胶似漆的关系是不健康的。共生有机体的两方，一个是消极的，一个是积极的。消极者是服从的一方，而对方是他的引导者、保护者，消极者要变成对方的一部分，才能消除孤独感，才能分享对方的伟大和威力，这样的人摆脱了孤独，但也不再独立；积极者是施加控制的一方，他要把对方吞噬掉，变成自己的一部分，从而摆脱孤独。这两种形态的人用我们熟悉的词来讲，一个是受虐狂，一个是施虐狂。这两种人其实没有本质的区别，施虐狂看似奴役、侵占受虐狂，但他也离不开受虐狂对他的崇拜，两种人其实都是一种人，都在结合的过程中失掉了自我的独立性和完整性。这种关系在我们身边比比皆是。

那什么是真正成熟的爱呢？从定义上说很简单，就是在保有自我的完整性和独立性的前提下，与另一人合二为一。两个生命既要合为一体，又要保持各自独立，这是很独特，也是很难得的现象。这么说很抽象，我们可以来描摹一下成熟的爱的一些特征。成熟的爱应该是积极的。积极意味着给予，而不是索取。给予并不是承受牺牲、享受苦难，而是在给的过程中体验自己的活力。除了给予，成熟的爱的特征还有关心、责任心、尊重和认识。总之，不要奴役，不要控制，要服务于人，要让你爱的人以自己的方式去发展、成长。

不成熟的爱是：“我爱你，因为我需要你。”

成熟的爱是：“我需要你，因为我爱你。”

单元三　爱的艺术——提升爱与被爱的能力

人人都渴望爱，却不一定会爱、懂爱。如何获得、识别爱情，并处理恋爱过程中的种种问题，对于高职学生的成长发展和人格构建、情绪体验能力至关重要，文明、健康的恋爱行为更是对其恋爱智商的考验。唯有美好、成熟、完善的恋爱心理，才能缔造出美丽的爱情，甜蜜的人生。

一、爱的把握和识别

高职学生是知识层次比较高的青年，但由于长期缺乏对应的恋爱和性教育，对恋爱和性知识缺乏系统的了解，容易陷入以下误区。

（一）分不清楚友情和爱情

电视剧《我爱男闺蜜》讲述的是事业女强人邂逅大龄“屌丝男”的故事。剧中，由黄磊饰演的婚介所资深情感专家方骏，在帮助女强人叶珊寻找对象的路上，像“男闺蜜”一样陪伴其左右。最终，友情升华为爱情，方骏抱得美人归。

现实生活中，也有很多人由朋友、“哥们儿”发展为恋人关系。有些高职学生分不清友情和爱情的关系和区别，以为有好感、对自己好，就是“爱”。一旦表白失败，连朋友都做不成。或者等发现所谓的“爱情”其实只是友情时，往往会给双方都带来伤害。

友谊和爱情像一对性格迥异的孪生姊妹，她们既相同，又不同。她们有时候很容易辨别，有时却难以区分。

（二）正确区分好感和爱情

好感是产生爱情的重要因素，但好感本身不等同于爱情。好感只是较浅层次的心理体验，可能仅仅是外表的吸引。爱情则是具有结构的深层次感情，不仅关乎外表、家庭背景，更关注个人气质、修养，心灵契合度等内涵。此外，爱情是以性爱为基础，好感却只停留在外在层次。

举例而言：具有挺拔、高大的体型，俊朗的外貌，富有磁性的声音，洒脱性格的男性可能会令你产生好感。但如果对方出口成“脏”、轻视女性或视爱情为玩物，你可能很难与他坠入情网。

二、理性对待爱情

爱源自人类根本性的孤独。在实践中我们要把成熟的爱作为学习目标，克服狭隘的、自私的共生有机体式的爱情模式。成熟的爱情是积极、给予、关心、尊重和认识，通常表现为：不过分痴情；不咄咄逼人，能够充分尊重对方；将爱情给予对方比起向对方索取爱情更使自己感到欢欣，并以对方的幸福为自己的满足；彼此个性独立。反之，太过痴情、一味地要求对方表露爱的情怀、缺乏体贴怜爱之心、对对方表现出强烈的占有欲。

（一）摆正爱情的位置

1. 摆正爱情在学习中的位置

作为大学生，应该首先明白一个重要道理：只要作为学生，学习任务都是第一位的。未来的事业、生活都是与今日的学习努力密不可分，更是保证爱情甜蜜美满和长久的重要基础。为了爱情而荒废学业甚至无法毕业的做法，不仅是愚蠢的，更可能断送爱情的前途。因为没有人会长久地爱一个一事无成的“爱情专业户”，哪怕是貌若潘安，或美赛貂蝉。

因此，应将学业期间的主要精力放在时间的首位，把大量的时间和精力放到学习上，将学习放在第一位，形成爱情和学习相互促进的良性循环。

2. 摆正爱情在人生中的位置

爱情在人生中占有重要地位，有的人甚至将爱情当作一生的事业来“经营”。的确，没有爱情的人生是不完美的，但爱情不是人生的根本宗旨，更不是人生的全部，只为爱情而活着的人生是苍白的。

人生的主宰应当是事业，只有伟大的事业对人生才具有决定意义。当爱情和人生中的其他重要事件相冲突时，应把握好分寸，明白此阶段的任务，权衡利弊后再做出决定，以免留下终身遗憾。

（二）树立健康的恋爱道德感

1. 为恋爱对象负责

没有感情的爱情是不道德的，没有责任感的爱情更是不负责任的。恋人相处，应以坚实的情感和志同道合、心灵契合为基础，时时刻刻为对方着想。那种草率选择，从众选择，同时物色多个对象进行筛选者，都属于择偶动机上缺乏道德感的人，他们是不可能获得真正的爱情的。

2. 恋人间保持忠贞、专一

一旦确立恋爱关系，就应珍惜这份感情，对彼此保持忠诚、坚贞和专一。在恋爱过程中，难免会出现矛盾、争吵甚至是重大危机，或者遭遇家庭等方面的压力和困难。如果经受不起考验，就难以保持爱情长久或获得真挚的情感。

三、正确处理恋爱困扰

“像雾像雨又像风”，这是很多人对爱情的描述。爱情之路不一定顺利，甚至可能遭遇很多问题。正确处理爱情中的问题，有助于构建健康、和谐的爱情观，为健康、完美人生加油。

（一）单恋

单恋也称单相思，是一方对另一方一厢情愿的爱慕和追求。当你向喜欢的人表白，对方拒绝了，但你仍然喜欢对方，这就是单恋。暗恋也是单恋的一种，只是没有表达出来而已，“爱在心头口难开”。

1. 单恋的原因

（1）爱上爱情 面对相貌姣好、身材高挑匀称的女性，正常的男性都会产生性冲动，更何况对爱情处于无限美好想象的高职男生。女生更是如此。一些韩剧更是无限激发了高职女生对爱情的想象。其实，很多人只是爱上了爱情的感觉，而非爱情里的那个人。

（2）自作多情 一个不经意的眼神、一句轻轻的问候，或者朋友间嘘寒问暖的短信，都可能使人自作多情地认为“被喜欢”。即使对方明确表示不喜欢自己，仍有可能继续纠缠不放，傻傻地追求。

（3）爱情幻想 每个少女都希望自己是白雪公主或灰姑娘，心仪的男生化身王子，驾着南瓜马车来给自己穿上水晶鞋，从此过上幸福的生活。一旦遇上容貌、外形、气质、才华与自己心目中的白马王子或白雪公主相类似的异性，便会情不自禁地爱上对方。如果没有引起对方的情感共鸣，很容易就会产生单恋。

2. 单恋的调节

爱情不一定是甜蜜的，单恋却很可能是苦涩的。单恋者如果因为得不到对方接纳而产生情感压力，身体里的负能量可能造成抑郁，严重者还可能产生更大的心理问题。

其实，“天涯何处无芳草，何必单恋一枝花？”既然对方不喜欢你，那你的所有情感、时间和精力付出都是徒劳的。从投入—产出角度来讲，单恋就是无效投资，既“赔了本”，还“赚不了吆喝”。

此外，可以适当转移注意力，将更多的精力放在学习和工作中，并从中获得成就感。一旦在其他领域取得成就，自信心必将得到增强，这样也更容易获得异性的青睐。如此一来，苦涩的单恋转化为情投意合的恋情也就容易多了。

另外，可积极寻求社会支持。情感上的被拒绝，单恋者的自卑和苦闷、压抑的缓解和转移，就需要朋友、老师、家人和心理服务机构的帮助和支持。安慰、鼓励和因势利导的开解，都能在一定程度上帮助单恋者走出情感认知误区，纾解单恋的痛苦心境。

（二）多角恋

多角恋俗称“劈腿”，是指三人及以上相恋，纠缠不清。“一个和尚挑水喝，两个和尚抬水喝，三个和尚没水喝。”在情感领域，“挑水原理”完全适用。爱情是自私的，更是具有强烈的排他性，多角恋恰恰违背了这一爱情原理。

1. 多角恋是不负责任的表现

外形条件较好的同学，很容易引起异性的好感和青睐。面临众多的追求者，一时难以选择和决定，就可能陷入多角恋。不管出于哪种原因，多角恋都是对情感的不负责任，更是对恋爱对象和自己的不负责任，是道德品行问题。一旦“东窗事发”或面临结婚等重大问题，无论选择谁，都是一种伤害。

2. 多角恋是危险的

无论你的“表演”多么到位，事情总有败露的一天。因此，无论是哪种多角恋，都是一个定时炸弹，而且“威力”不可小觑。多角恋不仅会对各方造成情感上的伤害，带来痛苦，还可能使当事人对感情产生不信任的态度，影响以后的恋爱和婚姻生活。如果你正处在一段多角恋的漩涡里，请记住：三角形虽是最稳定的结构，情感里的“三角”关系却是最危险的。

（三）失恋

恋情停止，恋人关系结束，就是失恋。电影《失恋 33 天》是一个励志的故事：女主角黄小仙遭遇男友“劈腿”和“闺蜜”背叛的双重打击。在同事王小贱的帮助下，黄小仙成功反击前男友，并最终收获王小贱的爱情。

恋情的开始和结束都是可能发生的情感状态，有的高职学生却“想不开”，甚至长期沉浸在失恋的痛苦中。正如郭沫若《女神・湘累》里的描绘：“他来诱我上天，登到半途，又把梯子给我抽了。他来诱我去结识些美人，可他时常使我失恋。我所以一刻也不敢闭眼，我翻来覆去，又感觉着无限的孤独之苦。”

面对失恋，我们不能消极应对。

1. 失恋不失志

首先，接受失恋这个事实。既然恋情结束了，说明这段恋情对于双方来讲都是不合适的，即使再勉强维持，也不过是白白浪费大家的时间而已。即使你是“被甩”的一方，也不必气馁。一段恋情的结束，必将伴随着下一段恋情的开始。

再次，不要让失恋“毁”了自己。整天郁郁寡欢，哭哭啼啼，或者绝食，拒绝出门，形象邋遢，都可能出现在失恋者的身上。如果这样的状态一直持续下去，你失去的将不仅仅是爱情，还有再次开始恋情的机会。林黛玉的哭相是美丽的，但没人会愿意面对整天都哭哭啼啼的“林妹妹”的。

2. 努力摆脱失恋阴影

（1）最好不相见　以前经常约会的地点，如图书馆、电影院、自习室等，尽量少去或不去，才能减少对前任的想念。如果是同班同学，无法避免见面，那就尽量离得远一些。

（2）忘掉过去　想忘记一段长久或深刻的感情，不是一件容易的事情。敏感的人即使分手了，也会清楚记得每一次“纪念日”，甚至做傻事，企图引起对方的注意，重新开始恋情。这些都是徒劳的，不仅不会得到对方的愧疚和好感，还可能造成对你的蔑视和嘲笑。

（3）扔掉相关物品　睹物思人，看不见了就会慢慢地“脱敏”、忘掉，这是心理学上常见的方法。删掉以前的甜蜜短信，对方送的各种物品也收起来或送人吧。

（4）积极参加活动　社会交往有助于你摆脱困境。美丽的户外风光，可以使你心情舒畅，调节情绪。认识的一些新朋友也有助于你转移自己的注意力。总之趁还有自由时光，多给自己一些交朋友的机会吧，感情总是要继续的，也许下一个恋爱对象就在活动中认识。

（5）不要追看对方动态　对方的QQ空间、微信、微博，请尽量远离吧。继续翻看对方的更新状态，了解对方的近况，不仅不能使自己的坏心情得到释放，还可能加重心理负担。尽量让自己接触新的信息圈子，避免陷入循环怪圈。

（6）提升自信度　请记住，失恋并不可怕，甚至可能成功“逆袭”。这时你可以做一些你拿手的工作，这样可尽快地帮助你恢复自信，找到自我的价值。爱自己多一点，想做什么就去做吧，其实单身就是多了一些选择和自由。

四、理性看待性问题

我国著名的大教育家孔子说过：“饮食男女，人之大欲存焉”。可见性是人类的一种本能欲求。

一项在全国不同类型的大学中进行的2000例样本的调查发现，高职学生的性心理状况突出：渴望与异性交往，不能正确认识性梦与性梦中的亲密行为，性冲动、性行为呈上升趋势。可见，对高职学生的性教育迫在眉睫。

案例分享

邮件咨询：我是大二的女生，最近我谈恋爱了，我和他在一起非常快乐，我们都认为终于找到了自己的终身伴侣。可是上周末他希望我与他到外面旅馆去过夜，我没有同意，因此他很不高兴，说我并不是真心爱他。为此，几天来我们闹得非常不愉快。我真不明白，难道爱他就一定要与他……他这样是真的爱我吗？爱到底是什么呢？

是啊，到底爱是什么呢？感情、性……

（一）性欲和性冲动

性欲，指对性的渴望。一般科学家认为，对大多数动物而言，性欲只存在于发情期时，而动物的发情期通常都是季节性的（例如春天）。对于人类而言，性欲也是一种本能欲望，没有发情期的概念，也就是说人类在任何时候都可能“发情”。如果不学会控制自己的性欲，就会导致性犯罪的行为。一些高职学生有了性的欲望与冲动后，便觉得自己可耻、下流，引起心理的过分焦虑和紧张，这是完全没有必要的。

拓展阅读

有人通过恋爱的心理调查发现，女青年最不喜欢那种在恋爱阶段不庄重、动手动脚的男性，更讨厌那种“先斩后奏”的男青年，认为这是对女性人格的侮辱。同样地，绝大多数男青年，也不愿同那些不顾廉耻、不自重的姑娘交往。

因此，高职学生应正确对待性冲动，以免留下终生难忘的遗憾。首先，应该认识到，性欲和性冲动是一种正常的心理和生理现象，是可以通过意志来控制和缓解的，不必觉得不能接受。但性是一个严肃的话题，最好在具备一定条件（如结婚后）再进行。其次，处于热恋中的你，更应该处理好交往的分寸和距离。恋人间的亲密要有分寸，避开过久的单独相处，不在时间和空间上给性行为造成机会。男女学生越能把握自己的情感，越能消除对异性的神秘和好奇感，避免过分敏感。

（二）婚前性行为

婚前性行为，是指没有配偶的男女之间在未履行结婚登记手续的情况下发生的两性关系。在我国，没有相关法律禁止婚前性行为。

然而，婚前性行为只是看起来很美好，虽然很多人是以“试婚”为目的，结果往往不令人满意。对于男性，婚前性行为的负面影响很有限，充其量是经济和时间上的损失。对于女性而言，则可能是一场噩梦。如果将来重新恋爱、结婚，其负面影响可能是终身的。

1. 带来极大的心理压力

婚前性行为的发生，少数是由女性提出的，更多情况是男性要求，或者女性为了迎合男友或经不起诱惑而发生的。一旦发生性行为，可能会给女性带来极大的心理压力。如果恋情不顺，婚前性行为将会给将来的恋情或婚姻蒙上阴影，轻则感情受挫，婚姻生活多摩擦，重则婚姻破裂。

2. 可能造成身体伤害

婚前性行为对身体的最大意外和伤害，就是感染妇科疾病和怀孕。对于正处在求学期间的高职学生而言，人工流产是最大的可能，其对身体的危害是很大的。

3. 不利于重新选择

由于受传统观念的影响，社会提倡情感上的“从一而终”，尤其是对已经发生了婚前性行为的青年男女而言。一层处女膜的丢失，可能就是女性对于男友情感上的终身追随和依附。即使因为种种原因选择分手，也很难在新的恋情里建立自信，甚至觉得自卑，对不起现在的男友或丈夫。

因此，在面临婚前性行为这个选择时，女生一定要思考好，做到自尊自爱。不要为了挽留对方而“奉献”自己，更不要拿性来挽救已经不存在的感情。

五、积极培养爱的能力

爱是一种能力，更是一门艺术。这听上去好像不算什么高论，但是在实际生活中，人们往往会忽略这一点。人们普遍认为，爱是一个对象的问题，而不是能力的问题，爱本身很简单，难的是找到一个爱你的或者你爱的对象，一旦找到，就万事大吉，水到渠成！这是完全错误的，但是这个错误却伴随着社会越来越开明，而越来越加深。爱情是甜蜜的、美好的，生活中人们追求爱情、赞美爱情、渴望爱情，然而要获得爱情首先必须具备爱的能力，而爱的能力又必须经过培养才能获得。

（一）培养识别爱的能力

对于渴望爱情的高职大学生来说，学会识别爱的真伪，是迎接爱情的必要准备。首先，好感不是爱情。好感是一种知觉性的，因而比较浅表的感情。尽管爱情有时也是知觉的，例如一见钟情，但它如闪电般直击心灵。好感可能发展为爱情，但也不一定会发展成爱情。

（二）培养表达爱的能力

一个人心中有了爱，在理智分析之后，要敢于表达、善于表达，以免错过良机。不过一定做好被拒绝的心理准备。在恋爱过程中，男女双方的相互施爱是感情发展的推动力。有的高职大学生在恋爱中有爱心但表达笨拙，常遭恋人抱怨，性格内向、不善言辞的男生常常如此。因此，恋爱中的男女同学相互施爱要真诚、大方、适度、得体以及相互理解。

（三）培养发展爱的能力

追求和保持美好的爱情是人人的心愿，然而怎样才能给爱情“保鲜”呢？这就需要具有发展爱的能力。如何培养发展爱的能力呢？在爱情的发展过程中，双方要有意识地培养自己的人格魅力，要不断地丰富自己，增强相互的吸引力。

课外拓展

一、书籍推荐

很多人的爱情启蒙，都是从读小说开始的。小说里每个人物对爱情的理解不一样，希望在爱情里得到的东西也不一样。对于小说里的人，我们很难简单地评断谁的选择更好，但他们的故事至少能让我们思考，在爱情中，自己最看重的东西是什么。

1.《包法利夫人》

在很小的时候，包法利夫人就读了非常多的爱情小说。书中对浪漫爱情的描写如同光晕，照亮了小镇少女的梦。但是走进婚姻之后，她原以为会伴随婚姻而来的幸福并未降临。这一点让她非常困惑，那些在书本上读到的欢愉、激情、陶醉究竟在哪？为了打破平淡，包法利夫人选择出轨。这一次，她会得到轰轰烈烈的爱情吗？

2.《乱世佳人》

在斯嘉丽的一生中，遇到了好几个男人。虽然曾经走入婚姻，但兜兜转转，她并没有找到与自己相配的爱人，直到她遇见了巴特勒。巴特勒跟她并不门当户对，两个人的交往过程也若即若离。但正是由于巴特勒对斯佳丽在价值观上潜移默化的影响，才造就了战后那个追求实现自我价值、女性意识凸显的女强人。这两人身上有太多的共同点，他们都是能够在乱世中生存和发展的强者。所以，坚持下去，你终究会遇到属于自己的爱人。

二、影片推荐

BBC 纪录片《两性奥秘》，探索男女间的秘密。

三、爱情类型量表

指导语：这些项目是请你描述在爱情中的感受。请就你个人真实的感受与经验来填答。如果你现在有男（女）朋友，请以现状作答；如果你曾经有男（女）朋友，请以最近的一位作答；若你还未曾有男（女）朋友，请你用想象的方式作答，最后将自己的爱情类型标出。

对每个项目，请选择①到⑤之间的数字来表示你在多大程度上同意或者不同意该陈述。①非常不同意；②中度不同意；③中立；④中度同意；⑤非常同意。

1. 我和我男（女）朋友是一见钟情。

①非常不同意　②中度不同意　③中立　④中度同意　⑤非常同意

2. 我和我男（女）朋友之间有心动的感觉。

①非常不同意　②中度不同意　③中立　④中度同意　⑤非常同意

3. 我们的情爱热烈而令人满意。

①非常不同意　②中度不同意　③中立　④中度同意　⑤非常同意

4. 我觉得我和男（女）朋友是天造地设的一对。

①非常不同意　②中度不同意　③中立　④中度同意　⑤非常同意

5. 我和我男（女）朋友在感情上能很快融到一起。

①非常不同意　②中度不同意　③中立　④中度同意　⑤非常同意

6. 我和我的男（女）朋友能真正地互相了解。

①非常不同意　②中度不同意　③中立　④中度同意　⑤非常同意

7. 我的男（女）朋友符合我理想中的英俊/美丽的标准。

①非常不同意　②中度不同意　③中立　④中度同意　⑤非常同意

8. 我会在对对方承诺时保持一点儿不确定。

①非常不同意　②中度不同意　③中立　④中度同意　⑤非常同意

9. 我相信我过去的事情不会伤害他/她。

①非常不同意　②中度不同意　③中立　④中度同意　⑤非常同意

10. 有时我会试图阻止我的男（女）朋友找其他的伴侣。

①非常不同意　②中度不同意　③中立　④中度同意　⑤非常同意

11. 如果我和男（女）朋友分手，我可以很快忘掉这段爱情。

①非常不同意　②中度不同意　③中立　④中度同意　⑤非常同意

12. 我的男（女）朋友知道我和别人的一些事情会很难过。

①非常不同意　②中度不同意　③中立　④中度同意　⑤非常同意

13. 如果我的男（女）朋友太依赖我时，我会和他（她）保持一点儿距离。

①非常不同意　②中度不同意　③中立　④中度同意　⑤非常同意

14. 我喜欢与我的男（女）朋友以及其他一些人玩“爱情游戏”。

①非常不同意　②中度不同意　③中立　④中度同意　⑤非常同意

15. 我很难说出自己和他（她）的感情是何时从友情变成爱情的。

①非常不同意　②中度不同意　③中立　④中度同意　⑤非常同意

16. 我们的爱情先需要一段时间的相互关怀。

①非常不同意　②中度不同意　③中立　④中度同意　⑤非常同意

17. 我希望与对方永为朋友。

①非常不同意　②中度不同意　③中立　④中度同意　⑤非常同意

18. 我们的爱情是最佳类型，因为是经由长久友情发展起来的。

①非常不同意　②中度不同意　③中立　④中度同意　⑤非常同意

19. 随着时间推移，我们的友情渐渐与爱融为一体。

①非常不同意　②中度不同意　③中立　④中度同意　⑤非常同意

20. 我们的爱情是真正深刻的友谊，而不是神秘奥妙的情感。

①非常不同意　②中度不同意　③中立　④中度同意　⑤非常同意

21. 我们的爱情极为令人满意，因为它是从良好的友谊发展起来的。

①非常不同意　②中度不同意　③中立　④中度同意　⑤非常同意

22. 许诺之前，我会考虑我的另一半未来会成为怎样的人。

①非常不同意　②中度不同意　③中立　④中度同意　⑤非常同意

23. 在选择男（女）朋友之前，我会先仔细计划我的生活。

①非常不同意　②中度不同意　③中立　④中度同意　⑤非常同意

24. 我相信择偶最好“门当户对”。

①非常不同意　②中度不同意　③中立　④中度同意　⑤非常同意

25. 对我家人会有什么影响是我择偶的一个很重要的考虑因素。

①非常不同意　②中度不同意　③中立　④中度同意　⑤非常同意

26. 择偶的一个重要因素是对方是否会成为好的父（母）亲。

①非常不同意　②中度不同意　③中立　④中度同意　⑤非常同意

27. 择偶的一个重要因素是对方对我职业生涯的影响。

①非常不同意　②中度不同意　③中立　④中度同意　⑤非常同意

28. 在认定他（她）为另一半之前，我会考虑我们是否能生出健康的小孩。

①非常不同意　②中度不同意　③中立　④中度同意　⑤非常同意

29. 当我与他（她）之间发生问题时，我会寝食难安。

①非常不同意　②中度不同意　③中立　④中度同意　⑤非常同意

30. 假如我和我的男（女）朋友分手，我会很低沉，甚至想到轻生。

①非常不同意　②中度不同意　③中立　④中度同意　⑤非常同意

31. 有时候，我会因为恋爱而兴奋失眠。

①非常不同意　②中度不同意　③中立　④中度同意　⑤非常同意

32. 当男（女）朋友不关心我时，我会感觉全身不适。

①非常不同意　②中度不同意　③中立　④中度同意　⑤非常同意

33. 从我爱上他（她）后，很难在其他事情上集中注意力。

①非常不同意　②中度不同意　③中立　④中度同意　⑤非常同意

34. 当我怀疑他（她）和别人在一起时，我会不舒服。

①非常不同意　②中度不同意　③中立　④中度同意　⑤非常同意

35. 假如他（她）有一阵子忽视我，我有时会做出一些傻事来吸引他（她）的注意。

①非常不同意　②中度不同意　③中立　④中度同意　⑤非常同意

36. 无论何时他（她）遭遇困难，我都一定会帮他（她）渡过难关。

①非常不同意　②中度不同意　③中立　④中度同意　⑤非常同意

37. 我宁愿自己受苦，也不让我的男（女）朋友难过。

①非常不同意　②中度不同意　③中立　④中度同意　⑤非常同意

38. 我的男（女）朋友快乐时，我才会快乐。

①非常不同意　②中度不同意　③中立　④中度同意　⑤非常同意

39. 我一般会牺牲自己的愿望而让男（女）朋友的愿望得以实现。

①非常不同意　②中度不同意　③中立　④中度同意　⑤非常同意

40. 我有的一切东西，我男（女）朋友都可以随时取用。

①非常不同意　②中度不同意　③中立　④中度同意　⑤非常同意

41. 即使我的男（女）朋友生我的气，我也全心且无条件地爱着他（她）。

①非常不同意　②中度不同意　③中立　④中度同意　⑤非常同意

42. 我宁愿为了我的男（女）朋友忍受一切。

①非常不同意　②中度不同意　③中立　④中度同意　⑤非常同意

说明：加拿大社会学家约翰·李将男女之间的爱情分成六种不同的爱情

类型：情欲之爱、游戏之爱、友情之爱、现实之爱、激情之爱和奉献之爱。这些爱情类型，主要是基于人们在爱情中的不同表现。

（1）情欲之爱　也是浪漫之爱。一见钟情式的爱情较容易发生在这种类型之中。情欲之爱者非常注重外表的吸引力，能很快进入爱情。

（2）游戏之爱　这种爱情类型的人，从来不会把爱情当作严肃的事情。他们将爱情视为一场游戏，视自己为这场爱情游戏的高手。虽然他们并不想给别人造成这种伤害，但事实上却往往如此。

（3）友情之爱　这是一种缓慢发展的爱情，恋爱关系是从友情中慢慢演变而来。相似性在情侣间极为重要。

（4）现实之爱　这是十分讲究实际的爱情类型。他们会站在现实的角度上，选择最符合条件的情人。这些条件包括家世、学历、能力、未来成就等。

（5）激情之爱　对情人有强烈的依赖感和占有欲。他们的情绪常呈现两极化，总为恋爱对方的喜怒哀乐而牵动着。

（6）奉献之爱　这是一种无私、给予的爱情类型。这种恋爱者视付出爱情为理所当然，永远把对方的快乐、幸福放在自己前面，希望爱人一切都好而不求回报。

计分方法：

选①非常不同意=1分；②中度不同意=2分；③中立=3分；④中度同意=4分；⑤非常同意=5分。将每个爱情类型上所有项目的得分相加，即为相应爱情类型的得分。情欲之爱：项目1~7；游戏之爱：项目8~14；友情之爱：项目15~21；现实之爱：项目22~28；激情之爱：项目29~35；奉献之爱：项目36~42。

结果解释：

你在每个爱情类型上的总得分在7分到35分之间。得分最高的爱情类型反映了你对爱情的态度；而得分最低的爱情类型则不能反映你对爱情的态度。

情境七 逆风飞翔
——高职学生的挫折应对

本情境要点：

1. 挫折、挫折情境及影响。
2. 挫折分类及常见挫折。
3. 高职学生挫折应对。

典型案例

王某，女，父辈文化水平低，一直靠种地为生，家庭经济条件一般，父母希望她能努力读书，走出农村，光耀门楣。而她高考时分数只上了专科线，想复读又怕增加父母的经济负担，便被迫选择读高职。她的愿望是在学校里好好学习，希望学门技术以后能找份工作养家。在正式入学之前，她对大学充满了各种憧憬，但入学之后，才发现学校的自然环境不够优美，硬件设施不够齐全，宿舍条件较差，早上要做早操，有时候晚上还有课，毕业条件要求也并不低，想象与现实之间的差距让她的内心产生了很大的落差。刚到学校时，发现当地的气候较湿热，饮食习惯与家乡有很大不同，于是出现了水土不服的现象，严重时还腹泻，有些后悔来到这个城市上大学。

王某很想获得优异的成绩，想拿奖学金，又听别人说要想以后找到一份好工作，在大学里就要进入学生会或者当班团干部，所以刚上大学时她给自己定的目标就是拿奖学金、做学生会主席。但是，大学课程的教学方式和考试方式跟高中存在很大的不同，需要学生课后自主学习，王某的学习方式、学习能力欠佳，再加之学习习惯较差，下课不主动学习，考试时有一些科目不及格，自己也没有当选为学生会主席，只当选为一名干事，这让王某非常受挫。有时候，王某既想把学习搞好，又想把学生会的事情做好，这让王某感到纠结与痛苦，甚至会感到分身乏术、力不从心。

来到大学后，宿舍的很多女同学开始学化妆，并穿漂亮的衣服打扮自己，看到别人这样时，自己也很想跟她们一样，于是在网上买了很多衣服，但是家里经济状况一般，生活费一般是固定的，每个月月初父母打来生活费以后，王某就会立刻在网上买之前已经看好的那些衣服，所以每到中下旬时，她就没有了生活费，只能向宿舍的室友借。而下个月父母打来生活费，还完室友的钱以后，自己又觉得钱不够用。大二时，与同班级的一名男同学产生了感情，开始恋爱，刚开始两个人感情较好，但后来两人常常吵架，最后这名男同学提出了分手，王某备受打击，很难从失恋的阴影中走出来。由于在恋爱的时候，自己更多是与男友在一起，与室友的交往不如以前那样密切，王某认为室友不能够理解自己失恋的痛苦，感到孤独无助，觉得室友不想听自己诉苦，认为她们是在故意疏远自己，自己感到没有朋友，觉得自己一无是处，性格变得越来越孤僻，不愿意也不敢与他人交往。

王某很想要完成学业、顺利毕业，想到自己还有一些科目考试不及格，需要重修，她发现自己烦躁不安，看到或听到同学讨论有关考试的问题就紧张、难过，甚至出现头脑空白，出现入睡困难，睡眠质量也越来越差。临近期末考试，害怕、焦虑的情绪更为严重，上课注意力不能集中，根本不知道老师在讲什么。

单元一　认识挫折

一、挫折的含义

挫折是一个人在达到某种目标或满足某种需要的活动过程中，由于受到妨碍或干扰，致使目标不能实现或需要无法满足时所产生的情绪体验。挫折的产生有挫折情境、挫折认知、挫折反应三个要素。

挫折情境是指妨碍人们某种目标达成或某种需要获得满足时的情况，如竞选学生干部失败、失恋、考试不及格、比赛未取得理想名次、亲人分离等。构成挫折情境的可能是各种自然、社会环境，也可能是人或物。

挫折认知是指人们对挫折情境的认识、态度和评价，这是挫折产生和对待挫折的关键，一种挫折情境能否成为个体主观感受上的挫折，很大程度上取决于其对挫折的认识、态度和评价。例如，一个班级在大二时更换了辅导员，这个情境产生时，有的同学不在意，觉得谁当辅导员都一样，便不会感受到挫折；有的同学刚开始感觉有点不爽，但认为对自己的学习、生活不会有严重影响，也不会产生挫折反应，或者只产生轻微的挫折反应；而有的同学可能觉得事情很糟糕，觉得自己和老师好不容易建立起来的师生情谊受到了破坏，这时就容易出现挫折反应。所以，只有当挫折情境被主体所感知时，才会在个体心理上产生挫折反应。

挫折反应伴随着挫折认知，并受其调控。是指当自己的需要不能满足时产生的情绪体验和行为反应，如焦虑、紧张、愤怒、躲避或攻击等。挫折反应因人而异，个体受挫与否，是由当事人对自己的动机、目标与结果之间关系的认识、评价和感受来判断的。相同挫折的情境和事件对某个人构成挫折，对另一人不一定构成挫折，这是因为个体感受有差异。正如法国小说家巴尔扎克所说："苦难对于天才来说是一块垫脚石，对于能干的人是一笔财富，而对于弱者是一个万丈深渊。"

二、引发挫折的情境

挫折的产生首先要有挫折情境的出现，这种情境包括外部情境和个体内部情境两大类。

（一）外部情境

1. 自然情境

由于自然或物理环境的限制，使个体的需要不能获得满足或目标受阻，如不可控的自然灾害破坏我们赖以生存的环境，甚至造成与生活直接相关的经济、情感损失；同样，任何人都不能实现长生不老、返老还童的愿望，都难免遭到生离死别的境况，这些都是形成挫折的不可逆的自然情境。在典型案例中，学校的环境、条件等是引起王某内心挫折感的自然情境。

2. 社会情境

人在社会生活中所受到的人为因素的限制，包括民族习惯、社会风尚、文化教育、父母期望和学校的规章制度及毕业条件等。如学习的课程与兴趣间的矛盾；家长和老师教育方法的不当等。在典型案例中，王某父母对她的期望、学校的规章制度及毕业的条件要求是引起王某内心挫折感的社会情境。

（二）内部情境

1. 生理缺陷

身体健康是个体身心健康的基石。通常情况下，体弱多病的人比发育正常的人更容易感受到挫折。如果个体身体某部分有残缺，更易产生挫折。例如有一女生因舌头动了手术，说话总是慢吞吞，而且不清楚，长期下来，思维和行动都较身边的同学慢一个节奏，有时就会有疏离感，常抱怨自己。

2. 个体需要

高职学生生理上基本成熟，人生观、价值观也基本形成，个性也开始趋于稳定，但在经济上还必须依赖父母。同样，由于他们在老师眼里还是学生，在父母眼里还是孩子，还属于被保护者、被控制者、被约束者，他们的意见也常常不能被家庭和社会重视，这使得他们没有机会在成人的世界中展现自我，这种独立需要不能满足，必然会使他们产生挫折感。在典型案例中，王某需要更多的生活费来购买漂亮衣服，但是在经济上又不得不依赖父母，内心的需要不能够得到很好的满足是引起她挫折感的内部情境。

3. 抱负水平

对于高职学生来讲，因高考失利或中学阶段成绩不理想选择了专科学校，在文凭上处于劣势，因此他们更想抓住大学这个全新的人生阶段，重整旗鼓，努力拼搏一番。因此在给自己设定目标时，往往从主观愿望出发，常常对自己提出不切实际的要求，制定过高的甚至无法达到的目标和计划。一旦这些目标和计划因为能力不及无法实现，而自己又不能清楚地认识到这一点，就会产生强烈的挫折感。在典型案例中，王某刚上大学时给自己定的目标就是拿奖学金、做学生会主席，抱负较高，自己的目标无法达到时就会产生较强的挫折感。

4. 动机冲突

动机冲突在每个人的生活中是经常出现的，也是高职学生的重要挫折源，丰富多彩的学生生活和社会转型期带来的大好机遇，在为他们全面发展提供了有利条件和广阔天地的同时，也给他们带来了选择的冲突，如在专业定向方面、社会交往方面、恋爱方面、择业方面的取舍问题。当若干个选择同时存在、难以取舍时，就会形成动机冲突。动机冲突和挫折的区别为：动机冲突必须有两个或两个以上互相排斥的动机，而挫折可以只有一个动机；动机冲突往往发生在动机已经形成，但还未见付诸行动时，而挫折则常常发生在为达到目标而采取行动的过程之中或过程之后。在典型案例中，王某既想把学习搞好，又想把学生会的事情做好，这种动机冲突引起了她内心的纠结与痛苦。

拓展阅读

动机冲突

动机冲突又称心理冲突，是指一个人在某种活动中，同时存在着一个或数个所欲求的目标，或存在两个或两个以上互相排斥的动机，当处于相互矛盾的状态时，个体难以决定取舍，表现为行动上的犹豫不决，这种相互冲击的心理状态，称为动机冲突，它是造成挫折和心理应激的一个重要原因。在现实生活中，如果对动机冲突不能很好地处理，就会产生强烈的消极情绪，使人陷入困惑和苦闷之中，甚至颓废和绝望，无力自拔。动机冲突的基本类型如下。

1. 双趋冲突

双趋冲突指两种对个体都具有吸引力的目标同时出现，形成强度相同的两个动机。由于条件限制，只能选其中的一个目标，此时个体往往会表现出难以取舍的矛盾心理，这就是双趋冲突。“鱼与熊掌不可兼得”就是双趋冲突的真实写照。

2. 双避冲突

双避冲突指两种对个体都具有威胁性的目标同时出现，使个体对这两个目标均产生逃避动机，但由于条件和环境的限制，也只能选择其中的一个目标，这种选择时的心理冲突称之为双避冲突。“前遇大河，后有追兵”正是这种处境的表现。

3. 趋避冲突

趋避冲突指某一事物对个体具有利与弊的双重意义时，会使人产生两种动机态度：一方面好而趋之；另一方面则恶而远之。所谓“想吃鱼又怕鱼刺”“想吃巧克力又怕发胖”就是这种冲突的表现。

4. 多重趋避冲突

在实际生活中，趋避冲突常常表现出一种更复杂的形式，即人们面对两个或两个以上的目标，而每个目标又分别具有吸引和排斥两方面的作用。人们无法简单地选择一个目标，而回避或拒绝另一个目标，必须进行多重的选择。

三、挫折的影响

受挫使学生处在应激状态下，感情易冲动，自控能力较差，不能正确评价自己的行为及其后果，就会带来消极影响。但适度的挫折也具有积极影响，它是一种挑战和考验，可以帮助人们驱走惰性，促使人奋进。英国哲学家培根曾说过：“超越自然的奇迹多是在对逆境的征服中出现的。”

（一）积极影响

1. 激发个体潜能

人的潜能是无限的，这些潜能就像火山一样，有着无穷的力量，在我们身上或沉睡或暗流涌动，一旦有合适的外部刺激，某种相关联的潜能就被唤醒或激活。对于学生而言，当其遭受挫折时，便容易激发其潜能，越不容易找到答案，就越能激发其探索精神，从而进行探究性学习，切实掌握知识。

2. 帮助个体成长

人的成长过程实际也是一个适应社会要求的过程，而适应社会就要学会调整自己的动机、追求和行为。一个人刚出生时，根本不知道什么是对，什么是错，只有在后天的模仿、纠正、练习下才习得得当的行为举止。在这个习得过程中可能经过了无数次的鼓励、制止、允许、反对、奖励、处罚、引导、劝说，甚至体罚与限制，正是在这一次一次的挫折中我们不断地成长，不断地和社会相处融洽，学会了在不同环境、不同时间、不同对象、不同规范条件下调整自己的行为。

3. 增强人的意志力

现在的学生多为独生子女，长期生活在舒适的环境中，从小学到大学衣食无忧，享受着父母的庇护，对各种困难体验都不深，缺乏忍耐力，没有坚强的意志，一旦遇到挫折就容易被击垮。实际上，生活中许多轻度挫折，是意志力的训练场，当你大汗淋漓地“跑完全程”，克服了生活的挫折，就会获得愉快的体验。心理学家把轻度的挫折比作“精神补品”，因为每战胜一次挫折，都强化了自身的力量，为下一次应付挫折提供了“精神力量”。

（二）消极影响

1. 阻碍思维活动

高职学生遭受挫折后，容易出现情绪的波动和行为的偏差。如果持续遭受挫折，则可能导致神经系统的紊乱，从而降低思维创造力。在典型案例中，王某出现头脑空白，注意力不能集中，根本不知道老师在讲什么，说明挫折感阻碍了她的思维活动。

2. 降低学习效率

对高职学生而言，如果学习能力相对较弱或学习方法欠佳，积极的情绪对学习显得尤为重要。学生遭遇挫折后，自信心降低，情绪状态长期处于焦虑不安之中，使原有的思维能力受到影响，从而会极大地降低学习效率。在典型案例中，临近期末考试时，王某害怕、焦虑的情绪更为严重，上课注意力不能集中，根本不知道老师在讲什么，说明挫折感降低了她的学习效率。

3. 损害身心健康

在经历重大挫折时，会产生焦虑、烦躁、恐惧、愤怒等不良情绪反应或粗暴的消极对抗行为，如果负面情绪或行为持续时间过长或强度过大，可能会出现攻击行为，从而造成严重损失；还会影响个人的身心健康，可能出现心因性疾病，如溃疡、神经性皮炎等。在典型案例中，王某发现自己烦躁不安，入睡困难，睡眠质量也越来越差，说明挫折感对她的身心健康有所损害。

4. 导致个性改变

当学生遭到重大挫折或持续挫折而又无法做出相应的调整时，就会出现性格改变的现象。比如一位对生活充满憧憬、热情开朗的学生，屡次的学习与工作冲突或工作得不到相应的认可，使其个性产生变化，他可能由外向热情变成了封闭沉闷。在典型案例中，王某从最开始对大学有所憧憬，到最后性格变得越来越孤僻，不愿意、不敢与他人交往，说明她的个性发生了改变。

单元二　挫折分类及常见挫折

高职学生处在人生发展的关键时期，一方面他们精力充沛，思想活跃，自我意识强，发展欲望高，需求广泛；另一方面他们人格发展尚不够成熟，社会阅历浅，挫折经验不足，又面临一个充满竞争的环境，遇到挫折是必然的，甚至遭遇挫折的频率相对还会更高一些。

一、挫折的分类

挫折从不同角度有着不同的分类。有的学者将其分为需求挫折、行动挫折、目标挫折。需求挫折主要指内在需求得不到满足所带来的心理挫折感；行为挫折则指工作、交往等行动失败而造成的挫折感受；目标挫折与需求挫折相类似，如考试达不到预期的分数，或者是工作上得不到预期的职位，或者买不起喜欢的东西等，都属于目标挫折。在研究青少年挫折时，人们习惯于把挫折分为缺乏性挫折、损失性挫折和阻碍性挫折三大类。

（一）缺乏性挫折

当人们不具有自己认为非常重要的东西时所体验到的一种挫折感受，如生理条件缺乏、经济缺乏、能力缺乏、经验缺乏、感情缺乏等带来的挫折感受都属于缺乏性挫折。高职学生由于“缺乏高文凭”而产生的就业焦虑就是缺乏性挫折。在典型案例中，王某在经济上的缺乏、学习能力上的缺乏等带来的挫折感都属于缺乏性挫折。

（二）损失性挫折

原本可以得到满足的需要，但由于外部条件的突然变化而不能得到满足所引起的挫折，如失恋、离异、亲人去世等，都是严重的损失性挫折。如一个在中学阶段的优等生，进入大学后，可能成为中等生，甚至差生。原来得到满足的自尊需要，一下子中断不能满足，会产生烦恼、紧张等心理。在典型案例中，失恋对于王某来说，是一种严重的损失性挫折。

（三）阻碍性挫折

那些在人们的需求和目标之间出现阻碍或障碍时给人们带来的心理挫折。这种阻碍可能是客观的或物质性的，可能是社会性的，也可能是观念性的。高职新生入学时，很多人是第一次到离家乡很远的城市，当地的气候、风俗、饮食习惯等与家乡有很多不同，可能会带来很多的不适应，进而沮丧、后悔，觉得不该报考这个城市的这所大学。这种现象就属于阻碍性挫折。在典型案例中，王某刚到学校出现的气候、饮食等不适应的现象就属于阻碍性挫折。

拓展阅读

逆商

逆商全称逆境商数（简称AQ），一般被译为挫折商或逆境商。它是指人们面对逆境时的反应方式，即面对挫折、摆脱困境和超越困难的能力。AQ不仅是衡量一个人超越工作挫折的能力，它还是衡量一个人超越任何挫折的能力。同样的打击，AQ高的人产生的挫折感低，而AQ低的人就会产生强烈的挫折感。在挫折商的测验中，一般考察以下四个关键因素——控制、归属、延伸和忍耐。控制指自己对逆境有多大的控制能力；归属是指逆境发生的原因和愿意承担责任、改善后果的情况；延伸是对问题影响工作生活其他方面的评估；忍耐是指认识到问题的持久性以及它对个人的影响会持续多久。

归纳高职学生的实际特点，一方面从入学起就承受着较大的思想压力，诸如，学业上的压力、综合素质的提高、未来就业的不确定感、环境的不适应等；另一方面正值青春年少，缺乏人生经验，抗挫折能力与调控能力较差，面对困境与重压，容易沉陷在消极的泥潭而不能自拔。例如一些学生不能承受学习成绩下降、失恋等带来的身心压力，呈现焦虑、失眠、抑郁、恐惧；个别学生精神崩溃、跳楼自杀……不仅影响其智能的发挥，而且还会使其潜能的挖掘、综合能力的培养、人格的完备受到抑制。因此，积极开展逆商培养教育活动，促使其在逆境面前形成良好的思维方式、良好的行为反应方式十分必要。

二、高职学生的常见挫折

高职学生常见的缺乏性挫折有学习挫折、生活挫折，损失性挫折有恋爱挫折，阻碍性挫折有人际交往挫折、心理落差大等。

（一）学习挫折

大多数高职学生在入学时被家长或者中学老师选择了专业甚至院校，从而缺乏内在驱动力去学习专业知识。大学学习方式的转变，使得学习习惯较差、时间管理能力低下、自我约束能力弱的高职学生，在没有老师、家长的督促下，思想松懈，更难进入学习状态，常出现上课听不懂、下课无法自主学习、考试则挂红灯的现象。大学课程设置与中学有很大区别，专业性相对突出，专业课占据很重要的地位，许多学生无法适应这一变化，觉得学习负担加重。教学内容难以赶上快速变化的职业岗位市场需求，也是学生产生学习挫折的一个重要因素。在学生工作实践中，我们曾做过学业困难对主观幸福感的影响的调查研究，发现有学业困难的学生的幸福感低于无学业困难的学生，有学业困难的学生体验到更多负性情绪。在典型案例中，王某在学习上遇到了困难，导致自己有些科目不及格，这样的挫折属于学习挫折。

（二）生活挫折

进入大学前，学生的主要任务甚至全部任务就是学习，考取优异的成绩，其他的生活事件全由父母或其他长辈代办，使得大部分学生缺乏基本的生活能力，比如生活自理能力低下、生活费使用不当和时间管理能力弱。由于生活长期完全依赖家庭，加上现在不少高职学生是独生子女，生活适应能力较差，面对新的学校生活，他们感到手足无措，对大学里的生活方式和学习方式都很不适应。有的高职学生缺乏一定的生活自理能力，在生活上产生了一系列的困难和矛盾，有的新生入校时连铺床都不会，生活用具出现小问题也处理不过来。在生活费管理上也存在困扰，主要是没有规划，常常上半个月山珍海味、大手大脚，后半月白菜萝卜、节衣缩食。大学生活较中学生活很大的区别之一就是有很多的空闲时间，以前基本都是老师、父母为自己安排好了的事情，只要服从就可以了。而现在，大把的时间摆在面前不知道如何利用，常出现空虚无聊情绪。在典型案例中，王某不会合理使用自己的生活费，到中下旬时只能向室友借，这样的挫折属于生活挫折。

（三）恋爱挫折

高职学生正值青春期末期，性机能已基本成熟、性意识逐步被唤醒，生理和心理的成熟使他们对异性的关注，从青春初期的好奇、懵懂，到现在的强烈渴望。高校是青年人相对集中的地方，男女交往有较为宽松的环境，他们在学习、生活中朝夕相处，交往密切，容易产生感情，于是大学阶段成为青年人追求恋爱的“活跃期”。很多学者的研究都得出相似的结果，高职学生恋爱成功率普遍偏低，这说明高职学生的恋爱易夭折，经历了恋爱的大部分学生会有失恋经历。当恋人因为社会现实、他人干预、情意不和等因素而感情破裂时，失恋的挫折就会严重影响高职学生的心理、生活和正常学习活动。从热恋关系中断裂出来，一下子失去了与自己最亲密的人，对大多数人来说是痛苦的。失恋者经常表现出焦虑、抑郁、痛苦的情绪，行为上表现为逃避现实，缩小人际交往圈，精神生活上既折磨自己又影响旁人的情绪，有人甚至向恋人进行行为或心理上的报复。在典型案例中，王某的男朋友向她提出分手，她备受打击，很难从失恋的阴影中走出来，这样的挫折属于恋爱挫折。

（四）人际交往挫折

人际交往是指学生之间以及与其他人之间沟通、交流、表达情感、协调行为的互动过程。由于长期不受家长、老师和同学喜欢，部分高职学生缺乏自信，在交往过程中畏缩胆怯，产生严重的心理压抑，不愿主动与人交流和合作；反之，有部分同学过度自尊，非常注重自己留给别人的印象或者想努力证明自己，常常掩盖自己的缺点和不足，也会导致人际交往失败；此外，高职学生心里隐藏着一种“无用感”，在面临人际交往失败时，偏向于内部归因，认为自己交往能力低下、性格孤僻、不能适应社会等，从而加重自卑感。在典型案例中，王某认为室友故意疏远自己，自己感到没有朋友，觉得自己一无是处，性格变得越来越孤僻，不愿意、不敢与他人交往，说明她体验到了人际交往上的挫折。

美国心理学家弗洛姆认为，现代人最大的挫折是感到孤独无力与被疏远。绝大多数人都希望拥有知心朋友，被人理解和接纳，有与人交往的需要。大学是一个集体生活环境，为交往提供了无数的对象。但来自五湖四海的同学们，在行为习惯、生活经历、家庭环境、能力、兴趣、思维方式等方面差异比较大，使人际交往出现复杂情况。新的人际环境的变化，交往范围和层次的增大，与高职学生人际交往能力的缺乏以及生活经验和阅历的不足形成了新的矛盾，使高职学生在人际交往中容易产生新的困惑和挫折。

（五）心理落差大

中学时学生就常常被“到了大学就好了”“进了大学，你就可以……”这类话“鼓励”着，再苦再累的高中生活，尤其是紧张的高三生活我们都顺利度过了。到了大学却发现真“坑爹”，大喊“伤不起”。常常感叹大学还没有高中学校环境好，设备也不够齐全，抱怨最多的是宿舍无空调、无热水器等，认为学校太落后了。原以为上了大学就和晚自习、早操或课间操、班主任管理说拜拜，可高职院校却基本都保留了这些教育项目。现实版的大学与心目中的大学相差甚远，无论学校的硬件或软件，现实中的这些东西和所想的不一样，产生巨大的心理落差。在典型案例中，王某入学之后发现学校的环境、各方面的条件与自己想象中的不一样，内心产生了很大的落差。

单元三　我该怎么办？——挫折应对

每个人的一生不可能都是一帆风顺的，困境和挫折是人生不可避免的伴随者。生活经历艰辛、饱经风霜的人比一帆风顺的人更能经受挫折的打击。经受过挫折，就会提高克服困难、战胜困难的能力，提高适应和处理挫折的心理能力。那些从小娇生惯养、吃不得苦、被过分溺爱和受保护的人就像温室里的花朵经不起风吹雨打，遇到挫折不是惊慌失措，就是怨天尤人，很容易被击垮。

一、面对挫折要正确归因

归因指个体对自己或他人的行为的原因加以解释和推测的过程。面对挫折时，人对原因的归结有两种倾向：一类认为自己的行为结果是受外部力量，如运气、机会、他人权利等无法预料和支配的因素控制的；一类则认为行为结果是受本身的能力、自己的努力程度等内部力量控制的。两种归因方式各有利弊。前者面对挫折时常感到无能为力、束手无策，从而不能尽自身最大努力克服困难；后者把成败结果统统归结于自身，过多自责，同样影响问题解决。正确的归因方式应该是以冷静的态度分析遭受挫折的主客观原因，及时找出失败的真正原因，从而从现实出发，以实际行动改变挫折情境。

拓展阅读

归因偏差

大多数人具有的无意或非完全有意地将个人行为及其结果进行不准确归因的现象称为归因偏差。归因偏差的出现是一种在某些条件下必然出现的心理反应。它有以下几种类型。

（1）行为者与观察者的归因偏差　对于同一行为，实施行为的人与旁观者所做的归因是不同的、有分歧的。研究表明，实施行为的人往往强调情境的作用，对自己的行为多强调外部原因，作外归因。而旁观者常常强调并高估实施行为的人自身的、内在的因素。形成这种偏差主要是双方所站的角度和出发点不同。

（2）利己主义归因偏差　人们一般对良好的行为或成功归因于自身，而将不良的行为或失败归因于外部情境或他人，比如学生喜欢将自己受加分奖励归因于自己的努力，而将受到扣分处理归因于老师对自己有偏见甚至不公平。

（3）浅层归因偏差　比如某生在总结自己进网吧上网的原因，常常说是由于自己抵挡不了诱惑、控制不住，对自己的行为只从直接原因上分析，而不从根本原因入手，做蜻蜓点水式分析，不愿进行深入的剖析。

（4）片面归因偏差　在对自己行为进行归因时，不进行全面客观地把握整体上综合地归纳总结，而是只见树木，不见森林，只论一点，不及其余。

（5）消极归因偏差　用一些不可控制的和具有稳定性的因素来解释自己的行为。如个人禀赋、天资、任务难度等，把自己的行为的成因归结到难以改变的因素上。

二、摒弃自身的不合理信念

“不合理信念”的观点源于美国临床心理学家艾利斯的情绪 ABC 理论，

该理论认为我们之所以被很多事情困扰，关键不在于问题的本身，而是我们看待问题的态度。这一理论用于解释挫折心理时，A 指挫折本身；B 指人对挫折事件的想法、解释和评价；C 指在特定情境下，个体的情绪反应及行为的结果。挫折是否引起挫折感，不在于事情本身，而在于人们对挫折的不合理认识。生活中几乎每个人都存在不合理信念，这并不可怕。因为人生来就具有以理性信念对抗非理性信念的潜能。如果人们能够认识到自己的信念是不合理的，并主动调整自己的看法和态度，就可以降低挫折感，调整好情绪。在典型案例中，王某在遭遇一些挫折以后，就觉得自己“一无是处”，这种过分概括化的不合理信念，不仅片面地否定了自我，也会导致自己自卑、自责等不良情绪的产生，所以应该摒弃这种不合理的信念。

三、建立个人的社会支持系统

社会支持是人与人之间的亲密关系，既涉及家庭内外的供养与维系，也涉及来自家庭成员、亲友、朋友、团体、组织和社区的精神上和物质上的支持和帮助，使个体获得心理能量来减轻心理应激反应，缓解精神紧张状态，提高社会适应能力。我们能从社会支持系统中获取以下支持。

1. 情感支持

情感支持指个体的价值、经验等受到他人的尊重、称赞和接纳，又称作表现性支持、自尊支持，其行为表现为提供尊重、情感、信任、关心和倾听等。在典型案例中，王某失恋后，可以向家人吐露自己的心声，获取家人情感上的支持和关心。

2. 信息支持

信息支持指帮助个体界定、理解和应对问题，又称为忠告、评价支持和认知指导，其行为表现为肯定、反馈、社会比较、建议、忠告和指导等。在典型案例中，王某可以向同学、老师学习和探讨更好的学习方式与学习习惯，帮助自己应对学习上的挫折。

3. 友谊支持

友谊支持指与人交往，受人接纳，有所归依，能够帮助个体实现与他人合群与交往的需要，使他们能够从生活困境中解脱出来，保持积极的情感状态，又称为弥散支持和归属感支持，其行为表现为娱乐活动、与人来往或共度时光等。在典型案例中，王某可以与室友或自己的好朋友进行沟通、倾诉，真诚地表达出自己情感上的需要，获取更多友谊上的情感支持。

4. 工具性支持

工具性支持指提供财力帮助、物质资源或所需服务等，又称为物质支持和有形支持，其行为表现为提供钱物、劳动、服务或直接帮助个体解决问题等。在典型案例中，王某的室友借给她生活费，帮助她应对经济上的压力，这属于工具性支持。

对于陷入困境的人而言，社会支持犹如雪中送炭，带给我们持久的温暖、安全以及重振生活的信心、勇气和力量。别人的认同和友善也是一种肯定力量。俗话说："一个篱笆三个桩，一个好汉三个帮。"要克服挫折，增强对挫折的适应能力，离不开和谐的人际关系。当一个人在遭遇挫折时，若能得到朋友和周围人的同情、理解、关心、鼓励和支持，就会减轻挫折反应的强度，增强对挫折的承受力和适应性。因此，高职学生必须学会与人交往，努力扩展自己的交往空间，建立广泛而和谐的人际关系，这既是心理健康的基本要求，也是增强挫折承受力的重要途径。

四、合理运用心理防御机制

人在遭受挫折后导致心理的不平衡状态，主体为了减轻心理压力，常常会有意无意地运用心理防御机制以抵御外来的伤害。心理防御机制，也称自我防御机制，是个体面临挫折或冲突的紧张情境时，在其内部心理活动中具有的自觉或不自觉地解脱烦恼，减轻内心不安，以恢复心理平衡与稳定的一种适应性倾向。它按行为性质可分为建设机制、代替机制、自欺机制、逃避机制和攻击机制五大类型。

（一）建设机制

建设机制是向好的方面去做补偿的一种防御机制，它有升华、认同、幽默三种形式。

1. 升华

一个人在受到挫折后，把自己的理想转移到另一项更有价值的事业上去。"塞翁失马焉知非福"，别林斯基也说过："不幸是一所最好的大学"，古今中外许多人都是逆境起飞，创造了不朽的业绩。比如一高职男学生在进校时就展开了几次恋爱表白，都以失败落幕，于是他高呼要做"剩斗士"，把爱统统献给学生会。于是在学生会工作中，他非常积极主动，不放过任何一次服务和锻炼的机会。一年后，他的精神风貌得到了很大的改善，为人处事能力提高了不少，关键是积攒了很多人缘，成为很多女生眼中的

“男神”。在典型案例中，王某虽然失恋了，但失恋不失志，她可以把失恋的悲痛升华为提升自己的动力，把理想转移到提高学习成绩、组织管理能力等方面来。

2. 认同

自己以各种各样的方式去建立与另一个人、另一团体的同一性。如借抬高自己所在学校、所在单位的同时，间接地赞誉和抬高自己，求得别人的认同；又如炫耀表白自己和某名人的关系，把别人具有的、自己羡慕的品质加在自己头上，以提高自己的信心、声望、地位，从而减轻挫折感。

3. 幽默

当一个人受到挫折，处境困难或尴尬时，用幽默的方式来化解困境，维持自己的心理平衡，是一种高级的防御方式。用幽默的方式去理解痛苦，会得到更多正面的解释，更容易了解痛苦的合理性，从而降低痛苦的负面影响。幽默也有利于身心健康，它不仅让别人发笑，同时也会给自己带来很大快感。在典型案例中，“考试没挂过科，那样的大学经历不够丰富，哈哈哈”，这种幽默的方式能在一定程度上帮助王某维持心理平衡。

（二）代替机制

代替机制是用另一个事物去代替自己的缺陷，以减轻缺陷的痛苦的防御机制。它有幻想和补偿两种形式。

1. 幻想

当人无法处理现实生活中的困难，或是无法忍受一些情绪的困扰时，使自己暂时离开现实，在幻想的世界中得到内心的平静或达到在现实生活中无法经历的满足，称为“幻想”。一般而言，凡性情孤僻有退却倾向者，平常又少有自我表达机会，易以幻想解除其焦虑与痛苦。幻想可以是一种使生活愉快的活动，很多文学、艺术创作都源自幻想，但是当幻想取代了实际的行动时也可能有破坏性的力量。幻想可以说是一种思维上的退化，因为在幻想世界中，可不必按照现实原则与逻辑思维来处理问题；可依个体的需求，天马行空，自行编撰。幻想使人暂时脱离现实，使个人情绪获得缓和，但幻想并不能解决现实问题，鼓起勇气面对现实，并克服困难，才能解决问题。

2. 补偿

人们由于自身生理或心理上的某种缺陷达不到既定目标，以其他可能获得成功的活动或其他特长来代替，以减轻其焦虑，建立其自尊心，通过新的满足来弥补原有欲望的挫折应对方式。就作用而言，补偿可分为消极性补偿与积极性补偿。消极性的补偿是个体用来弥补缺陷的方法，对个体本身没有带来帮助，有时甚至带来更大的伤害。例如一个想减肥的人，一遇到不如意的事，就以暴饮暴食的方式来减轻其受挫感；又如一个被同学排斥的学生，用参加不良帮派组织以获得人际上的接纳。而积极性的补偿是以适宜的方法来弥补其缺陷，方式运用得当，会带给人生一些好的转变。比如一个高度近视、身体单薄的学生无法在运动场上逞强，却可能由于刻苦攻读、品学兼优，在学业上称雄。

（三）自欺机制

自欺机制含有自欺欺人的成分，是一种消极性的防御机制。它有反向、合理化和抵消等形式。

1. 反向

当个体的欲望和动机，不被自己的意识或社会所接受时，自己会将其压抑至潜意识，并再以相反的行为表现在外显行为上。换言之，使用反向者，其所表现出来的外在行为与其内在的动机是相反的。在性质上，反向行为也是一种压抑过程，如“此地无银三百两”“以退为进”都是反向的表现。反向行为使用适当，可帮助我们在生活上适应，但如过度使用，不断压抑自己心中的欲望或动机，且以相反的行为表现出来，轻者不敢面对自己，而活得很辛苦、很孤独，重者可能形成严重心理困扰。临床上很多精神病患者身上，常可见此种防卫机制被过度使用。

2. 合理化

合理化又称文饰作用，是当个体的动机未能实现或行为不能符合社会规范时，无意识地搜集一些合乎自己内心需要的理由，为难以接受的情感、行为、动机辩护，或作一个合理的解释，以掩饰自己的过失，以减免焦虑的痛苦和维护自尊免受伤害。换句话说，“合理化”就是制造“合理”的理由来解释并遮掩自我受到的伤害，如图 7-1 所示。事实上，在人生的不同遭遇中，除了面对错误外，当我们遇到无法接受的挫折时，短暂地采用这种方法以减除内心的痛苦，避免心灵的崩溃，确实无可厚非。不过，如果经常使用此机制，借各种托词以维护自尊，则不免有文过饰非，欺骗别人也欺骗自己之嫌，终非解决问题之道。临床上很多强迫型神经官能症和幻想型精神病患者就常使用此种方法来处理其心理问题。

合理化又分为酸葡萄心理、甜柠檬心理和推诿三种方式。

图 7-1　合理化

(1) 酸葡萄心理　当自己所追求的东西因自己能力不够而无法取得时，就加以贬抑和打击。伊索寓言里有这样一段故事：从前有一只狐狸走进葡萄园中，看到架上长满了成熟葡萄，它想吃，但因架子太高，跳了数次都摘不到，而无法吃到葡萄，它就说那些葡萄是酸的，它不想吃了。其实葡萄是甜的，它因吃不到，而说葡萄是酸的。在生活中像这样的例子很多，例如一个体育能力差的学生，说只有四肢发达的人，才会喜欢体育；又如某学生没有考上自己梦寐以求的名牌大学，而考取了一所一般大学，就在心里说，没考上名牌大学也好，那里竞争激烈，说不定学习要拼命才能跟上别人，而在一般大学学习，说不定我轻轻松松地读书就可名列前茅。酸葡萄心理是因为自己真正的需求无法得到满足产生挫折感时，为了解除内心不安，编造一些"理由"自我安慰或丑化得不到的东西，以消除紧张，减轻压力，使自己从不满、不安等消极心理状态中解脱出来，保护自己免受伤害。

(2) 甜柠檬心理　与酸葡萄心理相反，另一种防御机制是甜柠檬心理，指企图说服自己和别人，自己所做成或拥有的已是最佳的抉择。还是伊索寓言里那只狐狸，后来走到柠檬树旁，因肚子饿了，就摘柠檬充饥，而且边吃边说柠檬是甜的，其实柠檬味道是酸涩的。面对生活中所发生的一些不如意的事，有时我们也会像这只狐狸一样，努力去强调事情美好的一面，以减少内心的失望和痛苦。这种"塞翁失马，焉知非福""知足常乐"的心态，有时适当地运用，能协助我们接受现实，但这种方法过分使用，会妨碍我们去追求生活的进步。

(3) 推诿　将个人的缺点或失败，推诿于其他理由，找人担待其过错的防御机制。例如某学生考试失败，不愿承认是自己准备不足，而说老师教得不好、老师评卷不公或说考题超出范围；某学生打人反说自己是自卫；某队球赛输了，就说场地不好、裁判不公等都是一种推诿。

3. 抵消

无论人有意或无意犯错，都会感到不安，尤其是当事情牵连他人，令他人无辜受伤害和损失时，的确会很内疚和自责，倘若我们用象征式的事情和行动来尝试抵消已经发生的不愉快事件，以减轻心理上的罪恶感，这种方式就称为抵消。例如一位工作繁忙无暇陪孩子的父亲，提供给孩子最好的物质来消除心中愧疚感，用这个行动来证明他是有照顾孩子的；又如新年时我们一旦打破东西，就说“岁岁平安”一样，都是采用了抵消的防御机制。

(四) 逃避机制

以逃避和消极的方式去减轻自己在受挫时痛苦感受的防御机制。比如假装听不见或看不见，假装不知道，当作没发生一样。它有压抑、否认和退行等形式。

1. 压抑

压抑是个体将一些自我所不能接受或具有威胁性、痛苦的经验及冲动，在不知不觉中从个体的意识中排除，抑制到潜意识里。与因时间久而自然忘却的情形不一样，压抑是一种“有目的的、动机性的遗忘”，如图 7-2 所示。例如，我们常说：“我真希望没这回事”“我不要再想它了”，或者在日常生活中，有时我们做梦不小心说漏了嘴或偶然有失态的行为表现，都是这种压抑的结果。压抑表面上看起来我们已把事情忘记了，而事实上它仍然在我们的潜意识中，在某些时候影响我们的行为，以致在日常生活中，我们可能做出一些自己也不明白的事情。压抑有时也会导致失去记忆，例如，有一些曾遭受极度悲伤或目睹惊恐事件的人，会把那次经历忘得一干二净，无法再回想起来。比如战场上的士兵、从火里逃生的人……在事件过后，以失去记忆来免去面对痛苦与悲伤。当然不是每一次的压抑都会导致失去记忆，只有个人主观认定极端可怕的经历，才会导致失去记忆。

2. 否定

否定是一种比较原始而简单的自我防御机制，其方法是借着扭曲个体在创伤情境下的想法、情感及感觉来逃避心理上的痛苦，或将不愉快的事件否定，当作它根本没有发生，来获取心理上暂时的安慰。这种现象在日常生活

图 7-2　压抑

中处处可见，比如小孩子闯了祸，用双手把眼睛蒙起来，就像沙漠中的鸵鸟，敌人追赶迫在眼前，无法面对，把头埋于沙堆中，当作没这回事一样，都是一种否定的表现；又如许多人面对绝症或亲人的死亡，就常会本能地说“这不是真的”，用否定来逃避巨大的伤痛；其他如“眼不见为净”“掩耳盗铃”等都是否定作用的表现。

3. 退行

退行是个体在遭遇到挫折时，表现出与其年龄所不应有的幼稚行为反应，是一种反成熟的倒退现象，如图 7-3 所示。例如，已养成良好生活习惯的儿童，因母亲生了弟妹或家中突遭变故，而表现出尿床、吮吸拇指、好哭、极端依赖等婴幼儿时期的行为。退行不仅见于小孩，有时也发生于成人。比如一旦有重大事情发生时，我们会大叫一声“妈呀!”；有一学生自从被班上同学嘲笑后，每当要上学时，就会肚子痛而无法上学，“肚子痛”也是一种退行行为。成人本来应该运用成人的方法和态度来处理事情，但由于某些特殊原因采用较幼稚的行为反应也并非不可。如一位父亲在地上扮马扮牛给孩子骑；妻子偶尔向丈夫撒娇等，偶尔的“倒退”反而会给生活增添不少情趣与色彩。但常常用“退化”来应付困难，争取别人的同情与照顾，用以避免面对现实的问题与痛苦，就是一种心理症状了。

（五）攻击机制

攻击机制是人心里产生不愉快时，又不能向对象直接发泄，便会利用转

图 7-3　退行行为

移作用，向其他对象以直接或间接的攻击方式进行发泄，或把自己的不是转嫁到别人身上的一类防御机制。它有转移和投射两种方式。

1. 转移

转移是原先对某些对象的情感、欲望或态度，因某种原因，如不合社会规范或具有危险性或不为自我意识所允许等，无法向其对象直接表现，而把它转移到一个较安全、较为大家所接受的对象身上，以减轻自己心理上的焦虑。例如，有位被上司责备的先生回家后因情绪不佳，就借题发挥骂了太太一顿，而做太太的莫名其妙挨了丈夫骂，心里不愉快，刚好小孩在旁边吵，就顺手给了他一巴掌，儿子平白无故挨了巴掌，满腔怒火地走开，正好遇上家中小黑狗向他走来，就顺势踢了小黑狗一脚。又如“打狗看主人”“爱屋及乌”“不看僧面看佛面”“一朝被蛇咬，十年怕草绳”等都是转移的例子。转移方式应用得当，对己、对人、对社会都会有帮助，否则极易造成伤害。

2. 投射

投射是个体把自己的性格、态度、动机或欲望，投射到别人身上，为减除内心罪恶感所使用的一种防御方式。投射有一种特殊含义，即将自己的某种罪恶念头或某种恶习，反向指斥别人有这种念头或恶习；或者把自己所不能接受的性格、特征、态度、意念和欲望转移到别人身上，指责别人这种性格的恶劣及批评别人这种态度和意念的不当。投射作用能让我们将别人作为自己的代罪羔羊，使我们逃避本该面对的责任。它可以保护个人内心得以安宁，但会影响个体对事情的正确观察和判断能力，并易造成人际关系上的问题，对个人缺乏建设性的功能，例如：有些不良青年，别人无意中看他一眼，他就动手打人，认为别人瞧不起他，这都是投射因素使然。患有被害妄想症的病人也多采用此机制，他自己内心憎恨别人，却整天疑神疑鬼，无中生有地说别人要杀害他。

课外拓展

一、挫折承受能力测试

测试时间为5分钟。请根据你的真实反应做出最贴切的选择，测试题目如下：

1. 当你遇到令你焦虑的事情时，你会怎样？

（1）无法再继续做事情；（2）没有任何影响；（3）介于以上二者之间。

2. 当你遇到令人头疼的竞争对手时，你会怎样？

（1）想怎样就怎样，不控制自己的情绪；（2）冷静面对，克制自己的情绪；（3）介于以上二者之间。

3. 当你遇到失意的时候，你会怎样？

（1）放弃；（2）吸取这次教训，从头再来；（3）介于以上二者之间。

4. 当你事业不顺利的时候，你会怎样？

（1）会一直担心，不能集中精力做别的事情；

（2）仔细考虑问题所在，努力解决问题；（3）介于以上二者之间。

5. 事情做太多感到疲劳时，你会怎样？

（1）没有办法再思考；（2）坚持干完；（3）介于以上二者之间。

6. 自己所处的环境和条件很差时，你会怎样？

（1）因为条件很差而放弃；（2）克服困难，想办法改变现状；

（3）介于以上二者之间。

7. 你正处于人生的低谷，你会怎样？

（1）破罐破摔，听之任之；（2）积极奋斗；（3）介于以上二者之间。

8. 遇到棘手问题，难以解决的时候，你会怎样？

（1）垂头丧气，灰心失望；（2）尽自己的全力将它做好；（3）介于以上二者之间。

9. 遇到自己难以解决或者不想做的事时，你会怎样？

（1）拒绝接受；（2）想办法做好；（3）介于以上二者之间。

10. 遇到人生的重大挫折时，你会怎样？

（1）彻底丧失信心；（2）再接再厉；（3）介于以上二者之间。

计分方法：

以上 10 题，选（1）不加分，选（2）加 2 分，选（3）加 1 分。

结果解释：

0~9 分，说明你不能承受挫折的打击，遇到一点挫折就不知所措，灰心失望。建议多参加一些锻炼意志和承受能力的活动，比如体育活动，各种比赛，读一些励志的书籍，学习在失败中不断提高自己抗挫折的能力。并且交一些意志坚强、性格乐观的朋友，他们会在你遇到挫折的时候给予适当的建议和鼓励。当然你还可以找心理医生咨询，针对你个人的具体情况提出相应的改进方案。

10~16 分，说明你对某些挫折打击有一定的承受能力，但是你在遇到某些挫折的时候仍然会表现出脆弱。遇到挫折的时候，多往事情有利的方面想，能冷静分析情况后再做出决定，比如挫折产生的根源，自己能否解决，或者是否值得。

17 分以上，说明你是一个足够坚强的人，对于挫折打击有很强的承受能力。

二、心理训练活动——我的五次经历

分组进行，以 8~10 人一组为佳，写出近期遇到的对自己影响最大的 5 次挫折，并标明当时的生理反应、心理感受和反应方式，如表 7-1 所示。客观分析这些反应方式在应对挫折时的积极影响和消极影响，探讨个人应对挫折的最佳方式。然后再分组进行交流。

表 7-1　　挫折经历记录表

项目	1	2	3	4	5
挫折事件					
生理反应					
心理感受					
应对方式					
积极影响					
消极影响					
改进的应对方式					

情境八 对压力 Say 嗨——高职学生的压力管理

本情境要点：

1. 介绍压力及其对人身心健康的影响。
2. 高职学生常见的压力类型。
3. 压力管理方法和训练。

典型案例

王某，男，农村家庭出身，经济一般。自述：一是不能专心投入学习。在教室里看书时总担心会有人坐在身后并干扰自己，有强烈的不安全感，以至于只能坐在角落或者靠墙而坐，否则无法安心看书。二是寝室关系紧张。对同寝室同学课余时间在宿舍打游戏敲击键盘的声音非常反感，有时简直难以忍受，经常休息不好。但又不好意思与其发生正面冲突，因为觉得为这样的小事发脾气，可能是自己的不对。很长时间不能摆脱这种心理困境，很苦恼，严重影响自己的生活和学习。三是面临专升本、就业撞上成绩一般。即将就业实习，心中一片茫然，担心找不到理想的工作，有时候也懒得去想这个问题，怕增添烦恼。学习一般，在班上成绩中游，当看到其他同学都在准备升本复习，自己也想考，但是又不能集中精力学习。自卑，缺乏自信，生活态度比较消极，认为所有的一切都糟透了。

上述案例中的学生虽然没有提到"压力"二字，但实际上其心理困境主要是由各种压力源引发的。首先，该学生即将面临毕业、就业，择业困难构成其压力源的核心。择业压力所导致的心理紧张和心理困境，其实质是由来访者自身能力与理想目标之间的落差造成的，落差越大，心理压力也就越大。学习成绩一般，对自己缺乏信心，但家在农村，又觉得自己责任重大，必须找到一份好工作，因此心理压力是相当大的，而且是与日俱增，在心理上产生不安全感。同时，择业压力使来访者的心理变得异常敏感和脆弱，直接影响到他的日常学习、生活以及宿舍人际关系。

单元一　认识压力

有人把大学比作象牙塔，是我们真正步入社会前的一个过渡阶段，同时也是个体人格发展、成熟，人生观、世界观、价值观进一步形成的关键时期。

大学生面临着一系列重要的人生课题，如大学生活的适应、专业知识的学习、交友恋爱、择业就业等。但由于身心发展尚未完全成熟，当面临一系列错综复杂的问题时，往往容易引发强烈的心理冲突，从而产生较大的心理压力，甚至产生心理障碍或心理疾病。

一、压力的定义

提到压力，大家也许并不陌生，我们生活中常用“鸭梨”“亚历山大”等词语来表达、交流某一段时间内自己的一种身心状态。

心理学研究认为，压力是有机体对超过其应对能力范围的“刺激性”事件产生的一种反应模式。而这些“刺激性”事件也被称为应激源，主要来自三个方面：

一是自然环境。主要包括物理、化学、生物刺激物，如辐射、噪音、酸碱、毒品、细菌、病毒，以及突发灾难，如地震、洪水等自然灾害。

二是机体内部。机体各种物质的产生和水、电解质以及酸碱平衡等内环境的失调，这些既可以是应激反应的一部分，也可以成为应激源，如躯体创伤或疾病、饥饿、性剥夺、睡眠剥夺。

三是心理社会环境。例如，学业、就业问题，恋爱婚姻及家庭问题，还有如战争等大型社会事件。

值得提出的是，事件本身并没有绝对的应激性，“某个人的应激源可能是另一个人的蛋糕”。一个事件可能对某个人来说是一件非常严重的事，但在另一个人的眼里可能是微不足道的，甚至是好事。也就是我们生活中的事件要流经一个心理过滤器，美国心理学家拉扎鲁斯的应激学说认为事件的应激性主要取决于个体的认知评价。我国心理学家姜乾金教授的应激（压力）系统模型则提出应激是多因素相互作用的系统，即认知评价、应对方式、社会支持、人格特质等交互作用。个体对威胁做出各个方面的反应：生理上、情绪上和行动上。一些反应是适应性的；另一些则是非适应性甚至是致命的，如图 8-1、图 8-2 所示。

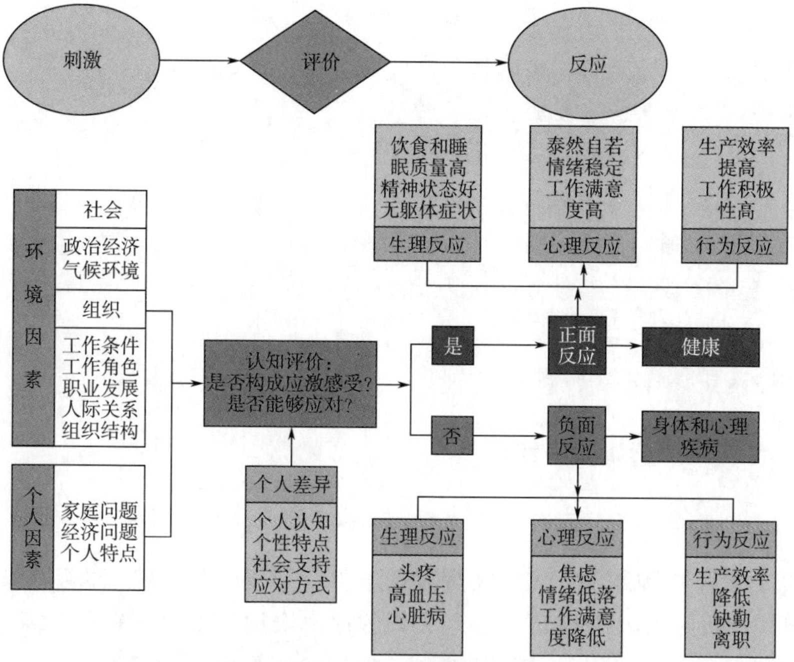

图 8-1　压力应对——应激模型

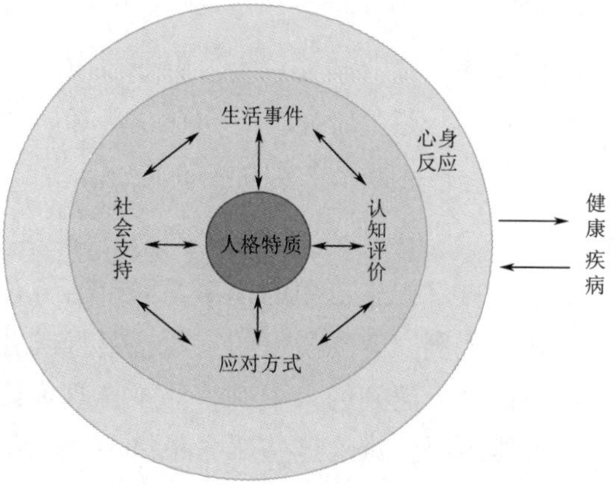

图 8-2　心理应激“系统”模型示意图

拓展阅读

心理应激预警信号

1. 感觉过敏，轻微声响也会受到惊吓。

2. 容易为小事喋喋不休，吵闹。
3. 做事轻率，社会活动减少，讲话口吃，词不达意。
4. 注意力难集中、差错多。
5. 小动作增多，表现不自然，神色慌张，笑容勉强。
6. 全身倦怠，尿意频频。
7. 心跳手颤，面肌抽搐。
8. 食欲不振，连续抽烟。
9. 很难入睡。
10. 头部胀痛，颈腰疼痛。

二、生活中的压力事件

（一）灾难

灾难是不可预测的、大规模爆发的事件，如战争和自然灾害等。有研究发现，灾难后，焦虑和忧郁等心理失调的比率增加了 17%。在背井离乡的难民中，遭受心理失调的比率同样增加，他们的压力来自无家可归、与亲人分离的创伤，还有对新语言环境、种族、气候和社会规范的适应。

（二）重大生活变故

重大生活变故包括离开家庭、亲人故去、失业、事业失败、失恋、结婚或者离婚、患上重大疾病等。芬兰研究者对 96000 名寡居者的研究发现，在他们伴侣死亡后的一周内，其自身死亡危险增加了一倍。

（三）日常冲突

日常冲突主要是指来自日常生活中的琐事，如生活穷苦潦倒、考试中成绩不理想、在某项比赛中失利、容易激怒的室友、银行或者商店里长长的队伍等。试想一下，如果你每天遇到的人中有一些不喜欢你或者不信任你，难道你不觉得日常生活有压力吗？难道这些压力最终不会危害你的健康吗？日常冲突虽小，但频繁，随着时间的流逝，这些小压力源会逐渐积累并损害我们的健康，如对于一些贫民窟的人们而言，贫穷、失业、单亲、过度拥挤已是家常便饭。

三、压力的影响

凯利·麦格尼格尔在其《自控力：和压力做朋友》一书中指出，压力和意义无法分割，人们生活中最普遍的压力源和最大的意义来源往往重合，即所谓压力的悖论，压力既伴有痛苦，也带来快乐。比如，我们既能感受到学习带来的压力，同时又能在学习中体验到成就感。

（一）压力的积极影响

美国心理学家艾莉亚·克拉姆曾经做过一个称为“群体面试”的压力测试实验，实验对象在面试前被要求随机地观看两段视频中的一段。一段视频是介绍压力如何对我们产生负面影响的，另一段视频则是讲解压力如何对我们产生促进作用。面试结束后，实验人员会测试实验对象唾液中皮质醇和 DHEA（脱氢表雄酮）的含量。DHEA 和皮质醇的比例被称为压力反应的成长指数，成长指数越高，DHEA 越多，越能够帮助人们在压力下奋起。检测发现，实验对象的皮质醇含量没有太大的差别，而面试前看了压力有促进作用的实验对象，较之那些看了压力有害视频的实验对象，释放了更多的 DHEA，成长指数更高。可见，对于压力积极作用的认知，有助于我们更好的应对压力以及获得成长，以下主要介绍几种压力的积极影响。

1. 提高机体警觉性

在面对压力时，机体会产生一系列的自主性反应，如心跳加快，瞳孔扩张，血压升高等，这种自主性反应的本质是自我防御，适应紧张情境，提高机体的警觉性。有研究表明，适度的压力可以促使个体保持较高的觉醒状态，从而更好地处理生活中的紧急事件。

拓展阅读

没有压力的小白鼠

美国科学家摩德尔丝对两只老鼠做了一次试验：把两只老鼠（一只白色、一只灰色）放在一个仿真环境中，并将其中一只（小白鼠）的压力基因全部抽取出来，结果那只未被抽取压力基因的灰颜色的老鼠走路或者觅食总是小心翼翼的。

没有了压力基因的小白鼠显得兴奋异常，它走路时全无鼠类那种探头探脑、前怕狼后怕虎的样子。仅仅一天，它就把整个仿真空间视察了一遍。而那只普通的小灰鼠无论走路还是觅食，还跟从前一样小心翼翼，不敢轻举妄动，它用了 4 天时间才基本摸清了这 500 平方米的新环境。

仿真空间有一座 13 米的假山。在没有任何的压力之下，小白鼠根本没有把那山当回事，它第一回就勇敢地窜到了山顶。小灰鼠这胆小鬼开始最高只爬到了两米处放有食物的吊篮里。第三天，那只胆大包天的小白鼠在“英雄”

了一把之后，在通过一块 13 米高的小假山时过于漫不经心，不慎跌落下来，死亡。而小灰鼠按部就班地生活，期间没有出现任何意外。

2. 增强个体的适应能力

在每个人的成长过程中压力是不可避免的，就正如我们常说的“有压力，才有动力”，适度的压力不仅有助于激发人的动机，还可以提高对压力的适应能力，化压力为动力。

3. 促进个体亲社会倾向

有实验证明，压力会促进催产素的分泌，而催产素是一种复杂的神经激素，它会激发个体的亲社会倾向，使你想与他人联结，如打电话或者一起吃饭喝酒。与此同时，别人有需要时，它帮你更好地回应，以加强最重要的人际关系。

4. 发掘个体创造力

1954 年，加拿大麦克吉尔大学的心理学家贝克斯顿进行了“感觉剥夺”实验，如图 8-3 所示。实验证明，大脑的发育，人的成长成熟是建立在与外界环境广泛接触的基础之上的。创造是人的全部体力和智力都处在高度紧张状态下的有益的创新活动。而人的全部体力和智力从松弛状态转入高度紧张状态，需要给予适度的刺激。缺乏刺激的环境，就培养不出杰出的创造型人才。在没有刺激因素的环境中长期生活，人的意志就会衰退，智慧就会枯竭，理想就会丧失，才能就会退化。只有经常给予适度的刺激，才能激发起人的事业心、责任感和惊人的毅力。因此，对于不同的人才分别给予适度的刺激，是充分发掘他们创造力的一种有效方法。

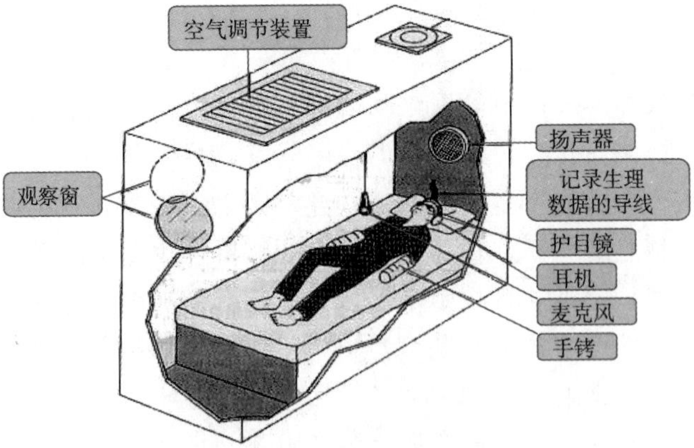

图 8-3　感觉剥夺实验

（二）压力的消极影响

压力是一把双刃剑，在一定程度下可以转化成动力，促进我们的成长，磨炼我们的意志，但若长期处于高压之下或者压力远远超过了个人的应对能力，则会导致危害。

1. 压力与疾病的易感性

一项有关压力与健康的研究表明，长期的压力会导致持续的炎症，这会增加罹患抑郁和动脉阻塞的风险。还有一项研究发现，生活中充满压力的被试者有 47%感染病毒后感冒了，而那些生活相对轻松的被试者中仅有 27%患感冒，随后的研究证实了压力的大小与感冒严重程度之间的关系。可见，持久或较大的压力更易引发患疾病的可能性。并且有研究发现，心理压力与包括心脏病、糖尿病、癌症、艾滋病等在内的十大重大疾病关系密切。

2. 压力与主观幸福感

过大的压力会使人处于愤怒、焦虑、嫉妒、恐惧、悲伤、绝望等消极情绪中，这不可避免地会影响到人的工作、生活与家庭，具体表现在工作效率、积极性等的下降，生活兴趣度的下降，家庭及人际冲突、矛盾的增加，从而降低个体的主观幸福感。

单元二　压力源及成因分析

一、高职学生的压力源

（一）就业压力

高校扩招以来，我国高等教育逐渐由精英教育转变为大众教育，大学生就业问题渐趋突出。“十七大”明确提出大力发展高职教育，为高职教育的发展带来了前所未有的机遇；国家对产业结构的大力调整，也为高职学生提供了大量的就业岗位。因此，高职生找到一份工作并不难，但因文凭低导致工资不高、工作环境差、晋级晋升慢，从而使得他们就业压力大，常常处于焦虑状态。同时，由于大量农村剩余劳动力涌入城市，城乡结构矛盾突出，现有制度的问题以及高职学生择业观出现的偏差，社会对大学生就业观念更新的滞后等问题使得面向一线企业就业的高职生就业问题变得更加尖锐。就业已经成为高职生诸多压力中最主要的压力源之一。

(二) 买房压力

近二十年以来，随着我国经济的发展及城镇化步伐的加紧，房价也飞速增长，人们所面临的买房压力也日益增长，“房奴”一词应运而生。而作为“00”后的大学生群体，由于刚刚步入工作，自身经济基础较为薄弱，所面临的买房压力大。而高职学生刚步入工作的几年，所承受的就业、买房等各方面的压力更是巨大。

(三) 学习压力

步入大学，相对于以前中学时期，学习的方式方法、时间安排等都有了较大的自主性，而有研究表明，高职学生的时间管理计划性弱，时间监控感不够高，尤其是计划安排、目标设置和反馈性的水平较低。习惯了中学时的被安排，一旦有宽裕的空闲时间，他们就常感到束手无策，常常将时间浪费在睡懒觉、上网、闲聊和做事拖延四个方面。并且高职学生常常也会出现逃课，上课玩手机、睡觉等行为，久而久之，将会面临挂科、重修等学习压力。

(四) 人际压力

我国心理学家丁瓒教授指出：“人类的心理适应，主要是对人际关系的适应；人类的心理疾病，主要是由人际关系失调而来。”可见良好人际关系的重要性。人际关系对于每个大学生都是不可或缺、非常重要的，但与此同时人际关系也会带给大学生许多苦恼，处于青春期后期的大学生往往不可避免地会发生人际冲突、矛盾，从而产生较大的人际压力。

(五) 情感压力

大学里是不是应该谈一场轰轰烈烈的恋爱是许多大学生的困惑。爱情是人类永恒的话题，尤其对于正处于青春期的大学生而言，这个话题更是敏感、神秘。爱情既是甜蜜、美好的，也是苦涩、痛苦的。面临失恋，或者苦求而不得时，许多大学生沉浸于此，走不出来，而造成较大的情感压力，甚至做出一些失去理性的事情，造成不可挽回的悲剧。

二、高职学生心理压力成因分析

(一) 高职学生存在的劣势

1. 学历层次较低

随着高等教育规模的扩大，高等教育已不再像以往那样起决定性作用，用人单位更加看重毕业生接受的是什么层次和类型的高等教育。在就业市场上，用人单位争夺重点院校、热门专业的本科生、研究生、博士生已属常态。

2. 专业知识不足

高职院校学制比本科学制短，培养目标与本科院校也不相同，与本科生相比，高职学生在专业知识的掌握上层次较低。

3. 学习空间受限

高职学生学习、掌握专业技术技能是最基本的要求，但由于起点不高，基础相对较差，理论方面的学习要求相对较低，学制也较短，所以可挖掘的潜力、可提升的空间都较为受限。

（二）社会环境因素

1. 独生子女群体症候群

独生子女群体已成为当前高职学生的主体，由于溺爱等不当的家庭教育方式导致高职学生出现孤独、任性、自私、不善交际、缺乏团队合作精神等症候群，更重要的是这些温室的花朵对心理压力的耐受力明显降低，面对挫折时不能勇敢面对，产生退缩、过度对抗等极端心理行为。

2. 社会就业环境压力

高职学生就业的质量和内涵与民众的期望值还有很大的差距。有研究者已经提出高职学校学生的就业不能用简单的就业率来衡量，而应该用就业力来做客观评估。

3. 学校因素

很多高职学生在进入所选择的高职院校后发现与理想中的高职院校差距很大，在学校中不能得到很好的专业教育和就业指导，从而对学习、就业择业，甚至未来人生产生迷茫、困惑。

（三）高职学生自身心理因素

1. 心理承受能力差

个别学生承受挫折的能力缺乏，遇到各种困惑和矛盾时不能正确处理，经常陷入焦虑、抑郁等消极情绪中，甚至出现自残、轻生、伤人等行为。

2. 心理调节能力较差

高职学生不能去适应现实，在现实中面对挫折与落差，心理调节能力较差，很多高职学生遇到或大或小、或多或少的挫折，都会陷入苦闷和焦虑中。

3. 社会及自我期望值过高

大学阶段的学生思维活跃、精力充沛、正义感强，普遍富有理想，对现实和未来怀有美好的期望。实际上，大学本身就是社会的缩影，充满激情与活力，怀揣理想，面对各种竞争、淘汰，社会中的不良现象在大学校园也或多或少地存在，如评优、评奖不公平，考试作弊等。如果一味沉浸在美好的期望中，忽略现实的复杂多变，当现实与期望、理想差距甚远时便会产生极大的挫败感，引发愤怒、焦虑、嫉妒等消极心理。同时，高职学生为了证明自己不比本科生差，往往对自己有较高的期望，但由于经验不足，实践能力薄弱，一旦达不到自己的目标就会灰心失望，自我否定。

4. 缺乏自信心

与普通本科学生相比，高职院校的学生缺乏自信心，自卑心理比较严重。首先，学习方法欠佳或其他因素导致学习成绩不好，长期处于家长、学校、社会的否定性目光的注视下，导致自信心严重缺失。其次，进入高校学习虽是令人感到高兴和自豪的事情，但高职学生在具有这种情感的同时，与周围的本科生相比，总会有一种无形的文凭自卑感，觉得“大学去不了，只有上高职”，认为自己基础差、智商低，总觉得低人一等。

5. 就业心态不平衡

就业是每个毕业生所面临的重大抉择，是人生的重大转折。部分高职学生心理期望值过高，在就业上处处碰壁，不能用正确的心态去面对就业。

单元三　高职学生压力管理

适度的压力可以让我们保持清醒状态，激发斗志，促使学习、工作的完成；当压力持续增加或长期存在，则会带来身心能量消耗，导致工作效率低下，如图 8-4、图 8-5 所示。

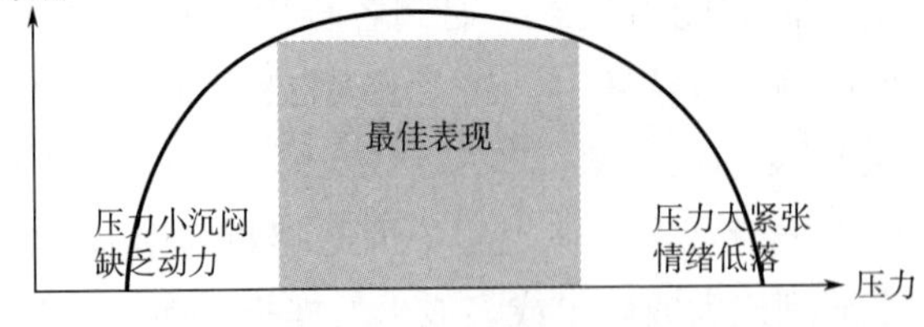

图 8-4　压力与个体表现（工作效率）间成倒“U”关系

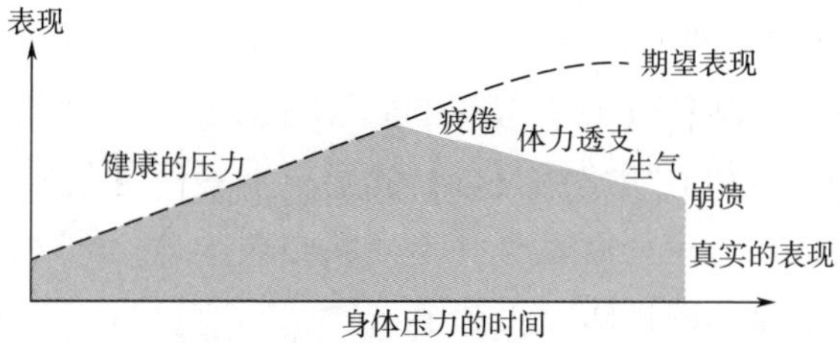

图 8-5　压力持续时间对个体表现（工作效率）的影响

一、摆正心态

（一）转变观念，换个角度看问题

案例分享

有一个美国青年军官接到调动命令，任命书上将他调派到一处接近沙漠边缘的基地。新婚的妻子跟着他离开都市生活一同前往。该地夏天酷热难耐，风沙多且早晚温差大，更糟的是部落中的印第安人都不懂英语，连日常的沟通交流都有问题。过了几个月，妻子实在无法忍受这样的生活，于是写了封信给她的母亲，除了诉说生活的艰苦难熬外，信末说她准备回去过繁华的都市生活。她的母亲回了封信跟她说："有两个囚犯，他们住同一间牢房，往同一个窗外看，一个看到的是泥巴，另一个则看到星星。"接到母亲的信件后，便对自己说："好吧！我去把那星星找出来。"从此后她改变了生活态度，积极地走进印第安人的生活里，向他们学习编织和烧陶，并迷上了印第安文化。她还认真地研读许多关于星象天文的书籍，并运用沙漠地带的天然优势观察星星，几年后出版了几本关于星星的研究书籍，成了星象天文方面的专家。

由此可见：我们的烦恼，不是源于我们的遭遇，而是源于我们对世界的看法！

（二）悦纳自我，超越自我

研究发现，一般对自我悦纳度高的人，更加自信、乐观、积极，能更好地面对压力、挫折。对于刚入学的大学生而言，他们在中学阶段，一般有心理优越感，而入学后发现很多人比自己优秀，于是产生自卑、挫败、自暴自弃等负面情绪，对此，大学生们要学会悦纳自我，并在悦纳自我的基础上不断完善、超越自我。

（三）确立目标，不断奋进

大学生入学后，往往会有意放纵自己，导致目标、理想、方向的迷失。从心理学角度来讲，树立明确的目标，就会产生一种内在驱动力，使人变得积极、乐观，而这在一定程度上有利于克服心理压力。所以大学生必须学会给自己确立学习、奋斗的目标。

（四）知觉控制，提升心理适应力

知觉控制，即人对于可改变事件或经历的进程或结果的信念。有研究表明，当一个人感知到或者相信外界压力事件、遭遇等无法应对与改变时，其对于压力的心理适应就可能更差。而相反，面对压力事件、遭遇等可以保持知觉控制，即相信自己可以很好地去应对与改变的个体，即使在面对癌症时，也会获得更多的心理和生理收益。

拓展阅读

习得性无助

美国心理学家塞利格曼于1967年进行了“习得性无助实验”。他用狗进行了这一经典实验：起初将狗关在笼子里，只要蜂音器一响，就给狗施加难以忍受的电击。狗关在笼子里逃避不了电击，于是在笼子里狂奔，惊恐哀叫。多次实验后，蜂音器一响，狗就趴在地上，惊恐哀叫，也不狂奔。后来实验者在给电击前，把笼门打开，此时狗不但不逃，而且不等电击出现，就倒在地上呻吟和颤抖。它本来可以主动逃跑，却绝望地等待痛苦的来临，这就是习得性无助。后来对人的相关实验，也发现了类似的结果。即无法控制的应激事件→知觉到缺乏控制→习得性无助。

二、合理宣泄

宣泄的方式因人、因时而异，不同的人可以根据自己不同的情况进行选择，恰当的选择如听音乐、运动、写日记、做深呼吸等；中性选择如吃东西、购物、撕纸等；不当选择如骂人、砸东西、找人打架等。我们要学会适当及中性的宣泄方式，明确宣泄最基本的原则是不伤害自己，不伤害他人。学生常用的经济又实用的宣泄方式有：倾诉、写日记、运动。

（一）倾诉

在遇到压力或情绪困扰的时候，可以找亲人、朋友、同学等倾诉自己的烦恼，这是进行压力调节的好方法。倾诉，一方面可以缓解心中的压力和不良情绪；另一方面，在倾诉的过程中可以得到更多的情感支持，并能获得认识、解决问题的新启示，增加克服困难的勇气。适当的倾诉，就好像是河道清理，挖走垃圾，消除阻碍，使河水重新流动起来，自然会恢复生机。

（二）写日记

写日记也是一种非常好的情绪宣泄的方式。当我们碰到一些不能向别人倾诉的烦恼时，完全可以把它写下来；当心中的不满、忧伤、愤怒变成日记本上的文字时，那些不良的情绪也得到了安放。

（三）运动

运动尤其是有氧运动之所以能缓解压力，让人保持平和的心态，与内啡呔效应有关。内啡呔是身体的一种激素，被称为“快乐因子”。当运动达到一定量时，身体产生的内啡呔能愉悦神经。哈佛大学的一项研究发现，一周至少 3 次，一次不低于 30 分钟的慢跑，其效果与吃抗抑郁药的效果一致。适当运动锻炼，还有利于消除疲劳、增强心肺功能。想通过运动缓解压力，可以参加一些缓和的、运动量小的运动，使心情先平静下来，如跳绳、跳操、游泳、散步、打乒乓球等。

运动中最便捷的方式是跑步（刚开始每公里跑 5~6 分钟，后面可适当提速），跑步是有氧运动，除了活动肌肉外，也能加强心、肺和循环系统的功能。同时，跑步能增加我们脑神经元中激素含量，从而消除沮丧心理。

拓展阅读

运动中的几个误区

1. 关节扭伤立即按摩和热敷，促进消肿，减轻疼痛——正确方法是“RICE”方法：R：Rest，休息；I：Ice，冰敷；C：Compression，压迫；E：Elevation，抬高患肢。

2. 生病时、月经期应停止一切运动——适当减量，不做增大腹压的剧烈运动。

3. 运动时出汗多，运动后宜大量饮水——休息片刻；少量多次，水中补盐。

三、放松训练

（一）冥想放松

冥想是一种经济又方便的减压方法。播放一段你最爱的轻音乐，让长笛、钢琴或小提琴为你翩翩起舞的想象力伴奏，带着度假般的心情，幻想一件愉快的经验。如“我仿佛在一个景色优美的山谷踏青，隐约听见淙淙翻白的涧水，漱洗过长满青苔的溪石。我踩着溪边厚厚的碎叶。沙沙往前走，一路可以闻到不知名的花香。有时候，金色的阳光穿过头顶的竹叶，照在我脸庞、额头，有时候，露珠从相思树顶倾泻而下，像一阵清凉的雨……我觉得很放松、很放松，像一朵白云那样轻松，像一朵白云，一朵白云那样慢慢飘起来，飘起来，飘离地面，漂浮在半空。我抱着洁白的云堆，像抱着枕头和棉被，像在做一个美梦，觉得手很轻松，手飘起来了，脚很轻松，脚也飘起来了……”

（二）调节呼吸放松

在焦虑、情绪低落、烦躁、疲倦时，调整呼吸，采用腹部深呼吸的方式，能够减轻由于压力事件或思想负担给你造成的肌肉紧张或忧虑症状。腹部深呼吸是最简单方便的能达到放松效果的方法。

（三）肌肉放松

在沙发、座椅或床上，进行自身放松练习，或渐进放松练习，或三线放松练习，可以减少压力所带来的身体征兆，通过肌肉放松达到精神松弛，消除心理上的紧张。渐进放松练习的要领为：闭上眼睛，集中精神感受身体各方面的放松，吸气时，紧绷肌肉，约 5 秒，吐气时，缓缓地放松，约 15 秒的时间，从中体会紧绷与松弛时的差异，每个部位做两次，等到感觉各部位均已经放松后，可以静坐一段时间，如表 8-1 所示。

表 8-1　　渐进放松练习的操作步骤

身体部位	具体操作
右（左）手指及右（左）手腕	握紧拳头，限于手指、手腕及前臂用力。从惯用的手开始
两手上臂	上下手臂夹紧，两手同时做。放松时，两手自然下垂
头部及额头	头部尽量上仰，额头紧紧往上推挤，让其产生皱纹，拉紧头皮及额头
眼睛	用力紧闭约 5s，眼皮缓缓张开一条细缝，眼球自然往下约可以看到鼻尖

续表

身体部位	具体操作
牙齿及舌头	上下紧咬，舌头紧紧向上抵住；放松时，上下牙齿轻轻扣着，舌头悬空
脸颊及嘴唇	上下唇紧闭，脸颊向左右尽量拉；放松时，嘴唇轻轻合着
颈部及肩膀	肩膀用力往上挤，放松时，肩膀下沉
胸、背部	两手向前交叉抱胸，挤压胸肌、拉紧背肌；放松时，两手自然下垂，肩膀下沉
腹、腰部	腹部用力将腹部尽量突出，臀部夹紧；放松时，全身重量下沉于臀部（坐姿），腿及脚下沉
两脚及两腿	脚趾用力向下弯曲，大腿小腿尽量夹紧或绷紧；放松时，脚底平贴地面（坐姿），腿及脚下沉

四、饮食调节

食用一些绿色健康的食物，也会有减压的作用，如表8-2所示。

表8-2　食物对压力的调节

食物	调节作用
深水鱼	鱼油中的Omega-3脂肪酸，有与常用的抗忧郁药如碳酸锂的类似作用，即能阻断神经传导路径，增加血清素的分泌量
香蕉	含有一种称为生物碱（alkaloid）的物质，可以振奋精神和提高信心。而且香蕉是色氨酸和维生素B6的超级来源，这些都可以帮助大脑制造血清素，减少产生忧郁的情形
葡萄柚	不但有浓郁的香味，更可以净化繁杂思绪，也可以提神醒脑。至于葡萄柚所含的高量维生素C，不仅可以维持红细胞的浓度，使身体有抵抗力，而且维生素C也可以抗压。最重要的是，在制造多巴胺、正肾上腺素时，维生素C是重要成分之一
菠菜	除含有大量铁质外，更有人体所需的叶酸。医学文献一致指出，缺乏叶酸会导致精神疾病，包括抑郁症和早发性痴呆等。研究也发现，那些无法摄取足够叶酸的人，在5个月后，都无法入睡，并产生健忘和焦虑等症状。研究人员推论，缺乏叶酸会导致脑中的血清素减少，造成抑郁症出现
大蒜	德国一项针对大蒜对胆固醇的功效研究，从病人回答的问卷发现，他们吃了大蒜丸之后，感觉不疲倦、不焦虑、不容易发怒。研究人员之前没想过，大蒜竟然有这种额外功效
南瓜	能制造好心情，是因为它们富含维生素B6和铁，这两种营养素都能帮助身体所储存的血糖，转变成葡萄糖，葡萄糖正是脑部唯一的燃料

续表

食物	调节作用
低脂牛奶	纽约的西奈山医药中心研究发现，让有经前症候群的妇女，摄入 1000 毫克的钙片 3 个月之后，3/4 的人都比较不紧张、暴躁或焦虑。低脂或脱脂牛乳正是钙的最佳来源
全麦面包	麻省理工学院的朱蒂丝·渥特曼博士表示，吃复合性的碳水化合物，如全麦面包、苏打饼干，它们所含有的微量矿物质如硒，有助于提高情绪

课外拓展

压力训练活动

一、突破困境

播放放松音乐，指导成员平静下来。发给白纸，请成员在第一张纸上画出此刻的心情和感受；第二张纸画目前个人一个最大的困扰；第三张纸画解决困扰的方法；第四张纸画如果解决了这个困扰，生活将变得怎样。

分享：请成员交流，通过成员的反馈和协助，对自己的问题更加清楚，更有信心解决问题。

二、压力免疫训练

活动内容与方式如下。

1. 感觉与表达压力

请团体成员在黑板上用圆形表示压力，圆的直径大小与压力的大小成正比，并在圆圈内标明压力源。同时画一个人形图，用于表示有压力时自己身体哪一个部位有不适反应，在相应部位涂上阴影。领导者引发参与者对压力的感觉、想法和情感，以及探讨究竟是哪些因素抑制了当事人应付压力的能力，并对人的心理问题所导致的躯体化现象加以评述与解释。

2. 驳斥非理性思维，重建认知

帮助当事人正确认识压力的性质和不可避免性，意识到自己的想法、认知方式和情绪在造成压力中所扮演的角色，找出当事人适应不良的观念模式（如绝对化思维方式等），并且以新的适应性的思维模式取而代之。具体做法如下：

（1）RET 自助单法　请参与者画一张包含四列的“RET 自助单”：左边

第一列写下生活事件（如与别人互动等）；第二列写下自己原来对此类事件的看法（如认为我对别人好，别人就应该对我回报等）；第三列写上针对原看法的驳斥（如千人千面，千面千心；或想别人像我对他们那样回报自己是不可能的）；第四列写上按新的想法重新体验事件之后的体会。一周后回到团体，以自助单为基础，分享自己的经验，彼此学习驳斥不合理信念的方法。

（2）自我对话，驳斥非理性信念　描述一个日常生活中的场景，请参与者想象自己身处于那个场景之中，先按照以前的思维习惯自言自语一段话，表白自己的内心想法（如“我必须表现得与众不同”），然后要求用一种新的陈述来取代原来的理想主义的陈述（如“我只要表达明白就可以了”）。

3. 行为预演或放松训练

先让当事人暴露于引发焦虑的情境中（如在团体中表演的情境），然后通过肌肉紧张—放松训练和调身、调息、调心的训练达到情绪和身体的放松。放松的肌肉可以依序是：额肌-嚼肌-颈肌-胸肌-腹肌-上肢-下肢。本节可配合放松磁带训练。

4. 指定家庭作业与应用追踪

（1）建立一个相互支持的同伴系统，用奇偶数抽签的方法使成员随机配对，使之相互成为团体治疗中的监督者和支持者。

（2）指定多种多样的想象性或现实性的社会练习情境，包括非接纳性的情境（如向上司汇报工作）；训练的目标和人群可以是：有关难以控制的愤怒问题，有关恐惧的问题，A型性格者，遭强暴的受害者、运动员、考试紧张者等。

（3）练习将新学习的行为向日常生活扩展或转化。练习过程中同伴给予必要的监督和精神支持。

三、压力测试量表

指导语：以下量表用于测验您过去一个月内的压力情况，有三个选项：从未发生；偶尔发生；经常发生。答案无对错之分，请如实作答。

1. 觉得手上学习任务或工作太多，无法应付。
2. 觉得时间不够，所以要分秒必争。例如过马路时闯红灯，走路和说话的节奏很快。
3. 觉得没有时间消遣，终日记挂着学习或工作。
4. 遇到挫败时很容易发脾气 。
5. 担心别人对自己工作表现的评价不佳。

6. 觉得上司和家人都不欣赏自己。
7. 担心自己的经济状况。
8. 有头痛/ 胃痛/ 背痛的毛病，难以治愈。
9. 需要借烟酒、药物、零食等抑制不安的情绪。
10. 需要借助安眠药去协助入睡。
11. 与家人/ 朋友/ 同事的相处令你发脾气。
12. 与人倾谈时，打断对方的话题。
13. 上床后觉得思潮起伏，很多事情牵挂，难以入睡。
14. 太多工作，不能每件事做到尽善尽美。
15. 当空闲时轻松一下也会觉得内疚。
16. 做事急躁，任性而事后感到内疚。
17. 觉得自己不应该享乐。

计分方法：从未发生 0 分；偶尔发生 1 分；经常发生 2 分 。

结果解释：

0~10 分：精神压力程度低，但可能生活缺乏刺激，比较简单沉闷，个人做事的动力不高。

11~15 分：精神压力程度中等，虽然有些时候感到压力较大，仍可应付。

16 分或以上：精神压力偏高，应反省一下压力来源和寻求解决方法。

情境九　危机中重生
——高职学生的生命教育与心理危机应对

本情境要点：

1. 理解生命教育的意义与功能。

2. 心理危机的常识、心理危机识别与干预技术和自杀危机干预的基本步骤。

3. 掌握生命价值提升途径和方法。

典型案例

走饭，本名马洁，女，90后，某地高校学生，2012年3月17凌晨在寝室上吊自杀。3月18日通过定时的时光机发出微博“我有抑郁症，所以就去死一死，没什么重要的原因，大家不必在意我的离开。拜拜啦。”这条新浪微博消息引起众多网友相继转发。3月19日凌晨1点32分，当地公安在线发布微博证实，发布该条微博的女生已经遗憾去世。走饭对死亡轻描淡写的33个字，在随后的十几天里被人们转发了八万多次。在微博上，有人说，那是走饭的人生哲学；有人说，那是诗……

单元一　高职学生的生命教育

生命是什么？也许你会回答生命就是活着，能吃能喝能喘气；也许你会回答生命就是出生、长大和老去；也许你会回答生命就是能感知自己的存在等。是的，生命它包含了遗传、生长、发育、新陈代谢、感应、运动，甚至变异等过程，它具有周期性、无常性和群体性，其中周期还表现为不可逆性和一次性，即从胚胎起，生命便一直生长、发育，直到衰亡，不会返老还童，也不会死而复生。

生命对每个人来说只有一次，它是至高无上的，我们首先必须要珍惜自己的生命，另一方面，应该珍惜别人的生命。虽然生命不可逆，我们也增加不了它的长度，但我们可以在教育和实践中努力去增加生命的厚度。

一、生命教育源起与发展

生命教育最早源于20世纪初在西方兴起的死之学和随后发展起来的死之教育、生死教育。美国的杰·唐纳·华特士在1968年首次提出生命教育的思想，开始关注对生命的有严重损伤的事项，如吸食毒品、感染艾滋病、遭受暴力、自杀等。通过宣传毒品的危害、艾滋病的传播危害和预防，引起人们对生命的重视和保全。1989年，日本在新《教学大纲》中提出“以尊重人的精神”和“对生命的敬畏”观念来定位道德教育的目标。

我国的生命教育起步相对较晚，但发展迅速，不仅受到广泛的重视，很多研究者探讨了生命教育的内容和形式，随之出版了读本、教材，并建立了专业机构，用于传播生命教育和保全生命。2002年5月，吴甘霖在武汉大学开设了第一次生命教育的大型讲座——“生命智慧——如何珍惜及开发仅一次属于自己的生命”被各大媒体报道；2003年1月，出版了中国第一部生命教育的完全读本《生命智慧——活出自己的阳光》；2003年9月，北京心理危机研究与干预中心门诊成立；2004年，中华生命教育网创立；2005年1月22日，首届中华青少年生命教育论坛在北京召开；2006年，首套生命教育教材《生命教育》出版；2013年12月8日，成立了生命教育学术专业机构——中国陶行知研究会生命教育专业委员会。

二、生命教育的内容

生命教育是帮助学生认识生命、尊重生命、珍爱生命，促进学生主动、积极、健康地发展生命，提升生命质量，实现生命的意义和价值的教育。通过生命教育，使学生认识人类自然生命、精神生命和社会生命的存在和发展规律，认识个体的自我生命和他人的生命，认识生命的生老病死过程，认识自然界其他物种的生命存在和发展规律，最终树立正确的生命观，领悟生命的价值和意义；以个体的生命为着眼点，在与自我、他人、自然建立和谐关系的过程中，促进生命的和谐发展。

1. 认识生命

“生命”这个词对每个人来说，都不是陌生的。它意味着一切生命体的存在、体验、经历、实践。生命具有有限性、不可重复性、独一无二性等。

认识生命，让学生获得关于生命的知识，“理性”地认识生命，并明白生命的特点，体验生命的美好。要使学生理解生命是有限的、脆弱的，生命的失与得往往就在不经意的一瞬间。正因为生命对我们来说只有一次，是不可重复的，因此，我们要珍惜生命，珍惜生命给我们带来的种种机会，使我们能够去学习、工作、交往和享受。同时，也让学生意识到，生命是容易受到伤害的，这种伤害，不只是肉体的伤害，对于人来说，还有心灵的伤害。我们要保护和珍爱肉体的生命与人的心灵不受伤害。为此，学生要学会欣赏，学会同情，要有爱心。

生命是独具特质的，是生而平等的，每个生命都具有其存在、生活、发展的权利，这种权利是神圣不可侵犯的，它们有属于它们自己的生活方式。认识生命，就是要教育学生尊重每个生命体，尊重其独特的生活方式，不能将人类的、个人的意志强加于其他生命，要学会尊重，学会宽容，学会和谐相处，创造人与人、人与自然和谐的境界。

2. 敬畏生命

敬畏也可以说是一种深深的敬意。正因为我们认识到生命的有限性、珍贵性和独特性，我们才有发自内心地对生命的珍惜，才会产生敬畏之感。同时，我们要摆脱自己的偏见，抛弃对其他生命的疏远性，要与我们周边的生命休戚与共。

3. 热爱生命

自杀偶有发生，青少年是自杀的高发人群之一。青少年自杀有很多具体的原因，我们可以做一些工作让自杀率尽量降到最低。他们的自杀，说明了生命教育还需加强，学生没有学会如何以积极的态度面对生命中的困难和挫折，没有认真地思考人生的意义，因而也不懂得生命的珍贵和美好。

人生不会一帆风顺，有艰辛、险阻、挫折、困顿。但正因为有了这些困难，人生才会有奋斗，才有成功后的喜悦和酣畅。生命教育要使学生体味大自然给我们的恩赐，使我们有可能创造生活、享受生活，即使我们输掉了一切，也不应该输掉对生活的信念，因为只要生命在，一切都可重来，都可创造。

4. 体悟生命的意义

法国大文学家雨果曾经说过，“人有了物质才能生存，人有了理想才谈得上生活。你要了解生存与生活的不同吗？动物生存，而人则生活”。生存只是为了维持和延续生命，美好的生活才能使生命之光得以展现。因此，人不仅在于自然生命的“活着”，更在于精神生命活出意义和价值。生命教育的目标，基础层面是教人珍爱生命，学会保护生命，更高的层次则在于教人体悟人生的意义，追求人生的理想。只有实现了这一目标，才能使生物学层面上的个体生命真正转化为文化学层面上的独立的、有尊严的、自由的价值主体，即成为大写的“人”。

生命教育在最高层次上，就是要教人超越自我、超越功利和世俗，达到与自身、与他人、与社会、与自然的和谐境界。一个“只有把自己的命运同他人、社会、人类的命运联系起来的人，才会真正找到生命价值的根本。一个人只有在关心他人、服务社会、为改善人类的命运而努力的过程中才能真正体验生命的丰满和心灵的充实。”

让人体悟生命意义的教育，是热爱生命的进一步升华。体悟到生命意义的人，更会真正地热爱生命，珍惜生命，体验生命之美好，更能坦然地面对生命的困境，在与困难斗争中，活出人生的滋味和精彩。

三、珍爱生命与心理健康

心理健康是生命和谐、珍爱生命的内在基础和必要前提；珍爱生命是心理健康的一种外在表现形式。

（一）心理健康对珍爱生命的作用

一个和谐的生命个体，总是身心健康的统一体。心理健康是心灵高尚、生命和谐的内在基础。

（二）生命意义对心理健康的影响

拥有生命意义的个体心理更为健康。生命意义感与自我价值感、生活满意度、主观幸福感及积极情感呈显著正相关；积极情绪与生命意义体验存在紧密关系。

总之，生命意义的追寻，是人类生存的基本动机，发现个人独特的生活目标与存在的生命意义，与许多心理健康问题重要相关。

四、生命教育的意义与功能

（一）认识功能——认识自我，升华道德境界

大学生生命教育的内容覆盖大学生生活的方方面面，如生命理想教育、生命信仰教育、人生责任教育、人生幸福教育等。大学生生命教育的中心任务就是帮助学生发现自身特殊的生命意义。开展大学生生命教育，将改善现

实教育中忽略生命教育的现状，从大学生的生理、心理特点和社会发展现状出发，引导大学生珍惜和热爱自己的生命，形成积极健康的生命态度，并在此基础上实现生命的价值。

（二）激励功能——确立目标，提高学习效率

意志力消失的结果就是感觉生命失败和直觉价值的丧失。为此，生命教育要求教育者必须培养大学生树立长远目标和远大理想，使其产生使命感。另一方面，帮助大学生规划出一个个近期明确的并完全可以实现的小目标，使其有兴趣、有信心去完成。

（三）实用性功能——张扬个性，增强就业能力

生命教育正是坚信“人人都有特殊的责任和使命，因而人人都有特殊的生命意义”，强调从实际出发，根据学生的家庭背景、个性特点、特长爱好和社会需求引导学生发现自己特殊的生命意义，制订有个性特征的职业生涯规划，并在个性发展得到充分尊重的职业教育环境下，人尽其才，各扬其长，使学生的个性、特长得到淋漓尽致的发挥。

（四）预防性功能——充实生活，促进身心健康

弗兰克尔说：“世界上没有任何东西比生命中存在着意义更能帮助人在最恶劣的环境中生存下来。”

爱因斯坦说：“认为生命毫无意义的人不仅得不到快乐，而且很难生存下去。”

（五）发展性功能——获取意义，提升生命价值

生命教育要求把大学生学到的本领运用到实践中去，使学生的潜力得到更大发挥，在“为人民服务”的社会实践中让他们感受到知识的意义、人生的意义。

单元二　高职学生的心理危机干预应对

高职学生所处的青年阶段是危机经常发生的阶段，因为青年期是从稳定的少年期走向稳定的成年期的过渡。社会竞争、学习和就业压力、身心疾病、感情波折、经济困难等因素导致高职学生心理危机时有发生，甚至出现自伤、自残和自杀、他杀等恶性事件。高职学生心理危机问题已经开始引起全社会

的广泛关注。

一、危机与心理危机

（一）危机

危机是个体无法用现有的资源和惯常应对机制加以处理的事件和遭遇。

危机有两层含义：一是指突发事件，出乎人们意料发生的，如地震、水灾、空难、疾病暴发、亲人丧失、恐怖袭击、战争等；二是指人所处的紧急状态。在面临突然或重大生活事件如亲人亡故、情感破裂、突发威胁生命的疾病、天灾人祸等，个体既不能回避又无法用常用的方法来解决问题时所出现的心理失衡状态。

危机没有什么可怕的，心理危机人人都会有。每个人都有过不知所措、心理困扰、混乱慌张的时候。当我们每个人在生活中面临大大小小的压力，承受的能力超过了自己的应对能力时，就会出现危机。一般来讲，大部分人的危机在4~6周内可以解决，但有一些人的危机就很难解决，如果没有有效的应对方法，可能引发心理疾病，还会出现自杀的念头，甚至可能实施自杀的行为。

（二）心理危机

1. 心理危机的概念

心理危机这一概念是美国心理学家卡普兰首次提出的。他认为，每个人都在努力保持一种内心的稳定状态，使自身与环境稳定协调，当重大问题和剧烈变化使个体感到问题难以解决，平衡就会打破，正常的生活受到干扰，内心的紧张不断积累，继而出现无所适从甚至思维和行为的紊乱，进入一种失衡状态，这就是心理危机的状态。

心理危机不是哪一些人的专利，人人都可能遭遇心理危机。当我们承受来自外界的压力、困扰的时候，每个人的心理都会不同程度地受到影响，只是影响的程度不一样。心理危机常常是较为严重的状态。

2. 心理危机反应的主要表现

无论何种情形，个体面对危机时会产生一系列身心反应，这种反应会维持6~8周，主要表现在生理、情绪、认知和行为上。

（1）生理方面　可能出现肠胃不适，腹泻，食欲下降，头痛，疲乏，失眠，做噩梦，易惊吓，感觉呼吸困难或窒息，有哽塞感，肌肉紧张等现象。

（2）情绪方面　可能出现害怕，焦虑，恐惧，怀疑，不信任，沮丧，忧郁，悲伤，易怒，绝望，无助，麻木，否认，孤独，紧张，不安，愤怒，烦躁，自责，过分敏感或警觉，无法放松，持续担忧，担心家人安全，害怕死去等情绪状态。

（3）认知方面　可能出现注意力不集中，缺乏自信，无法做决定，健忘，效能降低，不能把思想从危机事件上转移等现象。

（4）行为方面　可能出现社交退缩、逃避与疏离，不敢出门，容易自责或怪罪他人，不易信任他人等表现。

3. 心理危机的特征

（1）突发性　危机常常是出人意料、突如其来的，具有不可控制性。

（2）紧急性　危机的出现如同急性疾病的爆发一样具有紧急的特征，它需要人们去紧急应对。

（3）痛苦性　危机在事前事后给人带来的体验都是痛苦的，而且还可能涉及人的尊严丧失。

（4）无助性　危机的降临，常常使人觉得无所适从，而且，危机使得人们未来的计划受到威胁和破坏。由于心理自助能力差、社会心理支持系统不完善，危机常常使个体感到无助。

（5）危险性　危机之中隐含着危险，这种危险可能影响到人们的正常生活与交往，严重的还可能危及自己和他人的生命。

（三）高职学生常见心理危机类型

1. 发展性危机

发展性危机是个人在正常成长和发展过程中，对急剧的变化或转变所产生的异常反应，如青春期的心理困扰、升学危机、性心理危机等。发展性心理危机是可以预料的，其特征是情绪的剧烈变化，导致个人心理失衡。因为我们在发展的转变、过渡阶段所遇到的很多问题是前所未有的，比如第一次被别人追求，当你看到第一封情书的时候是不是吓得不知道塞哪儿好。这些危机是高职学生生命中必要和重大的转折点，每一次发展性危机的成功解决都是高职学生走向成熟和完善的阶梯。随着我们慢慢长大，会有很多新的经验，来面对这些发展性危机。

2. 境遇性危机

境遇性危机是指突如其来、无法预料和难以控制的心理危机，如交通事故、人质事件、突然的绝症或死亡、被人强暴、自然灾害等。高职学生的境遇性危机具体就比如学业不良，考试不及格，没考上专升本，恋爱失败，家人过世等事件。

3. 存在性危机

存在性危机是指一些人生中的重要事件出现问题，而导致的个人内心的冲突和焦虑，是伴随重要的人生目的、人生责任和未来发展等内部压力的冲突和焦虑的危机。生和死是人生的基本课题，作为一个人活在世上，一定会去考虑生命、死亡：“我什么时候死，我应该怎么样去过自己的一生”。探索人生，探索自己发展，探索自己存在的意义和价值，这种思考肯定会有很多的困扰。这些存在性的困扰，人们尤其是青年高职学生在探索自我、探索人生时会遇到。

拓展阅读

首都师范大学心理咨询中心主任蔺桂瑞教授将大学生心理危机诱因归纳为八个方面：

第一，父母关系不合、离异造成的心理创伤。

第二，社会就业竞争激烈。

第三，不适应高职学生活环境。同宿舍学生，因独生子女性格和各自个性不能相互容纳，由此发生矛盾冲突，造成高职学生的心理问题很多。

第四，不适应大学学习环境。学生上大学后，突然失去学习目标，心中茫然与失落。

第五，恋爱与失恋问题。

第六，性行为问题。一类学生是过于封闭自我，导致性压抑；另一类学生是过于开放，随便发生性关系，之后又非常后悔自责。

第七，就业观念滞后，就业期望值过高。随着高校的扩招，教育已趋向普及化。一些学生和家长求职期望值非常高，与现实不符，造成极大的心理压力。

第八，社会贫富差距越来越大。有的学生家里经济条件比较好，穿名牌衣服，过生日请同学吃饭。这都会对那些贫困生的心理造成很大的压力。

（四）高职学生心理危机的发展过程

1. 冲击期

在危机事件发生后不久或当时，感到震惊、恐慌、不知所措。

2. 防御期

表现为想恢复心理上的平衡，控制焦虑和情绪紊乱，恢复受到损害的认知功能，但不知如何做。此时会出现否认、合理化等心理防御反应。

3. 解决期

积极采取各种方法接受现实，寻求各种资源想方设法解决问题，从而减轻焦虑，增加自信，恢复社会功能。

4. 成长期

经历了危机后变得更成熟，获得应对危机的技巧。但也有人消极应对而出现种种心理不健康的行为。

从危机的后果来说，会有四种不同结局。第一种是顺利度过危机，并学会了处理困境的新方法和策略，提高了心理健康水平；第二种是虽然度过了危机但留下心理创伤或阴影，影响或者限制今后的社会适应；第三种是经不住强烈的刺激而自伤自毁、自杀；第四种是未能度过危机而出现严重心理障碍，陷入神经症或精神病，心理适应水平明显降低。

二、心理危机的识别与干预

高职学生生理疾患、心理障碍、学习和就业压力、情感挫折、自我期望值过高、受挫后产生的心理落差、经济压力、家庭变故以及周边生活环境等诸多因素，会导致心理危机发生。还有抑郁心理、孤僻性格、自卑心理、抑郁症、精神分裂等精神疾病，也是引起心理危机、导致自杀等极端行为的主要原因。心理危机干预就是对处于心理危机状态者采取明确有效的措施，使心理功能恢复到危机前的水平，并获得新的应对技能，以预防将来心理危机的发生。心理危机干预是一种短程的帮助过程，是对处于困境或遭受挫折的人予以关怀和帮助的一种方式。

（一）心理危机的识别

1. 判断标准

（1）正常行为活动的突然改变　正常的行为活动是一个人心理健康的重要表现之一。当个体高职学生出现行为异常，如：饮食、睡眠出现反常、个人卫生习惯变坏不讲究修饰、自制力丧失不能调控自我、孤僻独行等非常态行为时，就要注意是否有心理危机问题了。行为异常也是判定个体发生抑郁症的重要条件之一。

（2）学习兴趣下降　如上课无故缺席，常迟到早退，成绩突然下降，根本无法进行正常的学习和听课。心理学认为，正常、有效、良好的学习能力是个体心理健康的前提和标准。当个体在智力正常的情况下突然丧失了学习这一功能时，就说明是心理状态发生了问题。

（3）异常情绪的出现　心理学认为情绪是指个体需要是否得到满足的反应，需要是情绪的基础。当需要满足时就会产生积极的情绪体验，反之，就会产生消极的情绪体验。良好的情绪是心理健康的重要标准之一，不良的情绪体验是心理发生问题的主要因素。异常情绪包括：抑郁、焦虑、淡漠、躁狂等。高职学生的情绪突然改变、明显不同于往常，出现不良情绪反应，如情绪低落、悲观失望、焦虑不安，无故哭泣、意识范围变窄、忧郁苦闷、烦恼或喜怒无常、自我评价丧失、自制力减弱等消极情绪时，就有发生心理危机的可能。

（4）丢弃或损坏个人平时十分喜爱的物件　这也是十分典型的识别根据。如果个体高职学生不能正常有序地学习和生活，把自己平时很喜欢的东西随意丢弃或毁坏等，这意味着不正常的心理行为发生了，而且是心理障碍达到危机的程度时，才会出现的情况。

（5）自杀意图的流露　如谈论自己的死或与死有关的问题，或写下遗嘱之类的东西。有的甚至已经试图采取过某些手段企图自杀。

2. 高职学生中的高危个体

（1）在心理普查中筛查出来的有心理障碍、心理疾病或自杀倾向的学生。

（2）由于学习压力、就业压力过大而出现心理异常的学生　如第一次出现不及格科目的优秀学生、需要重修多门功课的学生、将试读的学生、将被退学的学生、完成毕业论文有严重困难的学生等。

（3）生活学习中遭遇突然打击而出现心理或行为异常的学生　如家庭发生重大变故（亲人死亡、父母的离异、父母下岗、家庭暴力等）、遭遇性危机（性伤害、性暴力、性侵犯、意外怀孕等）、受到意外刺激（自然灾害、校园暴力、车祸等其他突发事件）的学生等。

（4）个人感情受挫后出现心理或行为异常的学生　如失恋者、单相思而情绪失控的学生等。

（5）人际关系失调后出现心理或行为异常的学生　如当众受辱、受惊吓、与同学发生严重人际冲突而被排斥受歧视的学生，与老师发生严重人际冲突的学生。

（6）性格内向孤僻、经济严重贫困且出现心理或行为异常的学生　如性格内向、不善交往、交不起学费的学生，需要经常向亲友借贷的学生。

（7）身体出现严重疾病的学生　如患上传染性肝炎、肺结核、肿瘤等，医疗费用很高但又难以治愈的疾病，个人很痛苦，治疗周期长，经济负担重的学生。

（8）患有严重心理疾病，并经专家确诊的学生　如患有抑郁症、恐惧症、强迫症、癔症、焦虑症、精神分裂症、情感性精神病等疾病的学生。

（9）出现严重适应不良导致心理或行为异常的学生　如新生适应不良者、就业困难的毕业生，或因严重网络成瘾行为而影响其学习及社会功能的学生。

（10）由于身边的同学出现个体危机状况而受到影响，产生恐慌、担心、焦虑、困扰的学生　如自杀或他杀者同宿舍、同班的学生等。

（二）心理危机的干预技术

危机干预的主要目标是降低急性、剧烈的心理危机和创伤的风险，稳定和减少危机或创伤情境的直接严重后果，促进个体从危机和创伤事件中恢复或康复，帮助的及时性、迅速性是其突出特点，有效的干预技术是成败的关键。

1. 倾听技术

危机干预浓缩了一系列治疗技术和策略，要求危机干预工作者比日常心理咨询或治疗者更加主动、积极和自信。准确和良好的倾听技术是危机干预者必须具备的能力，实际上有时仅仅倾听就可以有效地帮助所有的人。为了做到很好地倾听，危机干预工作者必须全神贯注于求助者。

有效倾听的重要因素，一是要在开始时就用自己的言语向对方真实地说明自己将要做什么；二是要让求助者知道，危机干预工作者能够准确地领会其所描述的事实和情绪体验；三是要帮助求助者进一步明确了解自己的情感、内心动机和选择；四是要帮助求助者了解危机境遇的影响因素。

2. 干预步骤

心理危机干预程序可分为五个步骤，如图 9-1 所示。

（1）确定问题　危机干预的第一步是从求助者的立场出发，确定和理解求助者的问题。干预人员使用积极的倾听技术：同感、理解、真诚、接纳以及尊重。包括使用开放式问题。既注意求助者的语言信息，也注意其非语言信息。

（2）保证求助者安全　在危机干预过程中，干预人员应该将保证当事人安全作为首要目标。这里的安全是指对自我和对他人的生理和心理的危险性降低到最小的可能性。在干预人员的检查评估、倾听和制订行动策略的过程中，安全问题都必须给以同等的、足够的关注。

（3）给予支持和帮助　危机干预强调与当事人沟通和交流，通过语言、语调和躯体语言让求助者认识到危机干预人员是能够给予帮助的人关心，让

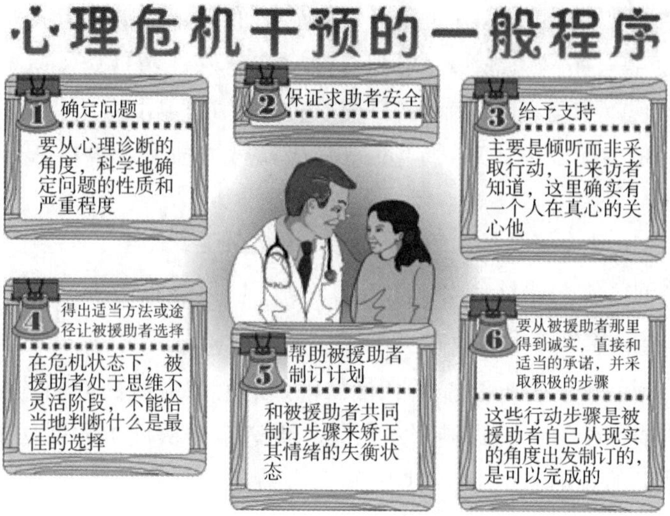

图 9-1 心理危机干预程序

求助者相信“这里有确实很关心你的人”。

（4）提出应对的方式　帮助当事人探索可以利用的替代解决方法，促使当事人积极地搜索可以获得的环境支持、可利用的应付方式，启发其思维方式。当事人知道有哪些人现在或过去能关心自己，有许多可变通的应对方式可供选择。

（5）制订行动计划　帮助当事人做出现实的短期计划，包括额外资源的提供应付方式，确定当事人理解的自愿行动步骤。计划应该根据当事人应付能力，着重于切实可行和系统地帮助当事人解决问题。计划的制订应该与当事人合作，让其感到这是他自己的计划。制订计划的关键在于让求助者感到没有剥夺他们的权力、独立和自尊。

（6）得到当事人的承诺　帮助当事人向自己承诺采取确定的、积极的行动步骤，这些行动步骤必须是当事人自己的，从现实的角度是可以完成的。如果制订计划完成得较好的话，则得到承诺是比较容易。在结束危机干预前，危机干预工作者应该从求助者那里得到诚实、直接和适当的承诺。

3. 支持技术

这类技术的应用旨在尽可能地解决危机，使高职学生的情绪状态恢复到危机前水平。支持不仅包括心理和情感的支持，也包括一些实质的救助行动。有调查表明，高职学生从他人那里获得的社会支持具有可靠同盟、价值增进、陪伴支持、情感支持、亲密感和满意度等调节功能，这些功能对处于危机期的高职学生具有重要作用。危机开始阶段个体焦虑水平很高，应尽可能使之减轻，可以应用暗示、保证、疏泄、环境改变、镇静药物等方法。

（三）营造良好心理健康环境，提高个体对危机的应对技能。

危机通常是需要立即处理的紧急情形，个体的心理健康水平和心理素质直接影响对危机的克服与应对，因此，提高高职学生的心理素质和心理健康水平，是危机干预的重要工作。

1. 正确看待压力、挫折和危机

首先，压力、挫折和危机都是客观存在的。面对客观存在的这些情境，我们应该承认它，怨天尤人是没有任何意义的。其次，压力、挫折和危机又是辩证的。它们对人既是刺激、威胁，然而也是挑战，有人将其称之为“生命之盐”是有一定道理的。从积极的意义上看，适度的压力、挫折是维系正常心理功能的条件，有助于人们适应环境，提高能力，有助于认识自身的长处与短处。

2. 争取社会支持

人是社会的人，人的发展离不开社会的支持。高职学生应该努力争取拥有良好的人际关系，拥有家庭的亲情和朋友、邻居的友情，以及拓展的网络，包括同伴、同乡、同学、团体的接纳与被接纳。社会支持的作用一是屏障作用，二是支持本身所具有的意义和价值。我们应培养社会兴趣，在人际交往中学会与他人协调合作。

三、自杀危机的识别与干预

研究表明，每年中国有28.7万人自杀，250万~500万人自杀未遂。自杀主要集中在15~34岁的人群，高职学生的年龄一般在17~25岁，是自杀的高危人群之一。这一小节主要介绍在校园自杀危机的干预中，对高职学生自杀行为的识别与干预，帮助当事人摆脱自杀的危机。

（一）高职学生自杀的诱因

高职学生易把轻微的冲突理解成具有伤害性的事件，而诱发焦虑等过度反应。他们把常见的冲突看作是有损人格尊严的严重事件，但客观上并非确实有伤害性。高职学生认为可能带来严重伤害性的事件有以下内容。

1. 家庭变故。
2. 与朋友同学绝交。
3. 自己敬爱的人或对自己有重要意义的人死亡。
4. 恋爱关系破裂。

5. 与他人的纷争及丧失。

6. 发生违法违纪事件。

7. 受到同伴排斥、孤立。

8. 受人欺负或迫害。

9. 学习成绩不理想或考试失败。

10. 在考试期间，承受过度压力。

11. 失业或经济问题。

12. 堕胎。

13. 患艾滋病或其他性传播疾病。

14. 重病。

15. 自然灾害。

（二）自杀信号的识别

值得庆幸的是，几乎每位深感矛盾或内心冲突的想自杀者，他们不仅提供一些自杀线索和信号，而且以某种方式请求帮助。这些线索可能是言语的、行为的，处于某种状态或综合征的线索，是可以识别的。但有些线索和寻求帮助的信号是难以识别的。有强烈死亡愿望的人是非常矛盾的，茫然的，想抓住生命。他们的思维模式是非逻辑性的，他们只看到两种可能的选择：痛苦或死亡。他们尤其不能想象自己还能得到幸福，还能走向成功。

1. 言语信号

（1）直接和人说："我想死"，"我不想活了"。

（2）间接和人说："我所有的问题马上就要结束了。""现在没有人可以帮助我。""没有我，他们会过得更好。""我再也受不了了。""我的生活毫无意义。"

（3）谈论与自杀有关的事或开自杀方面的玩笑。

（4）谈论自杀计划，包括自杀方法、日期和地点。

（5）突然与亲朋告别。

（6）谈论一些可行的自杀方法。

案例分享

走饭的微博摘录：

最怕事干到一半就没兴趣了，比如发这条微博。

人生本身就是一个自杀的过程。

意义这种东西，有意义吗？

你用我用来安慰你的句子来安慰我是没用的，为什么你不能明白这一点，我好心又天真的姑娘。最近自言自语到魔障了，刚才我一边把右手拿着的吃完早餐的塑料袋递到左手上，一边嘴里冒了一句“给你”。

心是被什么拽住的，为什么感受不到它的重量。如果我移植了一颗心，我会感受到它比之前的更轻还是更重吗。

使我不讨厌坐地铁的方法是让地铁在天上飞，一整条。

2. 行为信号

（1）出现突然的、明显的行为改变（如中断与他人的交往或出现很危险的行为）。

（2）明显减少与其生活中的重要人物的交流。

（3）抑郁的表现。

（4）将自己珍贵的东西送人。

（5）有条理地安排后事。

（6）饮酒或吸烟的量大增。

此外，以下的行为线索也很重要，包括：①退缩和独处明显增加；②出现失眠且很持久；③食欲不振；④工作或学习成绩下降；⑤自卑感和羞耻感等。

3. 其他自杀预兆

（1）对周围的人诉说自己想死的念头或在日记、绘画中表现出来。

（2）情绪性格明显反常，焦虑不安，无故哭泣。

（3）抑郁状态，食欲不好，失眠。

（4）个人卫生习惯的改变，变得邋遢且不修边幅。

（5）回避与人接触，与集体不融洽或过分注意别人。

（6）行为明显改变，对生活麻木冷漠的人，像突然变了一个人，敏感又热情。

（7）无故送东西、送礼物给亲人或同学，无理由地向他人道谢或致歉。

（8）对学习失去兴趣，上课无故缺席，迟到早退，成绩骤降。

（三）高职学生自杀的高危期

有自杀倾向的高职学生一般具有以下一些特征：遭遇了不能忍受的心理痛苦；心理需求遇到挫折；为了寻求解决的办法；在情感上感到绝望无助；对自杀的态度通常是矛盾的；想与别人交流，但找不到与人交流的途径；为了寻找出路和心灵的解脱。一般来说，高职学生在自杀前都有一些迹象出现。因此，应注意观察识别，许多自杀就可以避免。自杀征兆的各种症状中。当事人无论何时具备了下述的4~5项危险，我们就有理由认为该当事人正处在自杀的高危时期：

1. 求助者有自杀家族史。

2. 求助者曾说过要自杀，或有过自杀未遂经历。

3. 求助者已经形成一个特别的自杀计划。

4. 有条理地安排后事，将自己珍贵的东西送人。

5. 收集与自杀方式有关的资料并与人探讨。

6. 将死亡或抑郁作为谈话、写作、阅读内容或艺术作品的主题。

7. 谈论自己现有的自杀工具。

8. 抓伤或划伤身体，或者其他自伤行为。

9. 求助者最近有朋友或家人死亡或自杀；或其他丧失（如由于父母离婚、个人虐待、暴力或遭受性虐待等）。

10. 求助者陷入特别的创伤损失而难以自拔。

11. 求助者有药物和酒精滥用史，或突然地使用或增量使用成瘾物质。

12. 求助者最近有躯体和心理创伤。

13. 求助者有失败的医疗史。

14. 求助者独居并与他人失去联系。

15. 求助者有抑郁症，或处于抑郁症的恢复期，或最近因抑郁症住院。

16. 求助者有突然的性格改变、反常的中断、攻击性或闷闷不乐，或者新近从事高危险性活动。

17. 学习成绩突然显著恶化或好转，慢性逃避或拖拖拉拉，或者出走。

18. 躯体症状，如进食障碍，失眠或睡眠过多，慢性头痛或胃痛，月经不规律，无动于衷。

19. 求助者陷于以前经历过的躯体、心理或性虐待的情绪中不能自拔；有严重的绝望或无助感。

20. 求助者是精神病患者（精神分裂症、抑郁症等）。

（四）自杀干预步骤

第一，发现一个人有自杀的念头时，先接纳他，不要批判。不要试图改变他内心的感受，不要试图改变他的观点，千万不要跟他辩论。更不要承诺你会对此保守秘密。你可以跟他说，在你看来他的生命比任何东西都重要，你无法做出不跟别人说的承诺。这时候一定不能让他独处。如果发现有自杀的行为，马上要把他监管起来，这个监管并不是说要剥夺他的自由，而是一种保护。

第二，当他们说要自杀时，相信他们说的话，并认真对待。“宁可信其有，不可信其无”，要及时跟辅导员或心理咨询中心联系。决不排斥或试图否认任何自杀念头的“合理性”。当有人谈到自杀时，决不能把这一问题看作是“具有操纵性的”或并不是真的想自杀。如果这样做，处于危机中的人会真切地感受到这种排斥或谴责，这是很不明智的。

第三，向他表达你的理解和关心，同理他的心情，接纳他的感受。询问他目前的困难以及困难带来的影响。请大家在帮助别人的时候，也要考虑受助者的感受。比如看到有的同学最近好像情绪比较低落，可以主动关心他：最近你不怎么爱说话了，挺不开心的，能否告诉我一下是怎么回事？不知道你遇到什么事情了，我可以为你做点什么？这样说让他感觉到你很关心他，如果你不关心就观察不到他的变化，于是传递了一种关心和陪伴。

值得注意的是，一般人都不喜欢那种居高临下的帮助，有时候过了头的热情和帮助，反而让当事人觉得自己很无能。我们帮助别人不是要代替他做什么，而是要让他看到自己的力量，去彰显他的能力。在一个人要自杀时最需要的是理解、关怀、希望。可以跟他说，我知道你站在那儿是万不得已的选择，一定发生了什么事情让你很痛苦。

这在专业心理咨询中称作同理心。要设身处地地为当事人想想，当一个人要自杀的时候，你去跟他说理甚至教导他，其实是在说他自私、没良心、不懂得父母、不体恤别人，这是责备、批评、挖苦。这只能加重他的危机。不要认为“大喝一声”就能让试图自杀的人幡然悔悟。公开向试图自杀的人理论并劝告他停止自杀，并相信这种理论会使对方认清自己的问题，这种想法是很危险的，可能会导致悲剧的发生。

第四，让当事人多说，说是一种倾诉，说是一个自我整理的过程。如果他沉浸在自己的痛苦中，你说再多的话他一句也听不进去，只能让他觉得你跟他距离很远，所以要多听少说。给当事人充分的机会倾诉，以便确定危机类型、诱发事件及严重程度。这样你可以多了解他心里的想法。要针对自杀求助者寻找他实施自杀的各种可能性，包括他计划的时间、地点、自杀方式等，尽可能多地了解，可向社区、医务、法律等机构求援。

第五，要允许他流泪，允许他表达。不要担心他会出现强烈的情绪反应，如果真的出现的话反而是好事。这时千万不要跟他说不要哭，哭是一种治疗手段，哭能减轻压力。如果是大哭也没关系，释放完了以后就会感到痛快和轻松，适时给予他一些希望，让他知道面临的困境能够有所改变，不是完全无能为力的。

第六，可以跟他谈论自杀。不要怕问这个问题，有时刻意回避反而可能错过一些机会。提问时要用开放式问题，如发生了什么？你感觉怎么样？要有耐心，不要因为他不容易与你交谈就轻言放弃。有时沉默以后会出现重要的信息，有时当事人很伤心、痛苦的时候，你什么都不用说，静静地坐在他身边本身就传递了一种支持，陪伴是有力量的。要抓住机会与他建立关系，自己要保持平静、沉稳，对当事人随之而来的暴风雨般的情绪要有心理准备。

拓展阅读

“不要”原则

1. 不要对求助者责备或说教。
2. 不要批评求助者或对他的选择、行为提出批评。
3. 不要与其讨论自杀的是非对错。
4. 不要被求助者所告诉你的危机已过去的话所误导。
5. 不要否定求助者的自杀意念。
6. 不要过急，不要恐慌，要保持冷静。
7. 不要分析求助者的行为或对其进行解释。
8. 不要让求助者保守自杀的秘密。
9. 不要把自杀行为说成是光荣的、浪漫的、神秘的。
10. 不要过多怀疑，耽误时机。
11. 不要让大众媒体过度宣传报道。
12. 不要留下求助者一个人。
13. 不要因周围的人或事而转移目标。
14. 不要说其实自杀者并不敢真的自杀。
15. 不要说自杀者的问题很快就会解决的。
16. 不要跟自杀者讨价还价。
17. 不要答应自杀者你做不到的事情。
18. 不要讨论死值不值得这样的问题。
19. 不要让他感到孤单，每个人都渴望被别人理解、尊重、欣赏、称赞、支持、关怀，因为这是人性最根本的需要。
20. 不要忘记跟踪观察。

单元三　生命价值提升训练

人们常用“生如夏花”来形容生命的绚烂与多彩，高职学生这个处在青春澎湃，活力无限的年纪，引导他们关注自身心理健康、探索生命的价值与意义、欣赏生命的五彩缤纷、珍爱和充实生命是大学教育的重要组成部分。

以下是宜宾职业技术学院在针对学生开展生命教育的过程中，所积累的一些经验和感悟。

一、探索生命的价值

1. 心灵抒写，重温初心

在你的生活中，是否曾有过那么一瞬间，因为一个人、一件事、一段经历，让你猛然感受到生命的可贵、可敬、可爱。如果有，请拿起笔，围绕热爱生命、敬畏生命、生命意义等主题，或是去找寻探索观察身边那些拥有渺小而伟大、伟大而绚烂人生价值的人和事，并结合你个人的成长经历、思考或领悟，抒写你对生命的认识和理解，以及它对你今后的人生理想、信念、奋斗目标的意义。

2. 学习榜样，坚定信念

为引发学生对生命价值、青春意义和奋斗精神的理解和体会，利用地方文化精髓做引导和榜样，讲述发生在我们身边的真人真事。比如宜宾职业技术学院邀请“赵一曼精神”宣讲团宣讲员、宜宾大型话剧《赵一曼》的扮演者贺秋老师前来开展主题为“生命的芳香——抗日民族女英雄赵一曼对生命的诠释”的讲座。贺老师声情并茂地讲述了赵一曼热爱读书、敢于突破封建、勇于追寻新思想、忠于革命忠于党、为革命事业奋斗和牺牲的一身，讲到赵一曼先生受尽严刑拷打，身上无一寸完好肌肤仍旧不透露党组织的任何信息时，贺老师早已声泪俱下，聆听的师生们也对赵一曼先生的精神肃然起敬，心在流血眼在流泪。赵一曼先生用短暂却丰满的31年生命，为自己争取到了解放，为抗日战争胜利做出了突出贡献，为共产主义事业留下了宝贵的精神财富，为生活在新时代的你我竖起了理想信念指向标。随后，贺老师介绍了最近发生的几个典型人物体现出的爱国、信仰、梦想和奋斗，对在场大学生进行了社会主义核心价值观引导，希望大家传承革命先辈的坚定的革命信念、坚韧面对困苦的精神，学习身边的模范榜样，发挥自己的优势，为中华民族的伟大复兴奉献自己的力量。

3. 影像学习，悟生命之歌

有人说，人生如戏，每个人在自己的生命戏剧里扮演的都是主角，谁都想尽力把自己的角色塑造好。但与戏不同，人生没有台本，你的生命会是一场悲剧，还是喜剧，抑或是闹剧，决定权却并非全在你的手里。你只是个演员，而不是导演，甚至连谁是导演也不知道，无法预知故事的情节。可是，当我们看着荧屏之上那些剧情已定的影片时，通过一帧帧流动形成的画面，透过跌宕起伏的情节，又仿若隐隐能捕捉到你我的模样。于是忍不住感叹，戏如人生！戏里戏外，亦真亦幻。

在《肖申克的救赎》里，安迪说：“每个人都是自己的上帝。如果你自己都放弃自己了，还有谁会救你？每个人都在忙，有的忙着生，有的忙着死……”把同学们带入了对生命的沉思。在《寻梦环游记》中，小男孩米格的寻梦之旅让同学们感受到：对于每一个人来说，命运都掌握在自己的手中，只要对人生充满希望，只要有坚定不移的毅力和信念，只要相信自己，再有勇气护航，生命自有其韵味。《勇敢的心》这部影片让同学们开始思考活着应该是怎样的一种姿态。苏格兰人民面对统治者的奴役和压迫，他们没有退缩，而是选择了奋勇反抗，为了自由而战斗，哪怕这可能会夺走他们的生命。与其苟且偷生，他们更愿意能够真正的活过。

透过影片，我们的同学对生命的认识更加丰盈起来，我们每个人都应该珍惜生命，认真对待生命，活出生的希望，活出生的积极姿态，让我们的生命之花绚烂地绽放。

课外拓展

洞口余生

目的：思考生命的价值，明确自己生命的重要性以及对他人重要性的珍视。

时间：60 分钟。

准备：坐垫若干。

程序：

1. 把班级成员分成若干组（5~6 个人一组为佳）。每组围圈坐下，尽量缩短相互之间的距离，留一个出口；为增强气氛可以拉上窗帘，关上灯，出口处最好靠近门或窗。

2. 老师说明："你们是一支探险队进入一个岩洞，突遇洞内塌方堵住前进方向，全部被困在黑暗的洞中，来时的洞口也被堵，只剩下一条缝，恰可以过一个人，谁先出去就有生的希望。请每个人依次说出自己求生的目的及将来可能对社会做出的贡献，然后大家协商，看谁可以最先逃出，并排出次序。然后，全体一起讨论活动过程及自己的感受。"

3. 讨论的重点集中到自己能否说出将来生活的指向，听了别人意见后自己是否修正原有的想法，小组内以什么为标准决定逃生者的次序。

温馨提示：这是一个澄清生命意义的心理游戏，不关乎正确与否，每个人在游戏中感悟着自己、体会着别人的人生。只要拥有生命，一切皆有可能。希望这个游戏能激发同学们对生命的热爱与珍惜，感悟生命的美丽。

二、领悟生命的美好

1. 与智者对话，看过往今来

在图书馆一楼咖啡吧开展了一场"别样姿态，别样人生——与智者对话座谈会"。座谈会特邀到宜宾职业技术学院关心下一代工作委员会副主任侯和平老师做嘉宾，侯老师从她的人生经历出发，向同学们分享了她对生命的认识和感悟。侯老师透过自己的知青下乡经历，谈到了大的时代背景对个人产生的影响。也进一步提到，在这种我们无法改变的背景下，"顺者昌逆者亡"的可贵、可取。生命就是由一段又一段经历组成，有好的，有不好的，侯老师说："经历了，就有它的意义所在"。整个活动过程，同学们积极参与、认真聆听，也各自分享了自己对生命的一些看法："目标""梦想""快乐""活着本身就是意义"……活动最后，侯老师还为在座的各位同学给予了人生方向上的有益指导，让同学们收获良多。

此次活动告诉我们，一个人的人生有酸甜苦辣不同风味，没有人的一生是一帆风顺无挫折。人生旅途中，总会有一些荆棘波澜，我们要做的就是把握好每一天，不断去学习进步，不断去努力拼搏，让自己不断成长变得强大，这样，遇到再多的困难荆棘，我们才能迎难而上，勇敢面对。

2. 寻找心资源，燃起心动力

借助心理沙盘开展"寻找心资源，燃起心动力"，让同学们在沙的世界畅游，去不断了解自己、调适自我、发现自己的优势资源、激发对生命的尊重和燃起生活的激情。活动分为放松、体验、感悟三个环节，在活动中大家信守承诺：只带走自己的感受，把别人的故事留下，带领者做到不批评、不指责、不评价、不判断，积极营造一个安全、舒适和温暖的团体。活动中同学们积极参与、真实表达自己的想法，认真体会和分享自己的感受，用细沙和沙具在沙盘中展现出奇妙的心灵花园，一粒沙一个世界，映射出自我的思考和智慧，让藏于心底不被意识到的小宇宙（潜意识）拿出来沐浴和煦阳光（意识），启迪同学们揭开日常的行为和言语面纱去看到自己真正的需要，逐步深入了解自己，并逐渐让现实和内在的自己和谐相处。

3. 看境之不堪，感生之顽强

为鼓励同学们用眼睛，更是用心灵去捕捉生命的活力与美好，透过摄像头领悟生命的韵味，培养大家尊重生命、热爱生活的积极态度，开展主题为"生如夏花般灿烂"的生之力摄影比赛活动，让同学用相机记录身边发现的虽然土壤、水分等生长要素缺乏，但还能坚强生长和绽放的植物，去感受它生命力的顽强。同学们通过镜头中的镜像让我们感受到生命的美好及伟大，让我们看清楚生命的价值，生命的意义，也让我们感受到拍摄者对生命的敬畏和对美好生活的追求。通过此次活动让大家去发现生命的顽强与坚韧，领悟生命在阳光下的迎风灿烂绽放。

4. 生命守护，悟成长之美

一花一世界，我们以花育人，感受生命历程，感悟心路历程。挖掘生命守护历程中大家在陪伴植物时的感触、感悟，进而激发同学们对自我生命价值的探索和思考，并真正学会珍爱生命。活动中，感受生命历程，感悟心路历程，让好花常开，好景常在。同学们通过培养花卉提高认识能力、观察力、开发想象力、培养意志行动能力、提高对情绪情感的调节能力，在花卉的芳香和美妙中体会到认真努力成果的滋味，提高同学们的审美情趣、欣赏美的水平、培养同学们的动手能力、提高学生的心理素质。

在生命守护活动中引导学生尽可能多地和植物联结，如思考，参加此项活动的初心？为什么选择这个品种？守护中发生了哪些有触动的事？自己当时的感受是什么？想到了什么？做了什么？丰富了对生命的哪些认识？……最后还举办了"花开只为遇见你——生命守护分享会"，鼓励同学们将生命（绿植）守护（养殖）两个月的心路历程通过 PPT 现场演讲、画报、画册、视频呈现。

课外拓展

我的五样

目的：感受失去，珍惜拥有，学会爱，体验幸福。

时间：90 分钟。

准备：笔、白纸。

程序：

1. 分组并介绍规则。请组员安静下来，关掉一切通信工具，谢绝所有打扰；提醒组员在活动中认真听老师的要求，一步一步地来做，不能擅自行动；提醒组员不能交头接耳、左顾右盼，要自己思考，关注对自我心灵的觉察和领悟。

2. 发给每个组员一张 A4 纸，一支黑色签字笔。让组员在白纸顶端，工整地写下“××的五样”，这个××就是组员自己的名字。

3. 请组员用黑笔在白纸上，快速地写下自己生命中最重要的 5 样东西，让组员不必过多思考，想到的就写下来，写满 5 个为准。请组员看看自己的五样东西，仔细浏览，体会一下现在的心情。

三、体验生命的律动

1. 读作者故事，让思想流动

阅读是一座随身携带的小型避难所。对很多人来说，沉浸在书的海洋里是最大的幸福。读书能把人引向另一个世界，暂时摆脱日常生活中的烦恼和压力，或读到过如良师益友般的书带给自己温暖的陪伴，或在感到迷茫时在书中找到前行的方向，或曾有一本好书在你颓废时助自己燃起心中的希望，书中自有颜如玉，书中自有黄金屋，让我们在书海中放飞抚慰心灵、净化心灵和放飞心灵！

“书海中沉淀，悦读中感悟”——生命流动读书分享会中同学们分享了《蛙》《孤儿列车》《肖申克的救赎》《家》《朝花夕拾》《假如给我三天光明》《纳兰性德词集》《傲慢与偏见》《瓦尔登湖》等具有深刻意义的书，参赛同学表示他们从阅读过程、书中的故事及主人翁经历，深切体会到阅读带给他们的力量和改变，领略了生命自强不息，观看分享会的同学们通过他们的分享，拓宽了对生命逆境的理解和包容，也体会到书海的力量，习得了可以通过读书来增强自己的抗挫能力和应对困境的能力，收获到更多的“良师益友”，在今后的阅读之路上将有更多志同道合的益友结伴前行！

2. 挥洒汗水，愉悦身心

古希腊有一则让大家记忆犹新的名言“如果你想强壮，跑步吧！如果你想健美，跑步吧！如果你想聪明，跑步吧！”可见跑步的魅力。

你是否想过自己像一片羽毛顺风自由飘扬，像一只空心的管子，任春风徐徐吹过。当心灵趋于平静时，精神便得永恒，身体和灵魂总要有一个在路上。每一次心灵的释放都像是空中的蒲公英，自由且快乐。为了让心灵总是轻松，天天有微笑。在为期一个月的悦跑越阳光活动中，大家将结伴而行，共同在悦跑中感受生命的律动，在悦跑中丢掉烦恼和焦虑，享受心灵释放带来的快感。此项活动不仅锻炼了同学们的心理素质也锻炼了身体素质。使得许多同学将压抑在内心的不良情绪通过悦跑而得以释放并养成了良好的坚持习惯，习得了一项心理调适技巧。让大家在今后都能学会用适当健康的方法释放情绪，放飞自我，以良好的心态去积极面对今后的生活，以乐观的心态去学习，坦然面对人生。

3. “瑜”悦身心，更“伽”健康

瑜伽的“调息法”在梵语中用“Pranayama”表示，其中 Prana 意思是“生命之气”，yama 则是“控制”的意思。瑜伽的调息法通过有规律地吸气和呼气，以及有意识地进行屏息，刺激和按摩所有的内脏器官，进而唤醒潜藏在体内的能量（生命之气），使之得以保存、调理和提升，也是一种静心养性的心灵疗法。

通过体验呼吸调节、冥想、瑜伽基本体式及倒立静心等，让参与者在瑜伽中感受到了最真切的自己，每一位参与者在此次活动中都受益匪浅。活动给了大家一个提高内在宁静和外在气质，与自我能力、升华自身心理素质的平台，使大家以积极乐观的心态对待生活，让大家丰富课外活动的同时，也增强了自身的素质，促进了良好的学风校风建设，活跃了学院文化气氛。

课外拓展

一、生命的思考

目的：让当事人回顾自己生命中主要发生过的事与其生活的重点，在此生命计划中，可以将此活动与前面的练习联系起来，并且让当事人脱离对过去或未来的幻想、活在当下。

时间：60 分钟。

准备：每人一份生命调查表。

程序：首先明确组内的分工，其中一名焦点人物，另一位记录对焦点人物对此调查表的回答，其中两位负责澄清问题。四个人轮流扮演不同的角色。发给每人一张表，提出的问题可以根据情况加减。每小组先决定焦点人物的顺序，但以不妨碍活动进行为原则。每位当事人最多给 10 分钟的焦点人物时间。采用问和答的方式，将焦点人物回答记录，然后将资料交给焦点人物本人。四人轮流做焦点人物。结束后小组分享和讨论。

二、生命调查表

1. 在你的一生中最快乐的是哪一年？
2. 你对做什么事最擅长？
3. 说出一个你一生中的转折点。
4. 你一生中最低潮的是什么时候？
5. 你在哪一件事情中表现出绝大的勇气？
6. 你有没有一段时间特别悲伤？是否不只一个时期？
7. 说出你做得不好但仍然必须做下去的事情？
8. 哪些是你很想停止不做的事情？
9. 哪些是你很想好好做下去的事情？
10. 说说你曾经有过的巅峰时期的体验。
11. 说说你希望有的巅峰时期的体验。
12. 说说你一生中丧失的一次重要机会。
13. 有哪些是你想要从此刻开始好好做的？

情境十　助人者自助
——高职学生的朋辈咨询

本情境要点：

1. 了解朋辈心理咨询的相关知识。
2. 掌握朋辈心理咨询的基本技能。

典型案例一

来访者：……我觉得很难过、很难过，因为我从来没有担心过高考，就算想，也只是估计自己能不能取得优异成绩。哎！想不到居然名落孙山，真是越想越不服气。今年的高考其实并不难，班上成绩中等的人都考入了大学，没想到一向佼佼的我……我觉得考试根本就不能正确评估一个人的成绩，况且读书也不是为了考试，这样我也就想开了，决定参加工作算了，但我的父母却骂了我一顿，坚持说考上大学才有出息，一定要我参加补习班，然后再考。和他们争了几天，没有结果，我都烦死了。

（第一层次）朋辈咨询员：你为什么感到如此悲伤？

（第二层次）朋辈咨询员：你一向成绩很好，但想不到高考却失败了。

（第三层次）朋辈咨询员：因为高考失败，所以你感到很失望，很难过。

（第四层次）朋辈咨询员：因为高考失败，所以你感到很失望，很难过，也不清楚前面的路该如何走，心中很乱。

（第五层次）朋辈咨询员：你一向成绩很好，从来没想过高考会失败，因此你感到特别失望与难过，也有点气愤。与父母商量后，似乎非读不可，但自己实在有点不甘心，因而内心很矛盾。

典型案例二

来访者："我现在做什么事都做不下去，每天心烦得不得了。"

朋辈咨询员："那你都烦什么呢？"

来访者："我烦上课，烦回答问题，烦做作业，烦参加活动，做什么都烦。"

朋辈咨询员："有多长时间了？"

来访者："快半年了。"

朋辈咨询员："可不可以告诉我为什么？"

来访者："我……"

朋辈咨询员：（沉默等待）

来访者："我爸爸妈妈……"

朋辈咨询员：（全神贯注地望着他，示意他讲下去）

来访者："我爸爸妈妈离婚了。"（说着失声哭起来）

朋辈咨询员："你感到很难过。"（递上一张纸巾）

来访者："我恨我爸爸妈妈不管我，只顾他们自己。"（继续抽泣）

朋辈咨询员：（用手轻轻拍拍他的后背）

来访者："我不想让他们分开，跟他们求了多少回，他们还是不听我的话离了婚。妈妈从家里搬出去时，答应我每个星期都来看我，她根本没做到。"

朋辈咨询员："你是说你妈妈说话不算数？"

来访者："对啊，她说话不算数，还总是要求我说话算数。以后我再也不信她的话了。"

朋辈咨询员："听起来你还想让他们生活在一起。"

来访者："是啊。"（沉默了很久）

朋辈咨询员：（也随之沉默，并一直望着学生）

……

来访者："爸爸说妈妈爱上了另一个男人，不爱他了。爸爸很伤心。"

朋辈咨询员："是这样的啊？"

来访者："是，妈妈怎么可以去爱另一个男人。我恨那个男人，是他夺走了我妈妈。"

朋辈咨询员："妈妈有没有跟你讲过她为什么要离婚？"

来访者："妈妈说她不爱爸爸了，但永远爱我。"

朋辈咨询员："你信你妈妈的话吗？"

来访者："我信。"

单元一　朋辈咨询概述

情绪抑郁、情感空虚、压力过大、人际关系紧张等心理问题时时困扰着校园里的高职学生，影响着他们的学习生活和成长成才。随着心理咨询与心理健康教育结合程度的不断提高，改变了只有少数专业的心理咨询师才能开展助人活动的状况。朋辈心理咨询是一种实施方便、推广性强、时效性高的心理咨询模式。这种在同辈及朋友之间进行的朋辈咨询很大程度上有赖于学生之间的相互信赖程度，朋辈咨询员和来访者可以在咨询的起始阶段很快建立起互动关系，可以更好地深入来访者内心去体验其感受、情感等，咨询所能达到的效果非常明显。

一、朋辈心理咨询的含义

朋辈心理咨询是指年龄相当者对周围需要心理帮助的同学和朋友给予心理开导、安慰和支持，提供一种具有心理咨询功能的帮助，它可以理解为非专业心理工作者作为帮助者在从事一种类似于心理咨询的帮助活动。在这里“朋辈”包含了“朋友”和“同辈”的双重意思。“朋友”是指有过交往的并且值得信赖的人，而“同辈”是指同年龄者或年龄相当者，他们通常会有较为接近的价值观念、经验，共同的生活方式、生活理念，具有年龄相近、性别相同或者所关注的问题相同等特点。

二、朋辈心理咨询的产生条件

1. 要有牢固的友谊和信任关系

朋辈心理咨询的最大优势就是，来访者与朋辈咨询员之间的友谊与信赖关系，自然性的鸿沟小、防御性低、共通性大、互动性高。罗杰斯指出：“咨询是一个过程，其间朋辈咨询员与当事人的关系能给予后者一种安全感，使其可以从容地开放自己，甚至可以正视自己过去曾否定的经验，然后把那些经验融合于已经转变了的自己，做出统合。”

2. 具有一定的心理咨询的专业知识

由于双方已具有较为可靠的信赖关系，沟通上较为容易，与专业性的咨询相结合，可以收到相辅相成、事半功倍的效果。

3. 以宽容、接纳的心态面对来访者

这一条为心理咨询的基本要求之一，要求朋辈咨询员以宽容、真诚的心去面对以来访者身份出现的朋友、同辈。

4. 在咨询时学会理智地进行分析和判断

由于来访者的身份较为特殊，朋辈咨询员可能会难以把握心态，在咨询过程中，要学会运用理智的头脑进行分析和判断。

三、朋辈心理咨询的原则

朋辈心理咨询隶属于心理咨询，因而不同于日常生活中朋友之间的聊天，在咨询的过程中，为保障双方的合法权益，从事朋辈心理咨询的人员应遵循如下原则。

1. 保密性原则

咨询人员应保守来访者的内心秘密，妥善保管个人信息、测试资料等材料。如因工作需要不得不引用咨询案例时，也须对材料进行适当处理，不得公开来访者的真实姓名、班级或住址等个人信息。咨询人员在咨询过程中遇到不能解决的问题而需要专业人士的指导时，要尽量在最小的范围内寻求帮助，不能随意拿当事人的问题跟他人探讨。若当事人有自伤、伤他的行为倾向或是法庭需要取证时可以破除保密原则。

2. 时间限定原则

心理咨询必须遵守一定的时间限制。一般而言，一次咨询时长为 50 分钟，每周 1 次，原则上不随意延长咨询时间或间隔。

3. 自愿来访原则

来访者必须处于完全自愿，这是确立咨访关系的先决条件。只有自己感到心理不适，为此而烦恼并愿意找咨询人员诉说烦恼以寻求心理援助的人，问题才能够获得解决。朋辈咨询者应具有强烈的义务意识，乐于为同学服务。

4. 感情限定原则

咨访关系的确立和顺利开始，是咨询者和来访者心理沟通和接近的关键，但这也是有限度的。咨询人员需要运用法律和道德约束自己的行为。来自来访者的要求，即便是好意的，也应该予以拒绝的，个人间接触过密，不仅容易使来访者过于了解咨询者内心世界和私生活，阻碍来访者的自我表现，也容易使咨询者失去客观公正地判断事物的能力。

拓展阅读

咨询“六戒”

1. 戒主观武断

咨询中应全面了解信息，不随意根据自己的经验做出判断、界定等。

2. 戒好为人师

即不应以权威、经验者的身份面对来寻求帮助的人，让来访者感到不平等。

3. 戒宣扬自己

不以自己的经验、身份等优势面对来访者，给对方造成压力、不平等的感觉。

4. 戒随意插话

心理咨询是“出租你的耳朵”，充分表明“听”在辅导中的重要作用。它不仅体现了尊重，同时也是重要信息的主要来源渠道。这并不表示恰当的问话也不被允许，而是要适当、适时地提问。

5. 戒悲天悯人

来访者不是弱者，只是在成长过程中遇到了问题，这些问题如果有人帮助，解决得会比较快、比较容易。每一个人都有可能遇到自己不善处理的问题，这时新的角色加入会帮助我们找到新的角度，新的看待、分析和解决当前问题或困惑的方法。

6. 戒大事化小、小事化了

每一个人都是独特的，问题也是独特的。不要单凭主观对事情重要、难易的判断，来决定事情处理的方式、方法，要以当事人的需要为出发点。

5. 重大决定延期原则

由于来访者情绪过于不稳和动摇，原则上应规劝其不要轻易做出诸如退学、转学、离婚等重大决定，并在咨询开始时予以告知。待自己的情绪安定、心境平复后做出的决定，往往不容易反悔或反悔的概率较小。咨询者遇到困难情况及时转介，转介要经过当事人的同意，说明转介的理由。

四、朋辈心理咨询的特点

1. 普遍性

对于学生来讲，当他们遇到心理社会性的问题时，偏好向朋友求助；面临学业和事业问题时，偏好向父母咨询；只有涉及要解决失眠和严重的心理困扰时，才会找到心理老师或精神科医生。

2. 全员性

全员性意味着全体学生均可通过不同方式参与到朋辈心理咨询的队伍中来。每个学生都建立起自己的社会支持系统，将有助于解决自身心理困扰和适应高职生活。

3. 义务性

辅导者会付出一些时间、精力，甚至物质，但同时可以满足自己的助人愿望，获得求助者的尊重和感激，提升自我价值感和自尊心。因此，朋辈辅导者一般不会要求物质的报酬，是义务性的付出和奉献。

拓展阅读

具备“五心”

1. 爱心

在咨询辅导中要对来访者有发自内心的尊重与理解，对其处境表现出真诚的理解和关注，并通过语言或非语言信息表达出你的关心与理解。

2. 耐心

耐心地倾听、关注，并做好长期陪伴的思想准备，不急于求成。

3. 诚心

真诚地对待来访者，在来访者面前展现真诚的你，不骄矜做作、不装腔作势、不摆架子、不讲空话、不做权威、不做无保证的承诺。

4. 细心

辅导过程中细心观察来访者的言行举止、神态、外在表现等，这些是辅导中的细节。要做到不放过任何细微的环节，充分了解来访者，把握丰富的信息，以便对来访者更全面的帮助。

5. 虚心

充分尊重、接纳来访者，在与来访者的互动中共同成长，不以个人的好恶和是非标准做判断或决定。

4. 时效性

朋辈心理咨询员分布在同学中间，能广泛和同学接触，他们往往更容易发现问题，也更容易及时和同学沟通，可以提高心理咨询的有效性和时效性。

5. 直接干预性

担任朋辈心理咨询工作的通常是与求助学生关系较好的朋友或同学，受时间、地域、语言等因素的影响较少，能够更直接有效地干预，及时帮助求助学生缓解心理压力、监督建议实施、矫治问题行为和化解危机。

五、朋辈心理咨询的意义

1. 为高职学生提供心理减压的窗口

随着我国高校扩招教育改革政策的不断推进，高职学生群体数量急剧增长。人际交往、恋爱、择业就业等问题时常使成长成才中的高职学生陷于困惑、迷茫。一份关于朋辈心理互助有效性的调查结果表明：96%以上的同学曾经作为当事人向他人倾诉心事，其中52.7%的当事人认为倾诉“使自己情绪好转”，38.2%的当事人认为互助“促使自己面对现实和积极行动”；没有人提到“有不良效果”或“没有效果”。可见朋辈心理咨询为高职学生提供了一个便捷、有效的心理减压的窗口。

2. 弥补专业心理咨询人员数量不足的问题

首先，通过对来访学生咨询内容的整理、汇总，发现有些来访学生咨询的问题并不需要专业的咨询人员进行解答和处理，通过选拔一些有意愿的高职学生，经过一定的学习指导及专业培训，加之朋辈咨询员本身的特点，甚至可以更好地解决这些问题。其次，由于学校心理健康教育成长中心的接待量有限，以及在某些特殊时期（如考试前后）预约咨询的同学较多而不能及时给予接待等客观性问题，这时候朋辈心理咨询的意义与价值就显得非常重要。

拓展阅读

心理咨询会给人以“登天的感觉”就在于：心理咨询不求教训他人，而求开导他人；心理咨询不是要替人决策，而是要帮人决策；心理咨询的首要任务是协助求助者进行心理分析，而非做思想教育；心理咨询是现代人的精神享受，而非见不得人的事情；心理咨询确信“人皆可自我完善”，而非“人是不能自我逾越的”；心理咨询应增强人的自立能力，而非增强其对他人的依赖。向大家推荐两本有关心理咨询方面的书籍，感兴趣的同学可以自行阅读：岳晓东《登天的感觉》和陆小娅《活出新感觉》。

单元二　朋辈咨询的基本技能

同学朋辈之间的互助式心理咨询得以发展，主要是因为同伴之间的关系密切，共同点多，影响力大。高职学生都有较强的自尊心，不愿意受到别人的干涉和控制。同学之间往往命令少、要求少、强迫少、从众多、模仿多、默契多，所以同学朋辈之间开展互助式心理咨询会取得比较好的效果。

一、倾听

（一）概念

倾听是指朋辈咨询员通过认真聆听来访者的叙述，认真观察其细微的情绪及体势的变化，并运用言语和非言语行为表达对来访者叙述内容的关注与理解。

（二）主要内容

倾听是心理咨询中建立良好咨访关系的首要条件之一。倾听不同于一般社交谈话中的聆听。咨询中的倾听要求朋辈咨询员把自己放在一边，站在对方的角度倾听、思考、对话，高度关注对方，进入对方的世界，不仅仅是倾听来访者讲述的故事，更是要倾听故事背后的信息。与此同时，专注来访者的所言所行，注意对方如何表达自己的问题，如何谈论自己及自己与他人的关系，以及如何对所遇问题做出反应。还要注意来访者在叙述时的犹豫停顿、语调变化以及伴随言语出现的各种表情、姿势、动作等，从而对言语做出更完整的判断。

倾听，不仅在于听，还要有适当的反应。反应包括言语的，如："是的""噢""说下去""我明白了""你再说得更详细些"等。也包括非言语的，如身体微微前倾，做开放姿态，目光注视对方（但不能长时间直视），时而点头表示理解，面部表情随着来访者情绪的变化而变化。

（三）作用

1. 建立良好的咨访关系。
2. 鼓励来访者进行宣泄，开放自己，坦诚表白。
3. 澄清问题，促进朋辈咨询员对来访者的理解和来访者对自己的了解。

（四）运用时段

倾听贯穿于心理咨询的任何阶段，并伴随其他方法共同使用。从某种意义上说，整个心理咨询过程也是倾听的过程。

（五）注意事项

1. 不要急于下结论。

2. 不要轻视来访者的问题。

3. 不要干扰、转移来访者的话题。

4. 不要做道德或是非的评判。

二、共情

（一）概念

共情，又称作同感、共感、同理心等。简而言之，共情技术是指朋辈咨询员一边倾听来访者的叙述，一边进入来访者的精神世界，设身处地、感同身受地体验这个精神世界，然后跳出来以言语反馈对来访者内心体验的理解。可见，共情也就是一种感受力，通过共情这种方式，将人与人连接起来，使我们知道别人的喜乐如同自己的，别人的痛苦也如同自己的，但是这种感受力又是有一定距离的。共情也是建立良好心理咨询关系的重要条件之一。

（二）主要内容

1. 转换角度，真正设身处地地使自己“变成”来访者，用他的眼睛和头脑去知觉、体验、思维。按罗杰斯的看法，共情就是“体验他人的精神世界，就好像那是自己的精神世界一样”。

2. 设身处地地倾听来访者。

3. 回到你自己的世界中来，借助于知识和经验，把你从来访者那里知觉到的东西做一番整理，理解他们。

4. 用言语和非言语行为做出反应，引导来访者对其感受做进一步的思考。

5. 在反应的同时留意对方的反馈信息，必要时应直接询问对方是否感到自己被理解了。

（三）作用

1. 有助于建立良好的咨访关系。

2. 修正朋辈咨询员对来访者的理解。

3. 协助来访者自我表达、自我探索，从而了解自己内在深层的想法和感受。

（四）运用技巧

1. 心理咨询专家按照不同的水平对共情做了分类，不同类型的共情其使用要求是不一样的。一种是“初级的共情”，一种是“高级准确的共情”。

案例分享

来访者被最好的朋友出卖了，他愤怒之下砸了好朋友送的所有东西。他在谈及此事时说：“我当时气极了，真想把家里的东西全部砸了，不过了……”(他的十指痉挛似地扭在一起)。

(初级共情的反应) 朋辈咨询员：……我可以理解你当时的这种心情……

(高级准确共情的反应) 朋辈咨询员：……要是我也可能会这样想……你是不是觉得这件事对你的伤害太大了？

2. 心理学家可卡夫则把共情分成五种不同水平，从有害的反应（第一层次）到交换式的反应（第三层次）再到累积的共情（第四、五层次）。

典型案例一中，第一层次的回答，朋辈咨询员似乎根本没有留意当事人所说的话，而问来访者为何这样悲伤，是个很不妥当的问题，反映了他不但没有留心倾听，而且还完全忽略了来访者所表达的重要感受。

第二层次的回答中，朋辈咨询员的反应虽然在内容上和来访者表面所说一致，但他只注意了来访者表面的感受，故在反应中只有内容上的复述，缺乏感情的响应。从他的反应中，可看出他的倾听不很准确，以致了解得不够全面。

可卡夫认为，若要在咨询过程中产生有效的结果，朋辈咨询员最起码要具有第三层次的共情。在此层次，朋辈咨询员的反应与来访者所表达的意义与感受比较一致，但未能对来访者较深的感受做出反应，即没有对隐藏于言语背后的感受做出共情反应。

第四层次的共情程度较高。朋辈咨询员的反应中，他表达的感受已深于来访者所能表达的感受，即朋辈咨询员把来访者深藏于言语背后的感受也表达了出来，因此来访者可由此体验和表达起初未觉察和未能表达的感受，同时还可以掌握这些感受背后的含义。

达到第五层次的朋辈咨询员，做到了准确的共情。无论在表面或深入的感受上，都很准确。案例中他不但明白当事人很失望、难过等表面的感受，甚至连很深的情感，如气氛、不甘心和矛盾等，也都做了准确的反应。此时朋辈咨询员已能对来访者做全面而准确的共情了。

(五) 注意事项

在共情的过程中，应注意防止以下几种错误倾向：

1. 直接的指导和引导

比如“你应该这样。”“你应该谈这个问题，而不是谈那个问题。”等。

2. 简单的判断和评价

比如“我认为那是错的。”“你太骄傲自大了。”等。

3. 空洞的说教和劝诫

比如“我们应该志向远大，以工作为重，爱情应服从事业。”等。

4. 贴标签和诊断

比如“你有自卑情绪。”“你的行为方式是神经症性的。”等。

5. 虚弱的保证，试图使来访者高兴

比如“你的明天一定会比今天好。”“你一定能做得更好。”等。

6. 排斥消极的情感，不能接纳来访者的全部情感

比如“你不应该吹牛。”“人不应悲观沉沦。”等。

三、真诚

（一）概念

真诚是指朋辈咨询员以“真正的我”出现，没有防御式伪装，不把自己藏在专业角色后面，不带假面具，不是在扮演角色或例行公事，而是表里一致、真实可信地置身于与来访者的关系之中。真诚也是建立良好心理咨询关系的重要条件之一。

（二）主要内容

1. 建立良好的咨访关系。

2. 鼓励来访者真诚、自由地表达自己内心的困惑。

（三）作用

1. 为来访者提供一个安全自由的氛围，能让他知道可以袒露自己的软弱、失败、过错、隐私等而无须顾忌，使来访者切实感到自己被接纳。

2. 朋辈心理咨询员的真诚坦白为来访者提供了一个良好的榜样，来访者可以因此而受到鼓励，以真实的自我和朋辈心理咨询员交流，坦然地表露自己的喜怒哀乐，宣泄情感，也可能因而发现和认识真正的自己。

（四）运用时段

真诚贯穿于心理咨询的任何阶段，并伴随其他方法共同使用。真诚既是一种态度，也是一种能力。

（五）注意事项

1. 朋辈心理咨询员必须理解真诚不等于实话实说，说实话不完全是真诚。

2. 真诚不能脱离事实，应该实事求是，不能不懂装懂。

3. 朋辈心理咨询员不能有感而发，忘情发泄自己的内心世界。

4. 表达真诚应适可而止，过度的真诚反而适得其反。

5. 表达真诚还体现在非言语上，身体姿势、目光、声音、语调等都可以表达真诚。

6. 表达真诚应根据咨询的进程而有所变化。

案例分享

一个存在不良人际关系但把原因都归结于他人的求助者问咨询师：“您说，这能怪我吗?”

咨询员说：“你把原因都归结于他人，我看不到你在自己身上找原因，实际上别人都看不起你为人处世的方式，尤其是你得理不饶人的做法。”这可能是事实，但实话实说很可能使求助者感觉咨询师和其他人一样在批评、指责他，因而产生破坏良好的咨询关系的作用。而真诚的说法是：“你更多地寻找了他人的原因，也许你忽略了在自己身上找原因，实际上别人可能只是对你为人处事的方式有些不同的意见而已，你可以思考在你有理时你是怎样做的。”这种真诚的态度能够被求助者感受到，也容易被其接受。

四、情感反应

（一）概念

情感反应是指朋辈咨询员辨认来访者言语与非言语行为中明显或隐含的情感，并且反应给来访者，协助来访者觉察、接纳自己的感觉。

（二）主要内容

来访者情绪情感以言语或非语言的方式来表达。言语主要是指言语表情，而非语言则主要指面部表情和身段表情（即体语）。言语表情是指通过词语(名词、副词、形容词、动词等)、语气语调等方式表达的情绪情感，如“美好”“可爱”“伟大”“向往”“战斗”“伤害”“厌恶”等。面部表情是指肌肉变化、眼神变化而表达的情绪情感，如高兴时，嘴角上扬；烦恼时，眉头紧锁；吃惊时，眼睛瞪大等。身段表情在日常生活中是人们识别情绪的重要方向，如愤怒时，身体僵硬；害怕时，全身颤抖；沮丧时，摇头叹气等。

情感反应方法往往包括3~4部分：（1）人称代词“你”；（2）感受性的动词，如“你觉得……”“你似乎感到……”；（3）情绪性的字眼（常是情绪名称），如“愤怒”“悲伤”等；（4）有时还有附加的说明、解释部分。

来访者所使用的情绪性词语，是观察其对周围环境认知的很好线索。比如某来访者谈及自己的某同学时，可能用“他可真有趣”或“他真令人讨厌”这样的词语，这些情绪性词语往往表达了来访者的心境。朋辈咨询员可由此了解到来访者的思想、情感，同时通过自己的情感反应，使来访者获得更为清晰的感知。

来访者在面谈中往往会出现混合情感或矛盾情绪，如“我很想和他道歉，可心里又有些怕，感到很矛盾。”发现来访者身上这些混合情绪的含义及其影响程度，对于咨询来说意义颇大。富有技巧的朋辈咨询员常常善于寻找来访者困扰中的矛盾情绪予以突破，这样有助于来访者尽快地觉察自己的问题。

（三）作用

1. 引导来访者注意和探索自己此时的感受和情绪体验，或把这些感受和与之伴随的情景、事实联系起来，达到对自己的整体性认识。

2. 朋辈咨询员通过反馈来访者表达的情绪情感，以及来访者对情感的自我理解和对问题的深入探索，有助于朋辈咨询员对来访者表达的准确理解，最终有助于来访者困惑或问题的解决。

（四）运用时段

情感反应方法往往与简述语义方法一起使用。一般来说，朋辈咨询员对来访者的情感与思想的反应是同时的。如“你说你的同学在背后挑拨是非”，这是一句简述语义；而“你似乎对他非常气愤”，是情感反应技术；“你的同学在背后挑拨是非，你为此感到非常气愤，是这样吗？”则是两种方法的合用。两种方法的区别在于简述语义方法着重于来访者言谈内容的反馈，而情感反应则着重于来访者的情绪反馈。

（五）注意事项

1. 要避免直接询问来访者的感受。像“那使你有什么样的感受呢？”这样提问是不会有什么结果的。

2. 不准确的情感反应会伤害咨询关系。要做出准确的反应，关键在于朋辈咨询员真正进入来访者的内心世界，这与“共情”是一致的。当然，分辨情绪的能力和从表情、语气等线索察觉情绪的能力也是重要的。

3. 情感反应最有效的方式是针对来访者现在的情感，而不是过去的情感。比如，“你此时的情绪似乎是对你朋友非常不满？”这种回应就比“你一直对你朋友非常不满”更加有效。

五、自我表露

（一）概念

自我表露又称自我开放、自我暴露，是指朋辈咨询员运用个人的思想、情感和行为经验，启发来访者认识自身的问题，从对方需要出发，与其分享自己的观念或经历，并以此来缩短朋辈咨询员与来访者之间在情感上的距离。

（二）主要内容

在心理咨询会谈中，最初只重视来访者的自我表露，认为这是使辅导成功的必备条件。后来的社会心理学研究发现，当一个人向另一人做出一定的自我表露时，常常引发另一人做出相同水平的自我表露，随着这一过程的深入，双方的个人关系变得越来越密切。如果一方的自我表露未能引起另一人的自我表露，前一方的自我表露趋于受抑制。由此人们也开始重视朋辈咨询员的自我表露问题，认为这与来访者的自我表露是同样重要的，是一个辅导双方交互作用的过程。

案例分享

来访者："我控制不了自己，每天都想着我们班的一个男同学。他学习好，相貌也好。我们班好多女同学都对他有好感，想跟他接近。但他好像对谁都是一样的不冷不热。我每天上课时眼神都在他身上，我想不去看他，但做不到。"

朋辈咨询员："那你一定不好受啦？"

来访者："是啊，每次我们在教室内碰面，或是在其他什么地方相遇，我都会心跳加快，激动好半天。我好像觉得他对我也有意思，因为每次见到我他会冲我笑一笑。真的，你说他是不是对我也有意？"

朋辈咨询员："你感觉呢？"

来访者："我觉得他对我有意，不然他不会对我笑的。"

朋辈咨询员："假使他真的对你有意，你想让他为你做什么呢？"

来访者："那他就该大胆约我出去呀，像看电影什么的。我一定会答应的，真的。而且我们还可以一起做作业，让他帮助我。我们要是能一起考上大学，在同一地方上学就好啦！你是不是觉得我在胡思乱想？"

朋辈咨询员："我不觉得你是在胡思乱想，因为我也有过类似的经历。"

来访者："真的？"（眼睛睁得大大的，显得很兴奋）

朋辈咨询员："我也曾喜欢过班里的一个女同学，也曾到了茶饭不思的地步，也曾觉得她对我有意，并产生过许多美好的幻想。"

来访者："那后来呢？"

朋辈咨询员："后来我向一位我最敬爱的老师谈了我的苦恼。她在耐心听我讲完话后对我说，你这么大的孩子是很容易患单相思的，所以这是很正常的事情，也是青年心理发展的特点。但爱情只有在双方同时产生共鸣时才有意义，才有味道。你现在这样放纵你的感情，而那个女同学却在一门心思地准备高考，你们现在谈情说爱是不会有共同基础的。你如果想让那个女同学看得起你，就要在学习成绩方面跟她相当，一同考上大学。到那时你才会有追求爱情的资本，也许到那时你就不会再对她感兴趣了。"

来访者："那后来呢？"

朋辈咨询员："后来我真的将所有心思都放在学习上，考试成绩一路上涨。结果你猜怎么样？"

来访者："怎么样？"

朋辈咨询员："我考的分数比那个女同学的还好。后来她曾主动来找我交朋友，但我对她可没有当初那份儿兴趣啦。"

来访者："你真是太棒了！"

朋辈咨询员：……

（三）作用

自我表露的方法具有两大功能。一是模仿功能。朋辈咨询员通过与来访者分享个人成长中的奋斗经历，为来访者面对生活中的难题树立了榜样。二是挑战功能。通过朋辈咨询员的自我表露，可推动来访者更具体地探讨其生活中所遇困惑与挫折的特性，更切实地寻求自救的良方并挖掘个人的潜力。

对来访者来说，自我表露的作用不仅仅限于提供有关朋辈咨询员自身的资料，它还可以使来访者感到双方地位的平等、感到朋辈咨询员的真诚、坦率，从而增强对朋辈咨询员的信任，增加来访者的自我开放程度等。它本身对来访者的心理健康也有积极影响。对朋辈咨询员来说，自我表露是一种有助于与来访者建立相互信任和开诚布公的良好关系的影响技巧。

（四）运用时段

朋辈咨询员的自我表露是有一定限度的。低于或超过这个限度的自我表露，不但无助于咨询过程，而且会使对方的感情受到伤害，对咨访关系起到破坏作用。在朋辈咨询员不做任何自我表露的情况下，可能得不到来访者的自我表露反应；在朋辈咨询员自我表露过多的情况下，则会使来访者可以利用的时间减少，并形成一定程度的对于朋辈咨询员的心理依赖。

（五）注意事项

1. 要了解清楚来访者的基本情况，这是朋辈咨询员进行自我表露的前提。

2. 要选择适当的时机进行自我表露。一般来说，自我表露不宜过早使用，而需建立在咨访双方共情、信任的基础上。

3. 不要为增强与来访者的沟通去刻意表露自己，甚至不惜编造假话。

4. 要让来访者感觉到朋辈咨询员的自我表露是为了启发他思考。

5. 在讲述自己的过去经验时，一定要简明扼要，否则会收到适得其反的效果。

六、沉默

（一）概念

沉默是指在面谈过程中，朋辈咨询员针对来访者停顿数十秒或者数分钟不讲话的情况，进行恰到好处的反应与控制。

（二）主要内容

何为“恰到好处”，这里很难界定。因为沉默的原因很多，在沉默中传达的信息也各异，处理起来也就应当有所区别。

1. 冲突性沉默

冲突性沉默可能是由于来访者的害怕、愤怒或愧疚引起的，也可能是由于对朋辈咨询员的不满或不信任而引起的。一般来说，对于冲突性沉默，可以采取保证、鼓励或试探性询问等方式予以化解。如“你不必担心，有什么尽管讲出来好了，讲出来我们可以一起来分析、商量。”如果一时难以判断，朋辈咨询员可用言语或非言语方式，表明自己愿意以接纳的态度正视对方的任何问题。如朋辈咨询员可以这样说：“我感到你有些为难，我愿意与你一起来分担”，或者说“你似乎以沉默来告诉我什么，为什么不直接谈谈呢？”等。

2. 自发性沉默

这种沉默往往来自于来访者不知该说什么好的情况。也许他已经叙述完问题，等待朋辈咨询员的建议；也许他不知该怎么表达才好。此时来访者的目光不是盯着空间某一点，而是目光游移不定，也可能会以征询、疑问的目光看着朋辈咨询员。此时，沉默时间越长，对来访者的压力越大，朋辈咨询员对此应有所反应。例如可这样发问：“你可以再告诉我一些相关的情况吗？”

"你能否告诉我你正在想什么吗？""你还有要说的话吗？"这对于帮助来访者具有积极意义。

3. 创造性沉默

这是来访者在会谈中对自己刚才所说的话、所体验的感觉做出的一种反应。"凝视着空间某一点"，可以看作是这种沉默的标志。这往往是人集中精力思考问题的特征。在这种沉默中，某些新的观念与情绪体验正在孕育、涌现。此时，朋辈咨询员最好也保持沉默，在等待中注视对方。这样做意味着朋辈咨询员了解对方正在进行的心理活动，鼓励对方思考，以自己的非言语行为为对方的思考提供所需的时空。

（三）作用

沉默方法的使用主要具有两个方面的作用：一是朋辈咨询员对来访者的沉默不做任何言语回应，以起到暗示对方继续讲话的作用；二是朋辈咨询员通过保持沉默这种方式，来确保来访者自我宣泄与反省的时间与空间。

（四）运用时段

沉默的方法必须建立在对来访者内心体验共情的基础上。在典型案例二中，朋辈咨询员就多次使用沉默技术。朋辈咨询员的沉默表现不是消极被动的，而是采用轻拍学生肩膀、用亲切的眼神关注学生等非言语行为，表达自己对来访学生的关心与体贴。案例中朋辈咨询员的多次沉默是共情的体现，是朋辈咨询员合理运用沉默技术的生动一例。

（五）注意事项

1. 不要急于武断地打破一些必要的沉默。
2. 要适当地运用非言语行为表示对来访者沉默的关注。
3. 在有些情况下，延长沉默时间可以得到"此时无声胜有声"的效果。

课外拓展

助人素质测试

指导语：

请结合自身实际，用"是"或"否"对如下题项进行作答。

1. 你对他人真的很有兴趣吗？
2. 遇到挫折时，你是否比较容易心情烦乱，无法集中注意力？
3. 你能否耐心地倾听他人诉说和你相反的观点、意见而不会排斥、不耐烦？

4. 你批评他人时是否按自己的价值标准？

5. 对别人所说的话，你能否抓住“重点”？

6. 当你倾听别人倾诉时是否希望别人赶快讲完，然后就可以尽情地陈述自己的观点？

7. 别人陈述问题时你是否专注？

8. 当别人告诉你隐私时，你是否会表现出好奇、震惊或惊讶？

9. 当你对他人的心理问题的原因感到迷惑时，通常是否有强烈的愿望去深入寻找？

10. 对于你喜欢的人，你是否容易只看到其优点，反之对不喜欢的人，是否常看到其缺点？

11. 别人是否认为你能理解他人的心情？

12. 如果你的意见和他人有出入，你是否愿意更相信自己的判断？

13. 你能否化解对他人的不满而不会使自己感到不舒服？

14. 你是否常主动地给别人一些忠告或建议？

15. 有人说，“江山易改，本性难移”，但你更愿意相信人是可变的？

16. 如果与你打交道的人让你感到不舒服，你的情绪就会低落，甚至可能回避？

评定方法：

单数题“是”得1分，偶数题“否”得1分。

结果解释：

如果你的得分在12分以上，那么一般来说，你已具备了有效地帮助求助者的基础，这样的人大多表现出热心、诚恳、有理解力、有条理、较为客观、有自信心。

如果得分在9分以下，那就需仔细衡量自己所提供的帮助是否得当。

参考文献

［1］黄希庭．当代中国大学生心理特点与教育［M］．上海：上海教育出版社，1999.

［2］樊富珉．大学生心理健康教育［M］．北京：清华大学出版社，2002.

［3］樊富珉，费俊峰．大学生心理健康十六讲［M］．北京：高等教育出版社，2014.

［4］周全新，李小玲，孔彬．大学生心理健康教育［M］．西安：西安交通大学出版社，2014.

［5］吴少怡．新编大学生心理健康教程［M］．西安：西安交通大学出版社，2014.

［6］蔺桂瑞，杨芷英．大学生心理健康与人生发展［M］．北京：高等教育出版社，2010.

［7］刘庆明，杨丽．新编大学生心理健康［M］．大连：大连理工大学出版社，2011.

［8］张春兴．现代心理学（第二版）［M］．上海：上海人民出版社，2005.

［9］黄希庭．心理学导论（第二版）［M］．北京：人民教育出版社，2007.

［10］夏海鹰．心理学与健康生活［M］．北京：外语教学与研究出版社，2011.

［11］黄希庭．普通心理学［M］．北京：人民教育出版社，2002.

［12］津巴多．普通心理学［M］．北京：中国人民大学出版社．2008.

［13］张大均，王鑫强．心理健康与心理素质的关系：内涵结构分析［J］．西南大学学报（社会科学版），2012，38（3）：69-74.

［14］美国精神医学协会，张道龙等译．精神障碍诊断与统计手册（第五版）［M］．北京：北京大学出版社．2015.

［15］冉超凤，黄天贵．高职大学生心理健康与成长（第2版）［M］．北京：科学出版社，2010.

［16］张浩．论情绪和情感及其在认识中的功能——主体认识结构中的非理性要素研究［J］．广东社会科学，2006（6）：78-84.

［17］张新民．高等职业教育理论构建［M］．湖南：湖南人民出版社，2010.

［18］刘树林．高职大学生心理健康教育［M］．上海：上海交通大学出版社，2009.

［19］孔洁．高职大学生心理健康指南［M］．安徽：中国科学技术大学出版社，2006.

［20］马立骥．大学生心理健康教育与实训［M］．杭州：浙江大学出版社，2012.

［21］郅利聪．高职生心理健康教育［M］．西安：西北大学出版社，2007.

［22］张宏如，雨平．当代大学生心理学［M］．北京：首都经济贸易大学出版社，2005.

［23］孙时进．心理健康教育理论与方法研究［M］．上海：华东理工大学出版

社，2011.

［24］董惠娟，张爱珠，大学生心理健康教育［M］．西安：西安交通大学出版社，2015.

［25］郭朝辉，李奋生，邓猛．大学生心理健康教育［M］．北京：科学出版社，2016.

［26］陈昉，王明娟．新编大学生心理健康教育［M］．北京：北京邮电大学出版社，2014.

［27］夏谦，喻丽．心理素质教育与训练［M］．成都：四川大学出版社，2015.

［28］戴维·迈尔斯．心理学［M］．北京：人民邮电出版社，2013.

［29］庞馥珊．当代高职生恋爱动机的调查与研究——以苏州某高校为例［J］．广西轻工，2010，26（5）：165-166.

［30］侯丽萍，张慧全．2011. 大学生心理健康心理素质训练［M］．长春：东北师范大学出版社，2011.

［31］胡永松，席宏伟，张娜．高职学生心理健康教育［M］．北京：教育科学出版社，2016.

［32］袁一平．高职学生心理健康教育［M］．北京：教育科学出版社，2016.

［33］黄希庭．大学生心理健康教育［M］．上海：华东师范大学出版社，2004.

［34］向群英，唐雪梅，赖芳．大学生心理素质教育与训练［M］．北京：科学出版社，2010.

［35］吴勇．大学生心理健康教育［M］．北京：北京大学出版社，2014.

［36］王新塘，骆新华等．大学生心理健康教育［M］．西安：山西人民教育出版社，2009.

［37］戴晓阳．常用心理评估量表手册［M］．北京：人民军医出版社，2011.

［38］李德琴．高职院校大学生幸福感现状、影响因素和干预研究［J］．青年与社会. 2013. 2：25-26.

［39］罗桂全．高职生心理压力源的成因与管理对策［J]. 学校党建与思想教育．2012，35：53-54.

［40］张兴贵，何立国，郑雪．青少年学生生活满意度的结构和量表编制［J］．心理科学．2004（5）：1257-1260.

［41］理查德·格里格，菲利普·津巴多. 心理学与生活［M］．北京：人民邮电出版社，2003.

［42］凯利·麦格尼格尔．自控力：和压力做朋友［M］．北京：北京联合出版公司，2016.

［43］王红姣，卢家楣．高职生压力源及应付方式特点研究［J］．心理科学．2009（6）：1328-1332+1305.

［44］陈赛珊．高职院校学生压力与压力管理［J］．科教导刊．2013（11）：236-237.

［45］冯呐．管理视角下高职学生压力源探析——广东农工商职业技术学院学生压力调查［J］．广东农工商职业技术学报．2012. 28（1）：57-60.

［46］石中英，王卫东．生命化教育［M］．北京：教育科学出版社，2007.

［47］百度文库：https：//wenku. baidu. com/view/0b0e6c14f18583d04964593b. html

［48］段鑫星．大学生心理危机干预［M］．北京：科学出版社，2006.

［49］樊富珉．团体心理咨询［M］．北京：高等教育出版社，2005.

［50］阿茹娜．大学生危机干预及其对策研究的文献综述［J］．现代交际，2012（1）：9-10.

［51］黄小忠，龚阳春等．朋辈咨询的发展与启示［J］．中国高职院校卫生版，2007（12）：1145-1147.

［52］朱茂玲，苏英姿．朋辈心理咨询团体辅导方案设计［J］．玉林师范学院学报（哲学社会科学），2007（2）：142-145.

［53］邓红英，等. 高校大学生因病休学原因分析及对策［J］．职业与健康，2009（24）：2742-2743.

［54］王静. 基于高校学生休学和处分数据的分析及应急策略［J］．教书育人（高教论坛），2015（3）：15-17.

［55］李振阳，等. 山东某高校近 7 年学生休学状况调查分析［J］．卫生职业教育，2017（3）：119-120.